ぼくらの
70〜80年代
青春録

黒沢哲哉

いそっぷ社

山田太一シリーズ
男たちの旅路

山田太一シリーズ
男たちの旅路

山田太一シリーズ
男たちの旅路

中村雅俊
俺たちの旅

目次

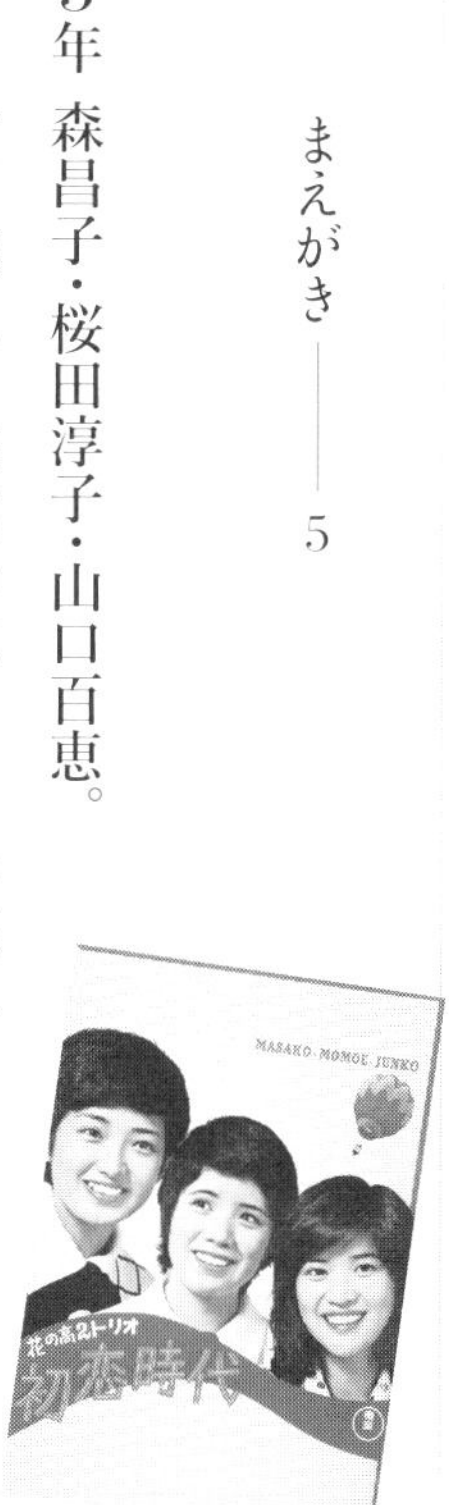
MASAKO・MOMOE・JUNKO
初恋時代

潮騒

祭りの準備

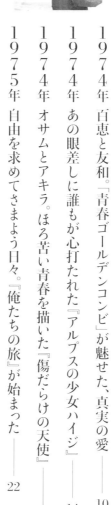

タッチ
タッチ
岩崎良美

勝手にシンドバッド
サザンオールスターズ
SOUTHERN ALL STARS
サザンオールスターズ
気分しだいで責めないで
いとしのエリー
サザンオールスターズ

アミダばばあの唄

MOBILE SUIT GUNDAM
機動戦士
ガンダム

タフに生きろ
見せかけのやさしさは
もういらない
探偵物語
火曜9時

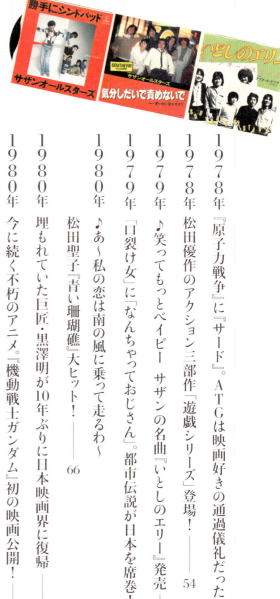

童夢
いまコミックはここまできた!!
衝撃の世界!!

スーパーマリオブラザーズ
Nintendo

美味しんぼ
作・雁屋 哲
画・花咲アキラ

帝都物語

ぜ〜んぶおニャン子

Dr.スランプ
鳥山明

クリスマス・イブ
ホワイト・クリスマス
山下達郎

Mの世代
ぼくらとミヤザキ君
大塚英志
中森明夫
ミヤザキから90年へ!!

となりのトトロ

F-1
F-1
F-1

in

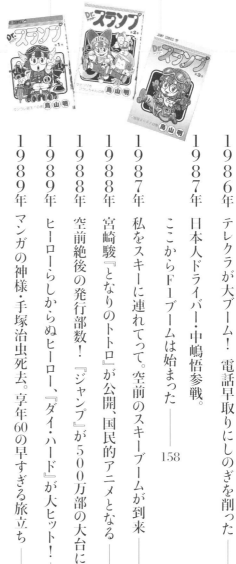

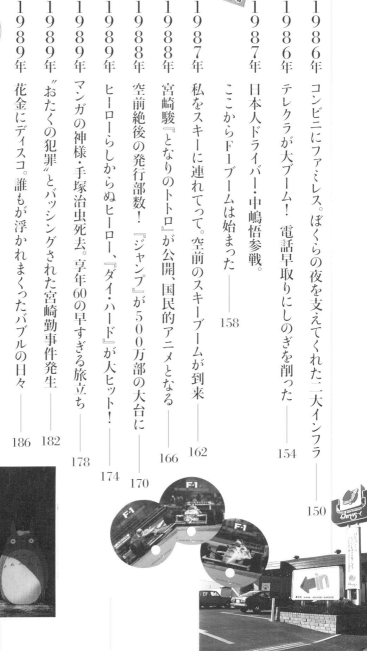

まえがき

本書は、1970年代の始めから80年代末までの時代にぼくらの周りで流行していたアニメや映画、アイドル、さらには巷で話題となっていた事物や出来事について、当時の貴重なモノと写真、文章で振り返ったものだ。

この時代というのは57年生まれのぼくにとっては十代後半から三十代初頭までのまさしく青春時代だった。テレビが娯楽の中心だったあのころ、ぼくはアニメやテレビのドラマにどっぷりと浸《つ》かっていた。『アルプスの少女ハイジ』でハイジのまっすぐな瞳に心を洗われ、『宇宙戦艦ヤマト』のブームが始まると、この作品でアニメの世界に新たな扉《とびら》が開いたことを肌で実感した。松田聖子の儚《はかな》げな歌声に失恋の傷を癒《い》やされ、『男たちの旅路』ではぼくらの気持ちを理解しようとしない親世代の大人たちとの心の溝が少しだけ埋まったような気がした。

やがてひとりで映画館へ通うようになると黒澤明の『七人の侍』に感銘を受け、新作映画『影武者』に心を踊らせた。難解なATG映画に気後れしながらも気力をふり絞り名画座へ足を運んだ。またそれと同じころ、世間ではパソコンなるものが誕生。さっそく買ってみたものの、この機械でナニができるかはよく分からなかった。しかしこの先にすごい未来が待っていそうなことは何となく分かった。続いてファミコン発売。カラオケやディスコ、スキーなどの新しい遊びも続々と登場し、ぼくらの日常は猛烈に忙しくなった。仕事も順調でぼくの元にはファミコン関連の仕事が殺到。その結果、ぼくの周囲はまるでゴールドラッシュのようなファミコンバブルに沸《わ》いた。

そんなあのころを振り返ると時間がものすごい速さで流れていたような気がする。しかも時間の密度もめちゃくちゃ高かった。だってそうでも考えなければ、あれほど大量の仕事をこなしながら、あんなに遊びまくれた理由が説明できないからだ。これは同世代の方ならば大いに共感していただけるだろう。

ということで、これから皆さんをあの濃密だった20年間へとご案内いたします。シートベルトを締めてほんのひととき、小さな時間旅行におつきあいください。

1973年

森昌子・桜田淳子・山口百恵。『スタ誕』から「花の中三トリオ」が誕生！

●1975年、3人が高2のときに共演した最初で最後の映画のパンフレット。夏休みに上京した3人の少女の冒険譚。他愛ないお話だけど3人それぞれの魅力を十分堪能できる。

●映画『初恋時代』パンフより。Tシャツからドレス、舞妓さん姿まで3人の様々なファッションが見られるのになぜ水着姿はなかったのか。関係者を問い詰めたい。

●山口百恵EP。彼女の涼やかな瞳に思わず惹き込まれそうな『ひと夏の経験』のジャケット写真（右下）は篠山紀信撮影。淳子ちゃん派のぼくもこのジャケ写には完全に打ちのめされた。

●フジカラーの販促用ミニうちわ。モロにスタジオ写真なんだけど髪の毛を濡らして撮影しているところがポイント高い。持ち手の柄の付け根がジャマである。いろんな意味で。

●淳子（左）と百恵（右）のアイドル下敷き。山口百恵のサインは漢字で名前を書いただけのものと、この写真のようにアルファベットに桃とハート2つを描き添えたものの2種類ある。

●桜田淳子EP各種。コンプリートではないけどデビュー曲『天使も夢みる』（左上）からリリース順に並べた。あどけない表情からトップアイドルに成長していく姿が一望できる。

●森昌子EP。映画『初恋時代』では信州出身の純朴な少女を演じた昌子ちゃん（本当の出身地は栃木県）。EPのジャケット写真にも癒し系の写真が並んでいます。

1971〜72年ごろ、映画鑑賞にハマったぼくは、週末になるとひとりで銀座や有楽町、池袋あたりに出かけ、名画座をハシゴする日々を送っていた。

まさにそのころのことだ。有楽町駅周辺が、たまに同世代の少年少女たちであふれ返っているときがあった。しかもみなそれぞれに〝よそゆき〟の服を着ており、G.パンにジャンパー姿のぼくとは明らかに人種が異なっている。

後に分かった彼（彼女）らの正体は、当時大人気だったテレビ番組『スター誕生！』の予選会に参加するために集まっている少年少女たちだった。

『スター誕生！』（略して『スタ誕』）は、日本テレビ系列で71年10月から始まった公開オーディション番組だ。全国で開催される予選会を勝ち抜いたアイドル志望の少年少女がステージで歌を披露し、ライバルを蹴《け》落としながら勝ち上がっていく。この『スタ誕』の東京地区予選会が、現在はビックカメラとなっている旧有楽町そごう8階の「N

TVホール（よみうりホール）」で開催されていたのだ。

ぼくがこの行列を目撃するようになってからしばらくして、この東京地区予選を勝ち抜いた山口百恵が『スター誕生！』に出場し、72年12月の第5回決戦大会で準優勝を勝ち取った。だからあのころ、有楽町ですれ違った予選参加者の中には山口百恵もきっといたに違いないとぼくは思っている。

どこにでもいるフツーの女の子

その後、山口百恵は73年5月『としごろ』でレコードデビューを果たす。

そのおよそ1年前の72年7月には『スター誕生！』の初代グランドチャンピオンに輝いた森昌子が『せんせい』でレコードデビューしており、翌73年2月には第4回大会のグランドチャンピオンとなった桜田淳子も『天使も夢みる』でデビューしていた。

ほぼ同時期に『スター誕生！』から立て続けにデビューしたこの三人は、同学年でこの春に揃って中学3年に進級したことから、やがて「花の中三トリオ」と呼ばれるようになった。

そのころ高校へ進学したばかりのぼくの周りでも1歳年下の「花の中三トリオ」の話題はアツかった。男子なら誰もがこの3人のうちの誰かのファンになった。

と、ここで原稿を書く手がハタと止まった。これと同じようなことを前にも書いたことがあったような……。そうなのだ。拙著『ぼくらの60～70年代熱中記』で小柳ルミ子、南沙織、天地真理の「新三人娘」のことを書いた時にも、これとまったく同じことが起きていたのだ。まさに歴史は繰り返すのである。

ただし「花の中三トリオ」が「新三人娘」と違ったのは、彼女たちが手の届かないスターではなく、もっと身近な、たとえて言うならば隣の女子校に通うウワサの美少女、くらいの身近な存在になっていたことだ。

実際彼女らは、さっきも書いたようにほんの少し前まではぼくらと同じく、地元の中学校へ通うごくフツーの中学生に過ぎなかったのだ。

いま手元に、74年の夏ごろに発行された雑誌の切り抜き記事がある。3人がそれぞれ高校へ進学して「高一トリオ」になったところで、高校のクラスメートが、彼女たちの学校でのプライベート生活を語るというものだ。

朝食を食べずに登校して友だちから弁当を分けてもらい早弁した（桜田淳子）、コックリさんにハマって先生に叱《しか》られた（山口百恵）、自分から怪談話を始めて恐くなりトイレに行けなくなった（森昌子）など。

まあどれも当たり障りのない内容だけど、当時はこんな記事でもアイドルの素顔を覗《のぞ》き見たような気がしてドキドキしながら読んでいた。

そう、まさに彼女たちこそ、こうしたプライベートをも〝商品〟として「どこにでもいるフツーの女の子」を売りにする現代のアイドルのハシリだったのである。

淳子ちゃんから百恵ちゃんへの〝転向〟

3人の中で当時ぼくがファンになったのは、ボーイッシュでクリクリした目がかわいい桜田淳子だった。華やかさと明るさがあり、もっともアイドルらしいアイドルだったのも彼女だった。

一方で森昌子は、最初から圧倒的な歌唱力を売りにしていたから、年上のファンが多かった。森は3人の中で最初にNHKの『紅白歌合戦』出場を果たしている(73年)。

そんな中、ひとり出遅れたのが山口百恵だった。彼女が数多くの映画に出演し、女優としての存在感を見せはじめるのはまだ少し先のことであり、デビュー当初は口数も少なく、3人の中ではもっともジミな存在だった。

ところがその百恵が、先行するふたりに一気に追いつき追い抜くきっかけとなった曲を発表する。73年9月、高校1年のときに発売したセカンドシングル『青い果実』である。

「あなたが望むなら
私何をされてもいいわ」

こんな意味深な歌い出しで始まるこの歌を、清純そのものの百恵が歌うことにより彼女の人気は一気に高まった。

このころは高校1年生といえばまだまだ〝コドモ〟と見られていた時代だ。

ぼくが通っていたのは都立の共学校だったけど、彼女がいる男子なんて数えるほどしかいなかった。

そんな時代に三人娘の中でも、もっともウブそうな百恵がこれを歌うのだから、ぼくらがこの歌を聴くたびに下半身がざわざわしたのもやむを得ないだろう。

ジッサイ、ぼく自身も淳子ちゃんに対して心の中で「ゴメン!」と言いつつ、百恵のこのレコードを密かに隣町まで買いに行った。地元の葛飾柴又のレコード屋さんはぼくが淳子ファンだということをよく知っていたからだ。

ただ、ぼくらの(?)淳子ちゃんも間もなくこのセクシー歌詞路線に参入する。その第一弾が74年暮れに発売された『はじめての出来事』で、それ以後、妄想たくましい男子をモヤモヤさせる名曲を連発することになる。そんな中の名曲が1976年の『夏にご用心』と、翌77年の『気まぐれヴィーナス』である。

「去年のトマトは
青くて固かったわ
だけど如何《いかが》
もう今年は赤いでしょう」

この歌詞でぼくらが「淳子ちゃんの真っ赤なトマトうおお――っ」と盛り上がったことは言うまでもない。

さてその後彼女たちは、80年代に相次いで引退したり結婚によって芸能界を去って行った(森は2000年代に活動再開するも現在は引退)。

70年代半ば、ごくわずかな時期を笑顔で駆け抜けた3人は、こうしてぼくらの伝説となったのである。

1974年

●プラスチック製絵皿で微笑むふたり。グリコアイスクリームのノベルティ品。ふたりがアイスのCMで共演していた75年ごろのものと思われる。

●1994年発売のVHSソフト『潮騒』ジャケット写真。「目ェ開けたらいかんてゆうたのに！」というあの名場面のためなら94年当時の定価8,800円（3%税込）も惜しくない。

百恵と友和。「青春ゴールデンコンビ」が魅せた、真実の愛

左●ふたりの初共演映画『伊豆の踊子』公開当時のチラシ。日本的美人の山口百恵は時代劇のかつらをかぶってもまったく違和感がない。

右●映画『潮騒』75年公開当時のチラシ。ロケは三島由紀夫の原作小説で「歌島」のモデルとなった伊勢湾口に位置する離島・神島で行われた。昭和感あふれる風景が美しい。

●74年、ふたりがCMで初共演した当時のグリコノベルティ下敷き。答えを知っているからそう見えるだけかもしれないが、この写真からもふたりの運命的な相性の良さを感じます。

●百恵・友和共演映画パンフ。全作品ではないが左上から公開順に並べてみた。ふたりの関係が少しずつ深まっていく様子を想像しながら時系列順に見るとなかなか感慨深い。

●共演映画第8作『ふりむけば愛』(78年)特集本。監督はCMで最初にふたりを起用した大林宣彦。大林はこの映画の時にはふたりの密かな想いに薄々気がついていたという。

●共演第6作『泥だらけの純情』(77年)サントラLP。お嬢様と不良少年の叶わぬ恋のお話。併映作品は百恵・友和のキューピッドである大林宣彦監督の『HOUSE／ハウス』。

1970年代半ばから後半にかけて、山口百恵と三浦友和は東宝映画の「青春ゴールデンコンビ」と呼ばれていた。

ゴールデンコンビって……今だったらかなり恥ずかしい肩書きだけど、あのころはそんな感覚はまったくなく、まさにこのキャッチフレーズがピッタリくる華麗なるカップル、それが百恵・友和コンビだったのだ。

ふたりの出会いは74年、テレビコマーシャルの撮影でのことだった。デビューしたての百恵が出演するグリコ「プリッツ」のCMで、百恵が密かに憧れる〝夢の中のボーイフレンド〟として配役されたのが、当時無名の俳優・三浦友和だった。

ベッドで眠る百恵。その夢の中でプリッツをカリッとかじる端整な顔立ちのさわやかな青年・友和。目覚めた百恵はそんな彼の余韻に浸りながら自分でもプリッツをカリッ！

「カリポリしてる？」

というセリフが印象的だった。

　このCMを演出したのは、まだ商業映画監督としてデビューする前の大林宣彦。何気ない日常のヒトコマを切り取ったふたりの演技や表情がじつに自然でフレッシュで、〝彼女いない歴＝年齢〟だったぼくにとっては最高に萌《も》えるシチュエーションだった。

　そして以後、ふたりが共演するグリコのCMは、大林監督の演出で8年間にわたって続くことになる。

名作になった共演第2作『潮騒』

　グリコのCMがすっかりおなじみとなった74年9月、帝国ホテルにおいて、いよいよふたりの共演映画が作られるという発表があった。

　作品は川端康成の小説を原作とした『伊豆の踊子』。この小説の映画化は6度目で、過去には田中絹代（33年）、美空ひばり（54年）、吉永小百合（63年）といった大女優が若き日に主演しており、新人女優の登竜門と言われた作品だった。

　監督は『青い山脈』や舟木一夫の青春映画を数多く撮っており、吉永小百合版『伊豆の踊子』の演出も手掛けた西河克己。初のコンビ作品にこの作品を選び、西河監督を抜擢《ばってき》した制作会社東宝も、ふたりに大きな期待を寄せていたことがうかがえる。

　そしてふたりが役者として本格的なスタートを切ったとぼくが感じたのが共演第2作の『潮騒』（75年4月公開）だった。監督は『伊豆の踊子』に続き西河克己が担当。西河監督もこのころはすでに山口百恵にアイドル以上の並々ならぬオーラを感じ取っていた様子がうかがえ、彼女の魅力を最大限に引き出すべく力の入った演出を行っている。そして当の百恵もその期待に応えるべく女優として堂々とした演技を見せた。

　物語の舞台は伊勢湾に浮かぶ小島・歌島。そこで暮らす素朴な青年漁師・新治（友和）。彼はある日、島で見慣れぬ少女・初江（百恵）と出会う。初江はこの島で生まれたが幼いころに養女に出され、つい最近島へ戻ってきたばかりだったのだ。

　ふたりの仲はたちまち急接近していく。原作小説でも最大の見せ場である観的哨《かんてきしょう》の場面。大雨の中、秘密の待ち合わせ場所である高台の観的哨へやってきたふたり。ずぶ濡れのふたりは着ているものをすべて脱ぎ、焚《た》き火をはさんで全裸になる。恥ずかしさに体をこわばらせながら初江が言う。

「その火を飛び越して来い！　その火を飛び越してきたら……!!」

　映画中盤には百恵が海女姿で海に潜るシーンもあって、とにかく全編が百恵と友和の若さにあふれたピチピチの青春映画となっていた。

　だけどこの映画が純愛映画として名作となったのは、演技や演出だけではないだろう。今にして思えば、このころすでにふたりの恋は本物になりかけていた。それがフィルムに刻まれたことで、この映画は青春恋愛映画として永遠の生命を吹きこまれたのである。

ぼくらの前から姿を消した百恵の潔さ

映画『潮騒』が公開されたころ、グリコのCMを撮り続けていた大林宣彦も、そんなふたりの気持ちの変化を見ぬいていた。大林はエッセイの中でこう書いている。

「コマーシャルというのは、(中略)カメラのレンズの中からずっと芝居を見ているわけです。それで百恵がウットリとした顔をしていて、そこに友和がいて、というシーンの百恵の顔を撮ってたんです。(中略)ところが「カット」と言っても、百恵のウットリとした表情が戻らなくなってきたわけです。もっと見ていたいって感じがある。この子は本当に恋をし始めたんじゃないかって、スタッフの間から話題になりました。その頃はまだ、きっと彼女にも自覚はなかったんじゃないかな。だけどレンズを通すと、ぼくたちには見えるんです」(大林宣彦著『夢の色、めまいの時』86年桐原書店刊より)

ふたりはこんなささやかな恋心を、映画とCMの共演の中で育んでゆき、やがてそれは本物の恋愛となった。

ここで不思議なのは、普通ならファンがそれに嫉妬しそうなものだけど、彼女たちの場合はなぜか違ったことだ。ぼくら同世代の多くの若者が、ふたりの恋を心から応援した。それはもしかしたらぼくらが、ぼくら自身の青春と彼女たちの青春を重ね合わせていたからかもしれない。

『絶唱』(75年12月公開)、『風立ちぬ』(76年7月公開)、『春琴抄』(76年12月公開)と、ふたりの共演映画はおよそ年に2本のペースで公開されていった。

そして80年11月、百恵と友和は結婚、その1か月後に公開されたのがふたりの12本目にして最後の共演映画となった『古都』だった。原作は偶然か必然か、共演第1作と同じ川端康成の小説が原作で、監督は市川崑がつとめた。

百恵はこの映画で幼いころに運命に引き裂かれた双子の姉妹をひとり二役で演じた。しかもその風格ある演技は、もはやアイドルではなく一人前の女優のものだった。

今回、久々にこの映画を見直してみてぼくはふと思った。もしも山口百恵が引退せずに女優を続けていたら……夏目雅子の亡きあとを継ぐような大女優になっていたかもしれない、と。

だけど百恵は一度も後ろを振り返らずあっさりとぼくらの前から走り去って行った。そして彼女は今も、友和の夫として、ふたりの息子の母として、ひっそりと暮らしているという。

たまにそんな話を聞くと、ぼくらの心にもポッと暖かいものが宿るような気がする。それでいい。やっぱり彼女にはそんな生き方がふさわしいのだ。

だってあのころぼくらは、そんな素直な生き方を選んだ百恵と友和に憧れていたのだから。

1974年

あの眼差しに誰もが心打たれた『アルプスの少女ハイジ』

●放送当時、朝日ソノラマから発売された22cm盤ソノシート。主題歌と挿入歌4曲に加え、録りおろしドラマを収録。声優も杉山佳寿子、小原乃梨子などアニメと同じ顔ぶれだ。

●ハイジと仔ヤギのユキちゃんのソフトビニール製貯金箱。年代不詳だけどソフトビニールの材質が昔のものなので、恐らく放送当時のものと思われる。

79年に徳間書店の「ロマンアルバム」シリーズの1冊として発売されたムック。このころ過去の人気アニメを特集したムック本が続々と発売され、ぼくらは貪るように買いまくった。

ロマンアルバムの中ページ。動画を簡単に見返すことができない時代、こうしたフィルムストーリーを見ては頭の中でストーリーを再現して楽しんだのだ。

アニメブームが起き始めた77年に日本コロムビアから発売されたLP。セル画イラストは表紙も中ページもすべて描き下ろしらしい。こちらもB面には声優によるドラマを収録。

アニメの放送当時買ったヨハンナ・スピリの原作小説本（角川文庫）。カバーの写真は68年公開のドイツ映画『アルプスの少女ハイジ』のスティル写真を使用している。

テレビアニメ『アルプスの少女ハイジ』（1974年）の放送が終わって1年ほどたったころのことだ。大学で児童文学を学んでいる地元の先輩Sさん（女性）と議論になったことがある。争点は原作とアニメのどちらが素晴らしいか、ということだ。

そのころアニメの『ハイジ』の魅力にやられまくっていたぼくは放送後に文庫本で原作小説も読んでいたが、もちろんアニメの方が素晴らしいと主張した。だけどSさんは、アニメなぞヨハンナ・スピリの原作小説の深さには遠く及ばないワ！　と主張するのだ。

お互いが別々の土俵に立ったままの議論はずっと平行線をたどり、30分ほど続いた結果、物別れに終わった。

ところがそれからさらに1年後、ひさびさに街でばったり出会ったSさんは、アニメのハイジの魅力にすっかりやられ、あろうことか大のアニメ版『ハイジ』ファンとなっていた。

じつはSさんはぼくと論争した当時

はアニメの『ハイジ』をほとんど見ておらず、たまたま再放送を見たところ、その魅力に完全にはまってしまっていたのだ。Sさんは気難しそうな顔をしながらぼくにこう言った。

「そうね、アニメの『ハイジ』にも原作とはまた違う良さがあるかもね」

　プライドが高くて負けず嫌いな彼女としては、この言葉はほとんど完璧な敗北宣言と言っていいだろう。

純真無垢なハイジの魅力

　1880年に発表されたヨハンナ・スピリ（最近は「シュピリ」とも）の原作小説『ハイジ』は、敬虔《けいけん》なキリスト教徒である彼女の博愛思想をベースに自然への回帰を強く訴えた児童文学作品だ。

　アニメではその博愛の心をより広い普遍的な無償の愛に昇華させ、ハイジという純真無垢《むく》な魂が、大人たちのかたくなな心を次々と開いていく、そんな物語になっていた。

　原作ももちろん傑作だけど、アニメでは何と言ってもハイジの生き生きとした仕草や表情、アニメならではの突き抜けたような空気の澄んだ風景。そして声優が生の声で演じた登場人物たちの言葉によって、彼・彼女らの思いが手にとるように伝わってくる。

　Sさんと議論したころはぼくもこのアニメの魅力を言葉で十分に説明ができなかったけど、後年、テレビゲームが流行したころに思ったことがある。

　アニメのハイジはシューティングゲームで敵機を次々と撃墜する〝撃墜王〟に似ているのではないかということだ。たとえがかなり唐突だけど、まあ聞いていただきたい。

　ハイジの武器は一点の曇りもないあの純真な眼差しと思いやりにあふれた言葉である。あのまっすぐな目で見つめられ、無垢な言葉で詰め寄られると、どんなにかたくなな大人の心も正面から射抜かれて、たちまち撃ち落とされてしまうのだ。そしてもちろん、それを見ているぼくらもそのたびに心が揺さぶられ、感動の涙があふれてくるのである。

　ハイジのこの攻撃力は第2話「おじいさんの山小屋」で早くも発揮される。5歳で父方の祖父であるアルムおんじの元へ預けられることになったハイジ。人間嫌いの気難しそうなおんじは、ハイジに対しても終始、憮然《ぶぜん》としたままだ。

「これからどうするつもりだね」

　ハイジに対して投げやりにそう尋ねるおんじ。

　しかしハイジは少しも臆することなく距離を詰めていく。

「おじいさんのお家の中に持ってるもの見せてよ！」

「ん？」

　おんじは一瞬、いぶかしげな表情を見せるが、それでもハイジを小屋の中へ招き入れる。ここからはもう完全にハイジのペースだ。

　屋根裏の干し草で自分用のベッドを

作り始めたハイジが言う。

「おじいさん、シーツを持ってきて。ベッドにはシーツを敷いてその上に寝るものよ、ねえ早く!!」

「う……うん、そう、そうか……」

その後、ハイジとおんじがふたりでシーツの両端を持って干し草にかぶせる場面。空気をはらんだシーツでハイジの体がふわりと浮き上がる。ふたりの気持ちがシーツの端と端で確かにつながったことを視覚的に見せた名場面だった。ハイジは笑顔で言う。

「これなら王様だって泊めてあげられるわね」

そんなハイジにおんじはうなずく。

「ああ、これは王様のベッドだ」

「夜になるときれいな星がいっぱい見えるわね」

「そうだとも」

「おじいさん、朝になったら小鳥たちがお早ようを言いにくるかしら」

「おお、来るとも!」

記憶ではおんじがハイジに心を開いていくのは3話目以降だったと思っていたが、今回久々に再見してみたところ、おんじはハイジと会った直後にこうして完全にやられていたことが分かった。そしてそれを見ていたぼくらも、この第2話でおんじ以上にハイジの魅力にやられ、毎週見ようと心に決めたのである。

ハイジが乗っていた高原のブランコ

ところでこれは余談だけど『ハイジ』のオープニングに出てくるアルプスの山々をバックにハイジが乗るブランコがものすごく気持ちよさそうで、一度あれに乗ってみたいと思った方は多いだろう。

じつはぼくはかつてあのブランコに乗ったことがある。バブル全盛期の85〜86年ごろのことだ。確か那須高原だったと思うけど、友人が、あれとそっくりのブランコがあるペンションがあるという情報を仕入れてきて、仲間5〜6人で遊びに出かけたのだ。

『ハイジ』ファンのペンションオーナーが手作りしたというブランコは小高い丘の上に立つ巨木に吊るされていて、その上からはアルプスの風景さながらの那須高原の絶景が一望できた。ペンションはこれを目当てにやってきた客で大いに賑《にぎ》わっていた。

ところがこのブランコ、乗ってみるとかなり危険なシロモノで構造的に問題があり、ある程度揺れが大きくなると椅子の部分がクルリと反転して乗っている人を否応なく振り落とすのだ。

その夜、温泉に入ったぼくらの体は全身が青アザとスリ傷だらけになっていた。今ならこんな危ない遊具はすぐに問題になって撤去されるだろうけど、当時はあれを乗りこなせないのは自分たちが悪いのだという思いで大いに反省をした。

あのペンションは今はどうなっているのだろう。気まぐれにネットで検索してみたが、もはやその痕跡すら見つけることはできなかった。

1974年

オサムとアキラ。ほろ苦い青春を描いた『傷だらけの天使』

●91年発売のVHS版ビデオソフト。各巻2話ずつ収録で全26話を13巻に収める。待望の初ビデオ化なので当時は圧倒的に楽しんだけど、同時に本棚が圧倒的に占領された。

●全26話のうち、市川森一が担当した『傷天』8話分のシナリオを上下巻に収録したシナリオ集。03年新風舎刊。あとがきはEP盤主題曲集のジャケット写真を撮影した加納典明が書いている。

季刊雑誌『テレビジョンドラマ』91年9月号の特集は『傷天』のビデオソフト発売に合わせて『傷だらけの天使』と『俺たちの勲章』を2本立てで特集。巻頭カラーページではショーケンが起き抜けに朝食をむさぼり食う場面の連続コマカットや名場面スティルを掲載。中ページには全話ストーリー紹介もあり資料性もバッチリだ。

放送開始当時作られたB全版大型ポスター。光と影の演出が絶妙。この1枚の写真からも、ショーケンとこのドラマに関わった人たちの情熱や熱意がうかがえる。

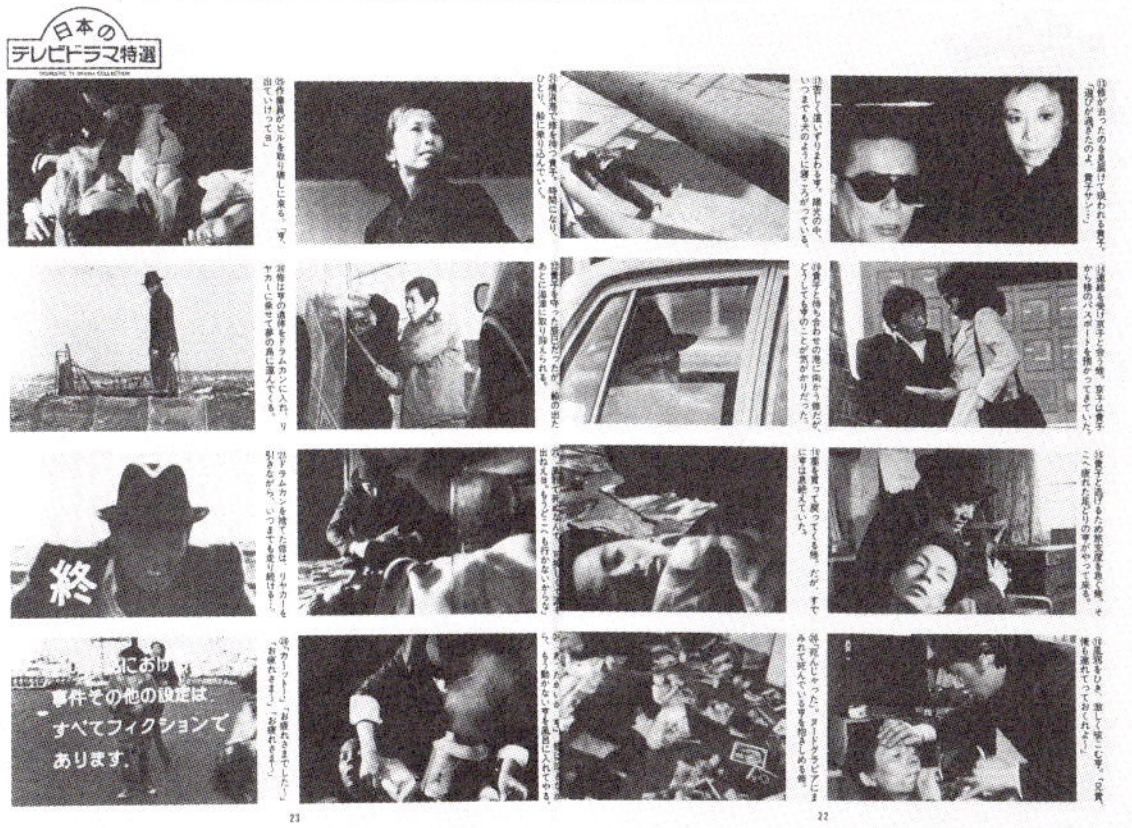

放送ひと月前の74年9月に発売された井上堯之バンドによるEP盤主題曲集。ジャケ写撮影は加納典明。放送前なのでドラマの木暮修とはイメージがやや異なっていますね。

はまり－やく【填り役・嵌り役】よくあてはまる役。その人に最も適当な役割（『広辞苑』より）。

映画でもドラマでもこの〝はまり役〟というのは間々見られるが、ドラマ『傷だらけの天使』でショーケン＝萩原健一が演じた主人公の木暮修《こぐれおさむ》はまさしくこれ以上ないほどのジャストミートな〝はまり役〟だった。

というのも、そもそもこのドラマの企画が、脚本家の市川森一と日本テレビの清水欣也プロデューサーが新宿二丁目の安酒場で「ショーケンでハードボイルドをやりたい」と話していたことから始まったのだという。

『傷だらけの天使』は1974年から75年にかけて日本テレビで全26話が放送された番組だ。当時、日本テレビが得意としていた青春ドラマの1本ではあるが、この作品はそれまでの明朗で熱血な日テレ青春ドラマとは大きく一線を画すものだった。

大都会東京の片隅、山手線を見下ろ

すオンボロビルの屋上に増築された掘っ立て小屋のようなバラックのペントハウス。そこに暮らすふたりの若者、木暮修とその弟分・乾亨《いぬいあきら》（水谷豊）はいつも金欠状態である。そしてそんな彼らを金で釣ってヤバい仕事に駆り出すのが、綾部情報社なる怪しげな探偵社の社長・綾部貴子《あやべたかこ》（岸田今日子）と、その秘書・辰巳《たつみ》五郎（岸田森）だった。

一話完結形式のドラマでは、毎回ヤクザ組織とかマフィアのような裏社会の人間が登場して銃撃戦やカーチェイスなどもそれなりに展開されるんだけど、決してそのような活劇シーンがクライマックスとならないところが、この物語の最大のキモだった。

命を捨てても通さなければならないもの

たとえば第1話「宝石泥棒に子守唄を」では、修と亨はたった30万円の報酬で宝石店強盗をやるはめになる。その結果、修は警察と謎の組織から追われ、大逃亡劇が始まるんだけど、物語はここで大きく横道へそれてゆくのだ。

宝石店から逃げる途中、修は3〜4歳くらいの少年にぶつかって少年を転ばせてしまった。そして後日、その少年が足を骨折していたことを知ると、彼は危険を冒してその少年の家へ、おもちゃを持って見舞いに向かうのだ。

金のためなら強盗だってやるが、その金を捨ててもなお通さなければならないスジがある。

「あなた…どうして（息子の）治療代の心配まで？」「だって…指名手配で追われてるんでしょ？」

少年の母親からそう問い詰められた修がその思いを明かす。

修には亡くなった妻の実家に預けっぱなしの3歳の息子がいた。

「名前は健太って言うんだけどよ、高倉健の健に菅原文太の太をもらって健太ってつけたんだ」

うれしそうに、そして切なそうに語る修の遠い目。これこそがこの物語のテーマでありクライマックスだったのだ。

だけど正直言うと、本放送当時、ぼくはこの第1話を見たときには肩すかしをくらったような気持ちもあった。もっと派手な、『キイハンター』のようなアクションドラマを期待していたからだ。

ジッサイ本放送が始まった当初、このドラマの評判はそれほど高かったわけではないという。以下、後年の市川森一の文章からの引用だ。

「『傷だらけの天使』は、テレビのどんな賞ももらわなかった。視聴率も、最後まで二〇パーセントに届かなかった。（最高で最終回の一九・九パーセント）。（略）「ふざけ過ぎている」「下品だ」「ストーリーが判らん」「テーマがない」等々の風評に絶えずさらされていた」（2003年新風舎文庫版『傷だらけの天使』下巻「あとがき」より）

だがこんな遅咲きのドラマでも臆せずに作れたのはテレビ界がいまだ余裕のある時代だったからだろう。

行く場所も帰る場所もない若者たち

やがて回を追うごとに、ぼくにも修や亨の孤独な心が少しずつ染みこんできた。彼らの孤独な魂がいったいどこへ向かうのか、その行方から目が離せなくなっていったのだ。

そしてぼくがこの物語に完全にのめり込んだのが第7話「自動車泥棒にラブソングを」である。

この話で綾部が修に命じたのは、保険会社からの依頼で自動車窃盗団のアジトを突き止めることだった。

オトリの車を路上に放置して窃盗団がそれを盗みに来るのをひたすら待つという不毛な仕事……。しかも翌朝、その車を盗みに来たのは、数日前に月収20万円の仕事があると言って喜々としてペントハウスを出ていった亨だったのだ！

さらにアジトは突き止めたものの、窃盗団のボスと綾部との間で裏取り引きが行われ、ボスが綾部に1億円を払うことで犯行を見逃すという密約が成立、修は用済みとなってしまった。

怒った修は、綾部に渡るはずの1億円を窃盗団のボスの情婦・徳子（川口晶）ごとかっさらう。

「今さらボスの元へは戻れない」という徳子を連れた修と亨は、窃盗団のボスと綾部の両方から追われる逃亡者の身となった。

だけど悲しいのは3人にはどこにも逃げ場所がないということだった。修にも亨にも帰れる故郷はなく頼れる人もいない。それは徳子もまた同じだった。

「みんな好き勝手なことして、方々に散っちゃったわ。（故郷には）爺ちゃんと婆ちゃんのお墓があるだけ……」

そう話す徳子の孤独は、同じ立場の修と亨にも痛いほどよく分かった。

行く場所も帰る場所もない若者たちのさすらい旅——。それはまさしくあのころぼくらが強烈に憧れ共感したアメリカン・ニューシネマのロード・ムービーの味わいだった。

『イージー・ライダー』（69年）、『真夜中のカーボーイ』（69年）、『スケアクロウ』（73年）などなど……。

結局、3人はあてもなく田舎町をさまよった後、修と亨は徳子と別れてペントハウスへと戻った。当然ながら1億円もパーである。

後で知ったことだけど、この第7話は市川森一がパイロット版（試作版）としていちばん最初に書いたシナリオだったということで、なるほどそれでこの話にはこの作品の主題とエッセンスが凝縮されていたわけだ。

その後、何度かの再放送も含めて『傷天』はじわじわと支持を拡大し、やがてぼくらの世代のバイブル的なドラマとなった。

社会のモラルからは外れていても、自分なりに全力で生き、あくまでも自分なりの筋け通す。

そんな修と亨の傷だらけな生き方は、今もぼくの人生の大きな心の支えとなっている。

1975年

自由を求めてさまよう日々。『俺たちの旅』が始まった

●『俺たちの旅』の脚本をメインで担当した鎌田敏夫による描き下ろし小説（文庫本）85年刊。地の文が少なく、つぶやくようなセリフで綴られた文章はまるで読むドラマだ。

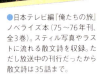

●日本テレビ編『俺たちの旅』ノベライズ本（75〜76年刊、全3巻）。スティル写真やラストに流れる散文詩を収録。ただし放送中の刊行だったから散文詩は35話まで。

●小椋佳の作詞作曲による『俺たちの旅』主題歌EP。メランコリックな曲調がドラマのイメージにベストマッチ。中村雅俊が着るミリタリー調のシャツやバッグも流行りましたね。

●田中健が歌う『俺たちの旅』挿入歌EP（上）と、主題歌の演奏を担当したトランザムのインストゥルメンタル版EP。いろいろあるからどれを買うか当時はかなり迷った。

95年にバップから発売された『俺たちの旅』VHSソフト。1本に3話を収録。全46話が発売されたかどうかは不明。当時レンタルビデオ店では貸出中が続くほどの人気だった。

俺たちシリーズ3作目『俺たちの祭』（77～78年）ポスター。東京渋谷のアパートに集った若者たちの青春群像。主役には中村雅俊が復帰、ヒロインは檀ふみと堀美奈子。

『俺たちの旅』に続いて放送された『俺たちの朝』（76～77年）のポスター。主役のオッス役はこの作品が初主演となる勝野洋。ロケ地は当時まだ静かな街だった鎌倉だ。

『俺たちの朝』サントラEP。写真は左上から森川正太（ツナギ）、小倉一郎（チュー）、長谷直美（カアコ）。左下から秋野太作（ヌケ）、勝野洋（オッス）。青春だ！

『俺たちの旅』の放送が始まった1975年10月、ぼくは高校3年で大学受験を目前に控えていた。

推薦入学を申請していた友人たちの中にはすでに合格通知をもらった者もいて、放課後、受験組のぼくらが補習授業を受けている教室の窓の外で、呑気にキャッチボールをしている彼らの姿が見えた。

商業高校や工業高校へ行った友人たちも続々と就職が内定し、研修のため内定した会社へ早々と〝出勤〟している者もいた。

だけど当然ながら、その友人たちの中でも進路の明暗は大きく分かれていた。希望した学校や企業に入れなかった友人の落胆を目の当たりにして、ぼくは生まれて初めて社会の風の冷たさを感じた。

特にこの年は、この前年からの不況がいまだ尾を引いていたため、就職組には厳しい年だった。

73年10月に勃発《ぼっぱつ》した第四次中東戦

争。それをきっかけに始まった石油危機は日本の高度経済成長に急ブレーキをかけた。70年代前半、4~5%程度の伸び率だった実質経済成長率は74年に戦後初めてマイナスとなった。

『俺たちの旅』の主人公であるカースケこと津村浩介(中村雅俊)、グズ六こと熊沢伸六(津坂まさあき=現・秋野太作)、オメダこと中谷隆夫(田中健)の3人も、そんな時代を悶々《もんもん》としながら生きる若者たちだったのだ。

心にしみたエンディングの散文詩

大学の卒業を目前に控えたカースケとオメダ。ふたりは卒業も就職もいまだ現実のものとしてとらえられず、バスケに打ちこんでいた。

そんな時、ふたりはそれぞれの事情から下宿と実家を出なくてはならなくなり、街で偶然再会したカースケの小学校時代の先輩・グズ六の下宿へと転がり込む。そして3人は、そのままなし崩し的に奇妙な共同生活を始めることになった。

「男は、一度はあてのない旅に出なくちゃいけないんだ」

第1話で家を飛び出してきたオメダはカースケにこう言った。この場合の旅とは距離的に遠くへ出かける旅ではない。心の独立、心の自由をもとめてさすらう自分探しの旅である。

『傷だらけの天使』でぼくらは今までの明朗青春ドラマとは違うビターテイストな青春ドラマを初めて〝経験〟した。そして今度はこの『俺たちの旅』でより等身大の不安や悩みを抱えた若者たち=カースケ、オメダ、グズ六と出会ったのである。

このドラマでは毎回大きな事件が起こるわけではない。彼らの周りの日常のささいな出来事が淡々と綴《つづ》られていくだけだ。しかも彼らがそれに対して具体的な行動に出ることもほとんどない。恋に悩み、友情に悩み、世間との折り合いをつけられないことに悩む。そしてそれに対する答えは出ない。そんな優柔不断さにぼくらは癒《い》やされ、彼らの思いに大いに共感したのだった。

これが戦前の若者ならば人生に悩んだときはきっと心のよりどころを文学に求めたのだろう。だけどあのころのぼくらは、そんな悩みの答えを青春ドラマに求めたのである。

毎週、物語の終わりに掲げられる散文詩も心にしみた。一例をあげると第7話のエンディングの詩はこんなものだった。

「明日のために
今日を生きるのではない
今日を生きてこそ
明日があるのだ」

社会との折り合いを見つけられず

この作品を企画した、当時の日テレプロデューサー・岡田晋吉のエッセイによれば、このドラマは、岡田が父から聞いていた戦前の旧制高校の寮生活を現代に再現したいと考えたものだったという。

そう言われてみれば確かにこのお話には、北杜夫や小松左京のエッセイで読んだことのある旧制高校の破天荒な寮生活のイメージが重なって見える。大人になりかけた若者たちが、社会に出る直前、残ったエネルギーをすべて燃やし尽くすかのごとく奔放に振る舞うバンカラな青春。

そんな岡田の意図を脚本家の鎌田敏夫はみごとにくみとり、オイルショック後の不況ニッポンに甦《よみがえ》らせたのがこのドラマだったのだ。

彼ら3人が最初に共同生活を始めたグズ六の下宿は、長い長い急な坂道の途中にあった。

第1話の終わり近く、3人が夜明け前の薄暗い坂道に腰かけて話をするシーンがある。そこでの3人の会話から見えてくるのは、3人それぞれが背負っている孤独と寂しさだった。

ケンカに明け暮れたやんちゃな高校時代を過ごしたカースケは、何一つ親孝行をしないままに母親を亡くしてしまったことを深く悔いていた。

八千草薫演じる美人の母親がいて一見お坊ちゃん育ちに見えるオメダも、実はその母親はシングルマザーであり、彼は一度も父親の顔を見たことがなかった。

3人の会話が途切れたとき、グズ六が落ちていたボールを拾い何気なく坂道の上へ投げ上げる。するとボールはコロコロと転がってまた手元へ戻ってきた。グズ六はそれを何度も繰り返す。

それはまるで自分と社会との折り合いがつかず、同じ場所で行きつ戻りつしている彼らの姿そのものだった。

やがて陽が昇り明るくなってきた景色の中で、3人は立ち上がり、そのボールでキャッチボールを始める。3人がそれぞれに相手の心情を思いやり、友情を確かめ合うという、忘れがたい名場面だった。

このドラマは当初2クール（半年間）の予定で、カースケが大学を卒業した時点で終わる予定だったという。しかし好評だったために76年10月まで延長されて全46話が放送された。

後半、大学を卒業したカースケは、いったんは就職したものの一日で退職し、仲間を巻き込んで「なんとかする会社」という、いかにもテキトーな名前の会社を立ち上げる。草むしりから工事現場の片づけまで、頼まれれば何でもやる会社だ。当時はまだそんな職業はなかったが、要するに「便利屋」だ。つまりそんなこんなで彼らのモラトリアムな生き方はその後もさらに続いたのである。

ところで！『俺たちの旅』の放送延長が決まった春、高校を卒業したぼくの進路はどうなったか。実はほとんど勉強していなかったから当然といえば当然だが受験した大学すべてに落ちて浪人が決定した。だからフリーターのような生活をさらに続けた彼らの生き方に、さらに深く共感したことは言うまでもない。

82年にKKベストセラーズから刊行された原田のエッセイ集。帯に「寡黙にして饒舌!?」とあるように、なかなか本音を見せない印象の原田が映画や人生について饒舌に語る。

1975年『祭りの準備』はアンチヒーロー・原田芳雄の最高傑作だ!

『祭りの準備』（75年、ATG）チラシ（左）と、同パンフレットより名場面のキャプチャー画像。江藤潤のピュアな演技も良かったが、原田の存在感が何より記憶に残る映画だった。

●原田が藤田敏八監督と組んで東宝で撮った異色の青春映画（73年）。東宝伝統の明朗青春映画を否定してぶち壊そうというパッションは時に痛快であり、時に大きく空回り……。

●日活ニューアクション時代の原田の映画の中でぼくがベストだと思っているのがこの作品（71年）。新宿西口が高層ビル街になる直前の、世紀末感漂う風景が原田の異様さを際立たせる！

●原田の日活出演第2作（70年）。監督は藤田敏八。原田は主演の渡哲也を立てながらも独自のキャラクターを貫き、旧来の日活アクション映画にはない新たな風を吹き込んだ。

●原田の日活初主演映画『反逆のメロディー』（70年）ポスター。どこにでもいる若者の格好をあえてすることでヤクザ映画の既成概念を打破してみせた異色のアクション映画。

●鈴木清順監督『ツィゴイネルワイゼン』（80年）は最初、東京タワーの特設テントで公開。その後、場所を転々と移しながらロングラン上映された。これはその時のチラシ。

●『君よ憤怒の～』から2か月後の76年4月に公開された『やさぐれ刑事（デカ）』ポスター。刑事役が続いたが、こちらは原田らしく職も人生も捨てて復讐に走る男を演じた。

●西村寿行原作のサスペンス映画（76年）ポスター。主演は高倉健。破天荒な役の多かった原田がここでは仕立ての良いスーツをビシッと着こなし、キレ者の警視庁警部役を好演。

●黒木和雄監督が『祭りの準備』以前に原田を起用して撮ったATG映画『竜馬暗殺』（74年）チラシ。竜馬を演じた原田の、まるで現代劇のような生っぽい演技が高く評価された。

映画『祭りの準備』をぼくが見たのは1976年、大学受験に落ちて浪人生をしているときだった。予備校に通わず自宅浪人をしていたぼくは、自分のしている勉強方法がこれで正しいのかどうか、それさえも分からずにただ机に向かう日々を送っていた。

そんなある日、単調な毎日に耐えられなくなったぼくは、

「そうだ、こんなときは気分転換が必要だ。そうそう、半日だけの気分転換」

そんな言い訳をしながら当てもなく銀座へと出かけた。

ソニービル地下のハンターで中古レコードを漁り、邦画専門の名画座「並木座」の前を通りかかったときだ。『祭りの準備』が掛かっていた。しかも時間もちょうど上映が始まるところだ。そこで何気なく入って見たこの映画にぼくは打ちのめされた。

『祭りの準備』はこの前年の75年に公開された黒木和雄監督の作品で、脚本家の中島丈博が自身の青年期の経験を

下敷きに描いた半自伝的映画だった。

舞台は昭和30年代の高知県中村市(現四万十市)の小村。主演はこの映画がデビュー作の新人・江藤潤である。江藤が演じているのは村の信用金庫に勤める楯男という若者で、彼は脚本家になる夢を抱き毎晩シナリオの執筆に没頭している。

だが狭い村は彼の大いなる野望を妨げるさまざまな雑音《ノイズ》に満ちていた。村にはプライバシーなどまるで存在せず、あけすけに入り乱れた男女関係が楯男の心を激しくかき乱すのだ。

そんな地の底のような淀んだ村の若者代表が原田芳雄演じる不良青年・利広だった。利広たち村の若者の話題はシモネタと女性の話ばかり。男の股間をもみしだき、

「ちんぽ立っちょるか!」

と言うのが彼らの挨拶だ。

楯男はいつか村を出て東京へ行きたいという野望を抱きながらも、利広たちともそれなりに交流を続けている。

その楯男の心の中の葛藤が、受験勉強から逃げて銀座へやってきたぼくには痛いほどよく分かった。

脚本家になる夢を捨て、利広たちとつるんで気ままに生きればこの村の生活も決して退屈なものじゃない。

「お前も受験をあきらめれば楽になるぞ、ん?」

ぼくの中の利広が耳元でそう囁《ささや》いた。こんな俳優見たことない。ぼくはそう思った。ガサツで優柔不断で隙だらけ。お人好しで仲間思いだが時に暴走する不器用な不良青年。だけど彼の言葉は確かに〝兄貴〟としての重みを持っている。原田芳雄は70年代以前の日本映画には存在していなかったまったく新しいタイプのアンチヒーローだったのだ。

独特の個性を生み出した制作現場

原田の出演作を振り返ってみると、彼がこうした個性的な不良を初めて演じたのは70年7月に公開された日活映画『反逆のメロディー』だった。

原田はこの映画では解散したヤクザの元幹部の役をジーンズにGジャンという風変わりな格好で演じた。この映画の原田は命を捨てたヤクザの役なのに異様なまでにギラギラとした生命力がみなぎっていたのが印象的だった。

続いて同年10月公開の『新宿アウトロー ぶっ飛ばせ』では渡哲也との共演でエスニックなフリンジのジャケットを着てジープをぶっ飛ばす世をすねた不良青年の役。71年1月公開の『野良猫ロック 暴走集団'71』では再開発途中の新宿西口の空き地を根城としたフーテン族のリーダーを、薄汚れたドテラを着て怪演した。

原田が後年述懐したところによると、彼はこれらの映画で「かなり自由に振る舞わせてもらっていて、アドリブもふんだんに入れていた」という。そんな彼のナマの生き様が映像に写り込むことで彼の言葉は同世代の若者にストレートに突き刺さったのだ。

この異色のアウトロー役者原田芳雄誕生の背景には、実は皮肉にも日本映画の凋落があった。

映画館の入場者数は58年の11億2700万人をピークに下降を続け、70年には2億5400万人にまで落ち込んでいた。

そんな70年6月、日活は自社単独での映画配給をやめ、大映と共同で「ダイニチ映配」という配給会社を立ち上げる。経営合理化のための苦肉の策だった。しかしこれも計画通りには進まず、ダイニチ映配はわずか1年で解散となった。そしてこの最後のカードを切ってしまった日活は71年11月、一般映画をあきらめてロマンポルノ路線へと向かうことになるのである。こうした大転換の直前の最後の1年間、日活の撮影現場にはむしろ「何でもやってやれ」というやけっぱちな気分がみなぎっていたという。

原田のあの独特の個性と演技スタイルは、そんな捨て鉢で自由な環境の中で確立されていったものだったのだ。

後年、原田はこの時代のことをこう回想している。

「映画最終列車がハシリはじめた時に、発車時間ギリギリで、かろうじて最後尾に飛び乗ったんだ」（原田芳雄著『B級パラダイス』82年KKベストセラーズ刊より）

胸が熱くなるラストシーン

『祭りの準備』はそんな原田のダメな兄貴ぶりがすっかり板についた時代の作品だった。

楯男はある日ついに上京を決意する。誰にも打ち明けることなく駅へと向かった楯男だが、そこで強盗殺人犯となって逃亡中の利広とばったり出会う。

「悪いところで会うたのぅ」

利広はそう言って楯男に金の無心をし、楯男は千円札数枚を差し出した。だが利広は楯男がこれから上京すると知るともらった金を突き返す。

「これ、返さァ……ワレの大事な東京行きの金じゃ、もらわれん」

やがて到着した列車に楯男が乗り込むと、利広は自分が逃亡犯であることも気にせず全力で叫びながら列車を見送る。このダメな兄貴の精一杯の見送りにぼくは胸が熱くなった。利広にはこれから辛い刑務所生活が待っている。だが利広の心には楯男に託した大きな夢があった。村を出られなかった利広も心だけは楯男とともに大きく羽ばたいていったのである。

明るくなった映画館の中で利広が最後に言った言葉がぼくの耳に残っていた。

「東京か、ええのう、ワシみたいに戻りとうても戻れんものがおると思えばよ、ワレみたいに飛び出していくもんがおるて、妙なもんよの……」

原田兄貴に励まされたぼくは、あと半年勉強をがんばってみようという気持ちになっていた。

1976年

●平綴じのムックのような装丁で1976年夏にデビューした『POPEYE』創刊号（復刻版）。巻頭ではスケートボードとハンググライダーを特集。誌面からカリフォルニアの風が！

●ぼくがライターとして初仕事をした70年代特集号（80年12月10日号）。右のアイドル特集のように写真とキャプションをギチギチに詰め込むのが『POPEYE』スタイルだ。

気分はアメリカ西海岸！雑誌『ポパイ』が創刊

●60年代のサブカル特集を大々的に組んで発売後に増刷までかかった79年12月25日号。80年代の昭和カルチャー回顧ブームに先鞭をつけた記念碑的1冊となった。

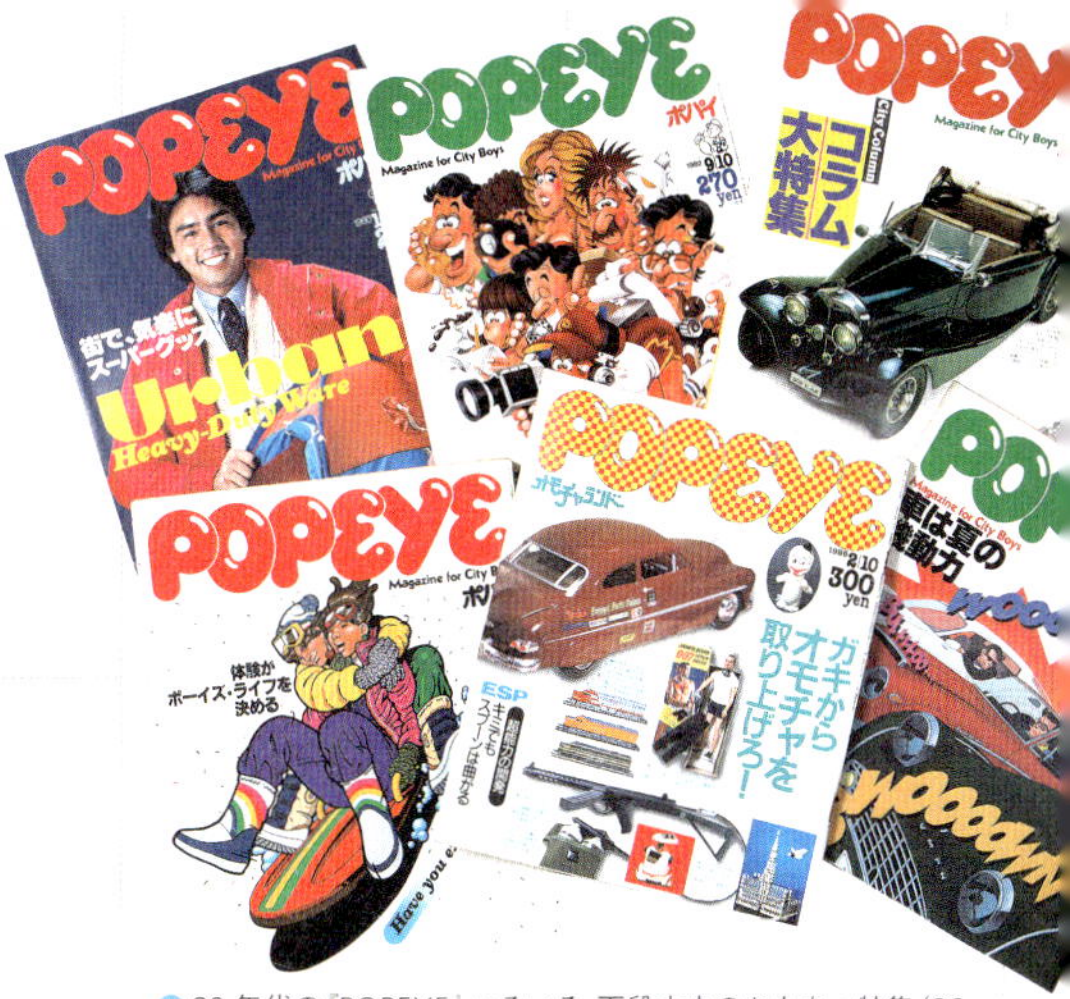

●80年代の『POPEYE』いろいろ。下段中央のおもちゃ特集（86年2月10日号）はぼくが『POPEYE』のライターをやめた後に出たものだけどぼくが書きたかったなぁ！

●『POPEYE』増刊としてデビューした『Olive』第1号（81年11月5日号）。翌82年から月2回刊としてスタート。キャッチコピーは「Magazine for City Girls」！

●椎根和が雑誌『POPEYE』草創期から全盛期までの記憶を綴った回顧録（08年刊）。編集者という職業に野武士の風格があった時代の破天荒な挿話の数々はまさに風雲録！

●2冊とも88年に刊行された『POPEYE』連載コラムの単行本。両方のイラストを担当する加藤裕将は『POPEYE』のコラムと言えばこの人、というコラムの顔だった。

●泉麻人の80年代のコラムを集めた本。88年、マガジンハウス刊。泉はあとがきで80年代を「ナウのサイクルにターボがついてしまったような速い時代」と形容。言い得て妙ですな。

雑誌『ポパイ』の編集部を初めて訪れたのは1979年8月、大学3年の夏休みのことだ。

当時ぼくは大学で「ワセダミステリクラブ」というミステリーとSF系のサークルに所属しており、ここのOBで綺譚社《きたんしゃ》という編集プロダクション（兼出版社）を経営している秋山協一郎氏からこう言われたのだ。

「お前、アニメに詳しいだろ、ついて来いよ」

こうして有無をいわさず連れて行かれたのが当時まだ平凡出版という社名だった現・マガジンハウスの『ポパイ』編集部だった。秋山氏は『ポパイ』でアニメ特集の企画・構成を請け負い、その下働きとしてぼくを呼んだのだ。

76年夏に創刊した『ポパイ』はアメリカ西海岸を意識した最新カルチャーや流行グッズを同世代目線で紹介することで急速に若者の支持を集めた雑誌だった。

ぼくが編集部を訪れたころは創刊か

ら3年が経過し、誌面構成も企画内容も安定して実売部数は36万部超えという、まさに編集部全体がイケイケの時代だった。

　当時、平凡出版の社屋は改築中で『ポパイ』編集部は東銀座の首都高速道路沿いの雑居ビルの中にあった。編集部へ着くと、部屋の奥から現れたのは30代後半くらいで肩幅の広い大柄な眼光鋭い人物だった。

　もらった名刺には「チーフディレクター　椎《しい》根《ね》和《やまと》」と書かれていた。

　椎根氏は創刊直後から『ポパイ』の編集に携わり、創刊編集長の木《き》滑《なめり》良久や創刊チーフディレクターの石川次郎らとともに『ポパイ』の基本スタイルを一から創り上げてきた名編集者のひとりだった……というのは後になって知ったことだ。

　椎根氏はぼくを値踏みするように睨《にら》みつけながらぼくが語るライターとしての経歴を黙って聞いていた。ところがぼくが『ぴあ』で原稿を書いているとひとこと言った瞬間、椎根氏の鋭い目が更に鋭く光り、ぼくにこう言った。

「『ぴあ』で原稿を書いているようじゃライターとして成長しないよ。とっととやめた方がいい」

　いきなりそう言われて面食らったぼくは曖昧な笑みを浮かべながら「はい……」と言うしかなかった。

　それでもこの面接はぎりぎり合格だったようで、先輩のアニメ特集の手伝い（主にアニメ会社へ写真を借りに行く仕事）が終わってからも、椎根氏はぼくにひんぱんに声をかけてくれるようになった。

なぜ『ぴあ』を目の敵にしていたのか

　ぼくがライターとして『ポパイ』で最初に仕事をしたのは80年12月10日号の「70年代特集」だ。1年前に出た「60年代特集」が好評だったため、その続編として立てられた大型企画だった。

　ぼくの仕事は専門誌のライターが書いた海外テレビドラマの生真面目な紹介記事をポパイ風の言葉に〝翻訳〟してリライトする仕事だった。書き上げると担当編集者のチェックを受け、続いて椎根氏のチェックへと回る。その時に何度も言われたのが、

「『ぴあ』ならこれでOKだろうけど、うちでは使えないよ」

　という言葉だった。

　このように椎根氏が『ぴあ』を目の敵にする理由は何度もNGを出されるうちにだんだんと分かってきた。椎根氏は「『ぴあ』や『シティロード』などの情報誌はただ情報を羅列しているだけで自己主張がない」と言いたかったのだ。

　72年にミニコミ誌として創刊した『ぴあ』は映画情報やコンサート情報などを網羅した若者向け情報誌のハシリだった。『ぴあ』の売りは大劇場や有名ミュージシャンの情報だけでなく、自主上映からアングラ劇団の情報まで各ジャンルの情報を細大漏らさず紹介していることだった。従ってライター

に求められるのは必要な情報を規定文字数内でいかに分かりやすく書くかであって、ライターの個人的意見はまるで不要だったのだ。

「そうか、『ポパイ』ではどこがどう面白いのか、自分のおすすめポイントを素直に書いていいんだ！」

それが分かると『ポパイ』の原稿書きが楽しくなってきた。それにつれてダメ出しの数も減り、椎根氏の顔もどんどん仏の顔になっていった。

『ポパイ』編集部の自由な空気

当時の出版社はどこもそうだけど『ポパイ』編集部も昼と夜が完全に逆転していた。外での取材を終えて夕方の4時ごろに編集部へ帰ってきてもほとんど人がいない。人が増えてくるのは午後6時過ぎからで、そこからが仕事の本番なのである。

たしか6時半だったかに一度終業のチャイムが鳴るのだが、いつもこれを待ちかねていたのが石川次郎氏で、チャイムを合図に机の引き出しからウイスキーボトルを取り出し、いきなり酒を飲み始める。もちろんこれは仕事が終わったからではなく、「さあ、やるぞ！」と気合を入れるためのターボスイッチだったのだ。

ぼくは作業机の一角を陣取り、デザイナーから続々と上がってくるレイアウトを見ながらひたすら原稿を書く。『ポパイ』は1ページの中にいくつもの記事をギチギチに詰め込むスタイルなので、リード、本文、キャプション、アオリなどなど書いても書いても終わらない。

頭の上を「おいコテツ〜、写真足んねえぞ!!」という椎根さんの怒号が飛ぶ。コテツと呼ばれているのは当時立教大学の学生で『ポパイ』で編集アルバイトをしていた、後の空間プロデューサー・山本コテツ氏である。

午前2時頃、ようやく原稿を書き上げたぼくは担当編集者と一緒に、当時東銀座の万年橋近くにあった銀座東急ホテルへ行って24時間営業のカフェで1500円の高価なサンドイッチを食べ、800円のコーヒーを飲む。そして編集部からもらったタクシーチケットを使って帰宅する。と、これがお決まりのコースだった。

ぼくが『ポパイ』で仕事をしたのは大学を卒業するまでのわずか2年間で、元々シティボーイではなかったぼくは『ポパイ』への記事での貢献度はさほど高くない。

だけどぼくはその2年の間に椎根さんにふたりの人物を紹介している。ひとりは当時まだ会社員だった綱島理友氏(後のコラムニスト)。そしてもうひとりは当時高校生の手塚眞氏(手塚治虫の長男)である。

その後彼らはそれぞれに『ポパイ』で連載を始め、それをひとつのステップとしてより大きな舞台へと飛び立っていった。これはぼくの小さな貢献だったのではないかと今でも密かに自負している次第だ。

1976年

山田太一『男たちの旅路』はいつまでも記憶に残るドラマだ

●99年から00年にかけて発売されたVHS版ビデオソフト。吉岡は東京の都電荒川線沿線に住んでいるという設定で、このころすでに失われつつあった沿線の風景が懐かしい。

●77年末の『男たちの旅路』第3部放送終了と同時に発売されたシナリオ集。山田太一の脚本は俳優の声で聞いても心地いいが、活字で読むと細部の意味がより深く伝わってくる。

●ミッキー吉野の作曲・編曲による『男たちの旅路』サントラLP。人情ドラマにあえてドキュメンタリー的なBGMを用いることで、70～80年代という時代を見事に切り取っている。

●『週刊TVガイド』97年5月2日号。この年の4月から放送が始まった『ふぞろいの林檎たちⅣ』を巻頭特集。パートⅢから6年ぶりの新作だが、おなじみの顔ぶれにホッとする。

●『ふぞろいの林檎たちⅢ』最終話放送目前の『週刊TVガイド』91年3月1日号。中井貴一（当時29歳）と時任三郎（当時33歳）が対談し、こだわりの強い林檎世代を熱く語っている。

●同DVDライナーノーツより。超高層ビルをバックにリンゴを投げ上げる番組のオープニングカット。この絵面を見ただけで頭の中にサザンの『いとしのエリー』が流れ出す。

●『ふぞろいの林檎たち』パート1のDVDソフト（02年発売）。ジャケット写真に並ぶ6人の服装、ポーズ、身長、髪型がてんでバラバラで不揃いなところがいいですね。

●『岸辺のアルバム』の主題歌となったジャニス・イアン『ウィル・ユー・ダンス』EP。『いとしのエリー』然り、山田ドラマは主題歌も名曲が多い。

●TBSドラマ『岸辺のアルバム』（77年）原作小説。ドラマは新聞連載されたこの小説を山田自身が脚本化。妻の不倫や娘の未婚妊娠などを扱ったドラマは当時新しく、「辛口ホームドラマ」と呼ばれた。

●87年に出版された山田太一の小説。死んだはずの両親と再会するというファンタジー。この小説を原作として88年に大林宣彦監督が同題の映画を製作した（脚本は市川森一）。

●82年から85年にかけて刊行された山田太一のシナリオ単行本。80年代はテレビドラマの名作に注目が集まり、山田のほかに倉本聰や向田邦子など多くのシナリオ本が出版された。

1983年に放送された『ふぞろいの林檎《りんご》たち』（TBS）は四流大学に通う落ちこぼれの若者たちの青春を描いた群像劇だった。中井貴一、時任三郎、手塚理美、石原真理子、中島唱子という味わい深い配役が絶妙で、中でもラーメン屋の息子・実を演じた柳沢慎吾のキャラクターが最高に素晴らしかった。気が小さいくせに見栄っ張りで、がんばろうとすればするほど状況を悪くしてしまう。そのたびに大人からは「だから四流大学の学生はダメなんだ」と決めつけられる。

日本が今よりもはるかに学歴偏重社会だったあのころ、学歴コンプレックスにもがき苦しみながらも必死で生きようとしている彼らを、テレビの前で自分事のように感じながら応援した同世代人は多かったはずだ。

山田太一の脚本は、こうして一見幸福そうに見えながらもじつは心の奥底に人に言えない悩みや苦しみを抱えている人々の姿を多く描いてきた。

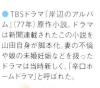

そんな山田太一の脚本をぼくが最初に意識したのは76年に放送されたNHKの土曜ドラマ『男たちの旅路』だ。警備会社で働く戦中派の男・吉岡（鶴田浩二）と、その部下で戦後生まれの若者たちとの世代間の断絶を描いた名作である。

山田太一の脚本はどこが凄いのか

吉岡は特攻隊の生き残りで戦時中に多くの仲間が死に、自分だけが生き残ったことを重荷としてずっと背負いながら生きてきた男だ。

第1話「非常階段」では吉岡の会社が警備するビルで自殺未遂事件が起こる。吉岡は自殺をしようとした女性・悦子（桃井かおり）を助けた後、部下たちの制止を振り切って彼女を思い切り殴ってしまう。

その後の控え室での会話。部下の陽平（水谷豊）は、吉岡が悦子を殴ったことを強く非難する。

「なぜ助けたあとで、あんなに殴ったんだ」

「憎かったんだろ。人生とやらをなめてる若いもんが憎かったんだ」

その言葉を吉岡は否定しない。

「俺は――若い奴が嫌いだ」

吉岡はそう言って特攻隊時代のある思い出を語り出す。

「ある晩、〝吉岡、星は出ているか〟と聞いた奴がいた。出ていなかった。〝見えないようだ〟と答えると、〝そうか。降るような星空というものは、いいものだったなあ〟と言った。

俺は一晩中、雲よ晴れてくれと空に願った。晴れたら、奴を起こして、降るような星空を見せたかった。

翌朝、曇り空の中を、そいつは、飛んで行った。甘っちょろい話じゃないかと、今の奴は言う。しかしな、翌朝確実に死ぬとわかっている人間は、星が見たいと言う。それだけの言葉に百万もの思いをこめたのだ」

「よくも悪くも、あの時代が俺をつくった」「若い奴がチャラチャラ生き死にをもてあそぶようなことを言うと、我慢がならん」

そして山田脚本の見せ場はここからだ。若者をばっさり切り捨てようとする吉岡のこの発言に対して陽平はなおも食い下がるのだ。

吉岡が陽平に、自分と別の持ち場になるように会社に配置換えを進言しようという提案をするも、陽平はきっぱりと断る。

「いやだな。俺は――あんたが嫌いじゃないですよ」

「勤務を続けさせて下さい」

社会の弱き者たちへ暖かい眼差し

『男たちの旅路』は77年にかけて全3部9話が放送され、その後79年に第4部3話と82年にスペシャル1話が放送された。

そしてここでも『ふぞろいの林檎たち』と同様に山田の暖かい眼差しは社会の弱き者たちに向けられていた。

社会から疎外された老人たちの小さ

な反乱を描いた第3部第1話「シルバー・シート」や、健常者中心の世の中で生きづらさを抱えながらも声を上げられずにいる障害者の苦悩を描いた第4部第3話「車輪の一歩」はどちらも放送当時から大きな反響を呼んだ。

『男たちの旅路』では鶴田浩二演じる主人公の吉岡司令補は肉体も精神も強《きょう》靱《じん》な男として描かれている。どんな緊急事態にも決して動じず、イキがった若者を簡単にねじ伏せてしまうほどの体力を持っている。

　だがそんな彼がじつは誰よりも繊細で弱い心の持ち主だったことが分かる。吉岡は第3部のラストで大切な人を亡くしたことに絶望し、すべてを捨てて東京から姿を消してしまうのだ。

　山田は当初、ここで物語を終えるつもりだったという。しかしあるテーマを得て再び続編を書きたいという意欲が生まれた。そのテーマとは、

「ある機会から、身障者の人たちとのつきあいが出来て、その交際からうまれたテーマを、吉岡晋太郎で（鶴田浩二さんで）書きたくなっていた。それが「車輪の一歩」である」（2002年発売、DVD『男たちの旅路 第4部全集』ライナーノーツより）

　だが第3部で失踪《しっそう》した吉岡がしれっと元の職場に戻っているわけにはいかない。そこで第4部の冒頭、その彼を北海道の果てまで連れ戻しに行ったのが陽平だった。

　粗末なアパートの一室で東京へ帰ろうとしつこく迫る陽平に、酔って切れた吉岡がつかみかかろうとする。思わず身構える陽平。ところが吉岡は陽平にあっけなく押し戻され、畳の上にへたり込んでしまった。そのことに愕然《がくぜん》とする陽平。

「司令補、どうしちゃったんですか、弱くなっちゃったじゃないですか」

　警備会社に入社したてのころ、陽平は吉岡に組み伏せられて鼻っ柱をへし折られたことがあった。だから吉岡の弱さが思いがけない衝撃だったのだ。

　翌朝、再び吉岡のアパートを訪れた陽平は、しらふになった吉岡に再び帰ろうと詰め寄る。

「寂しくってハガキ寄越したじゃないですか」

「見つかりたくなかったらどうして消印をよそにしなかったんですか。見つかりたかったんですよ。見つかってこうして帰ってきてくれって言われたかったんじゃないですか」

　山田太一のドラマでは陽平のように人間関係で衝突しても決して相手を見捨てない、つきあいを放棄しないお節介な人物がいつも丹念に描かれている。人の心に無遠慮にズカズカと入り込んでくる彼ら。そんな彼らを時には疎《うと》ましく思うこともある。だけどそのお節介こそが人間社会を形作る上でとても大切なことなのかもしれないということがだんだんと見えてくる。

　何らかの理由で生きづらさを感じる時があれば、ぼくはきっとまた山田太一のドラマを見るだろう。

1977年

●同ライブ盤ジャケットより。6曲目「GOING IN CIRCLES」を歌い終えた3人がステージ台の上でひざまずくと、その台が客席へ向かってゆっくりと前進、前半の山場を盛り上げた。

●後楽園球場のファイナルカーニバルを収録した3枚組の豪華ライブ盤LP。当日ステージで歌わなかった歌は3枚目のレコードにスタジオ収録盤で収録するという力の入れようだ。

「普通の女の子に戻りたい」キャンディーズが解散宣言

●こちらもライブ盤LPに付属していた3人それぞれの超アップのピンナップ。壁に貼るか保存しておくか、迷った人も多いだろう。いや、もったいなくて誰も貼らなかったかな。

●ライブ盤LPより。写真満載のジャケット(左)だけでなくオールカラー12ページのアルバムも付属。ステージではこのように曲ごとに変わる衣装でも大いに魅せてくれた。

キャンディーズのEPコレクション。全曲ではないが左上からリリース順に並べた。2段目左の『年下の男の子』以降、どんどん大人びた雰囲気に変わっていることが分かる。

ファイナルカーニバルを控えた78年2月に発売されたメモリアルムック。77年暮れに茨城県水戸市で開催されたコンサートをグラビアで紹介。下は付録の綴じ込みポスター。

ぼくがキャンディーズの歌を初めて耳にしたのは1975年2月。間もなく高校3年に進級するという早春のことだ。

その日は期末試験の最終日でテストは午前中で終わり。結果が良くても悪くても、とりあえずテスト期間が終わったということで、教室にはゆったりとした解放感が漂っていた。

同級生のAが自分のロッカーからラジカセを持ち出してきてカセットテープをセットし、スイッチを入れた。スピーカーからは、昨夜放送されていたラジオの音楽番組をエアーチェックしたものが流れ出した。

当時、ぼくの通っていた都立高校は制服が強制ではなく私服もOK、校則もユル〜い自由な学校だったので、放課後になると音楽好きの連中がよくこうして音楽を大音量で流していたのだ。

やがてある曲が流れ始めた。

「ボタンのとれてるポケット

汚れてまるめたハンカチ」

何気なく聞いているうちに、ぼくはそのリズミカルな曲調にたちまち引き込まれた。ちょぴりズボラでわがままな、弟みたいな年下のカレシへのじれったい想いを綴った歌詞も耳に突き刺さった。

ぼくは私的な会話をほとんどしたことがないAに思い切って聞いてみた。

「その歌、何ていうの？」

Aはぼくがいきなり話しかけたのでびっくりしたような顔をしていたが、すぐにその曲が「キャンディーズ」という女性グループの新曲『年下の男の子』だと教えてくれた。

その日、ぼくは学校から帰るとすぐにバイクでレコード屋へと走った。だけどまだ発売日前だったのか、それとも入荷が遅れていたのか、その日は買うことができず、注文してから届くまでの2週間が待ち遠しかったこと！

それからそのレコード屋さんで知ったのは、『年下の男の子』がキャンディーズのデビュー曲ではなかったということだ。

キャンディーズがレコードデビューしたのはこれより1年以上前の73年9月のことだった。しかしそのデビュー曲『あなたに夢中』はほとんど注目されず、その後もセカンド、サードと曲調を変えて出してみたものの、いずれも大きな反響は得られなかった。

そして75年2月発売の5枚目シングル『年下の男の子』でついにヒットチャートにランクインしたのである。

この時のヒットの要因のひとつが、当時のマネージャーの発案によってメインボーカルをスーちゃん(田中好子)からランちゃん(伊藤蘭)に変えたことだったとも言われている。

スーちゃんとミキちゃん(藤村美樹)よりも1歳年上のランちゃんが年下の気になる男の子のことを歌ったこの新曲の歌詞が、ランちゃんの立ち位置とピッタリはまったのだろう。

こうしてキャンディーズは『年下の男の子』以降、次々とヒットを飛ばし、一気にスターダムを駆け上がっていったのだ。

ハートを射抜いた『やさしい悪魔』

当時ぼくらがキャンディーズに夢中になったのは、3人それぞれの個性的なキュートさもさることながら、新曲を出すたびに毎回まったく異なる曲調の歌を歌うことで、彼女たちの様々な面が見られることだった。

8枚目のシングル『ハートのエースが出てこない』(75年12月)では、気だるい曲調だった『年下の男の子』とはガラッと変わってアップテンポな曲調に乗せて、トランプで恋占いをする女の子の、思うような答えが出ないというもどかしさと揺れる恋心をリズミカルに歌った。

続く9枚目『春一番』(76年3月)ではこれまた曲調を変え、春の訪れによって開放的な気分になったところで「さあ、皆さん恋をしましょう！」とぼくらを春風の中に誘い出すのだった。

そして何よりぼくら男子のハートを射抜いたのが13枚目のシングル『やさしい悪魔』(77年3月)だろう。3人はそれまでの清楚なイメージを捨て、黒を貴重とした大胆なボディスーツ姿で照明を落とした薄暗いステージに登場する。そして短いイントロが終わると彼女たちは体を左右に揺らしながらこう歌い出す。

「あの人は悪魔、アー
私をとりこにする、ウー」

吉田拓郎が作曲したこの曲は音域が広く、歌うのが難しい曲だそうで、3人はレコーディングにかなり苦戦したというが、それだけに唯一無二の魅力が詰まった1曲となっていた。

後楽園の夜空に響いた最後の言葉

そんなキャンディーズが突然、解散を宣言したのはぼくが大学1年のときである。

77年7月17日、日比谷野外音楽堂で開かれた「サマージャックコンサート'77」の初日のことだ。ぼくはこの場にはいなかったけど、後で友人から録音テープを聞かせてもらった。

コンサートの定番曲だった『ダンシング・ジャンピング・ラブ』を歌い終えたあと、3人は大歓声の中でしばらく沈黙する。かすかにランのすすり泣きが聞こえる。やがてランがおもむろにこう切り出した。

「私たち……皆さんに……謝らなければならないことがあります!!」

続いてミキが口を開く。

「ごめんなさい!」

一瞬何事かと静まりかけたものの、興奮さめやらぬファンの歓声は再び盛り上がる。そこでその歓声をさえぎるようにランがこう言い切った。

「私たち……こんどの9月で……解散します!!」

事態が飲み込めないという一瞬の沈黙の後、会場は今までとはまったく違うどよめきに包まれた。

人気絶頂の中での突然の解散宣言に翌日のマスコミは大騒ぎとなった。

決して3人が仲違いをしたわけではなかった。よくある音楽性の違いが表面化したということでもない。

「ひとりひとり旅立ちたい」「普通の女の子に戻りたい」、それが3人の解散理由だった。

彼女たちは4年半という時間を全力で駆け抜けた。それがあまりにも全力過ぎる疾走だったということなのか。

だから最初はとまどったぼくらも、旅立とうと決意した彼女たちを全力で応援する気持ちに切り替わった。

そして9月の予定から半年後の78年4月4日、後楽園球場で開かれたファイナルカーニバル。そこで彼女たちがぼくらにくれた最後のメッセージ「ほんとうに私たちは幸せでした!」という言葉。後楽園の夜空に響き渡ったその言葉を、ぼくはそのまま彼女たちに捧げたのだった。

1977年

戦艦大和が宇宙へ。スクリーンで蘇った『宇宙戦艦ヤマト』

●タイトーのゲームセンター用プライズ品として2008年リリースの665分の1、全長40cm「スーパーメカニクス 光る波動砲ヤマト」。汚し塗装がリアルで造形もなかなかだ。

●『ヤマト』劇場版第1作チラシ。宇宙空間に浮かぶヤマト、地球、イスカンダル星の女王スターシャ。この配置が決まりすぎ、その後のポスターやチラシもすべて似たり寄ったりに……。

●左上から時計回りに劇場版第2作（78年）、第3作（80年）、第4作（83年）。これで完結のハズがその後もテレビスペシャル、OVA、リメイク版などエンドレスな展開に……。

●テレビアニメの放送に合わせて『冒険王』に連載（74～75年）された作品の単行本。第1巻は75年刊、第2巻は79年、第3巻は80年刊。ここからもブームが遅れてきたことが分かる。

●ケイブンシャの大百科シリーズの『宇宙戦艦ヤマト』本4冊。大百科シリーズでは『ガンダム』や『銀河鉄道999』と並んで最低でも20万部以上を売る看板シリーズだった。

●『月刊OUT』77年6月号表紙(右)と巻頭の森雪ピンナップ。当時、口コミで草の根的に広まりつつあったヤマトブームが、この雑誌の出版で一気に統合へ向かった。

●78～79年放送のテレビアニメ『宇宙海賊キャプテンハーロック』の交響組曲を収録したファーストLP。ハーロックは999やヤマトと同じ世界線の中に生きるヒーローだ。

●78年に朝日ソノラマから刊行された『さらば宇宙戦艦ヤマト 愛の戦士たち』カード図鑑。セル画を撮影したと思われる高画質なハガキサイズのカラーカードが64枚入っている。

●『銀河鉄道999』劇場版第1作(左・79年)と第2作(右・81年)チラシ。2作ともテレビ版のダイジェストではなく、キャラクターデザインも一新した完全新作だった。

『宇宙戦艦ヤマト』第1話「SOS地球!! 甦れ宇宙戦艦ヤマト」が放送されたのは1974年10月6日日曜日の午後7時半だった。

　この数日前からぼくはこの放送を見るかどうかでずっと悩んでいた。というのはこの時間の裏で『アルプスの少女ハイジ』が放送されていたからだ。

　しかも1月から放送が始まった『ハイジ』の物語はまさに佳境に入ろうとしていた。

　フランクフルトでの辛い生活を終えたハイジは、この数週間前の放送でやっとアルプスに帰ることができたのだ。そして再び幸福な生活が始まり、後はフランクフルトから、親友となった車椅子の少女クララがいつアルプスへやって来るのかという期待がふくらむ展開になっていた。

　だけど一方で『ヤマト』も捨てがたかった。事前情報は少なかったけれど松本零士がキャラクターデザインをしており戦艦大和が宇宙へ行く! もうこれだけでむちゃくちゃ心躍る展開が予想できるではないか。

当時ぼくは高校で仲間数人とマンガとアニメの同好会を結成していたが、そのメンバーたちもほとんどが『ヤマト』を見ると決めていた。

そして放送当日。同好会メンバーの熱意に押されてぼくも『ハイジ』をあきらめ『宇宙戦艦ヤマト』を見てみることにした。

しかしせっかく見たこの第1話はぼくにはあまりピンとこなかった。ぼくが期待した宇宙戦艦ヤマトの派手な活躍シーンはなく、ヤマトが姿を見せるのは最後の最後だけ。しかも赤錆《さ》びた戦艦大和の艦橋がチラッと見えているだけだったからだ。

ぼくはガッカリして『ハイジ』を見なかったことを深く後悔し、翌週からはまた『ハイジ』に戻って行った。

一方、同好会の仲間の反応はまったく逆で、第1話ですっかり『ヤマト』に魅了された彼らはその後も「ヤマトは面白いから見ろ見ろ」としつこく迫ってくるのだった。

任務は、生きて〝帰ってくる〟こと

歴史に〝もしも〟はないが、このときもしもぼくが仲間の助言を聞いてもう1週だけ粘って『ヤマト』第2話を見ていたら……もしかしたらぼくはハイジ信者からヤマト信者に転向していたかもしれない。

実際、後に再放送で見た『ヤマト』第2話「号砲一発!!　宇宙戦艦ヤマト始動」はぼくのハートを見事に射抜いたのだった。

ガミラス帝国の攻撃によって放射能に汚染され、滅亡の危機に瀕《ひん》した地球。ヤマトはその地球を救うため、14万8000光年の彼方にあるイスカンダル星へ、放射能除去装置「コスモクリーナーD」を取りに行く決断をする。

だがヤマトの沖田十三艦長は放射線病に冒されていた。その彼の体を心配する司令に対し、沖田はこう答える。

「14万8000光年の旅はワシの命を奪うことになるかもしれません。しかしイスカンダルへの旅は命をかけるだけの値打ちがあるとワシは思う！」

旧日本海軍の戦艦大和は、史実では1945年4月に沖縄へ向けて出撃した。そして味方の援護もほとんどない中でアメリカの機動部隊の猛攻を受け海中に没した。しかもこのとき大和は片道分の燃料しか積んでおらず、最初から生きては帰れない死への旅立ちだったのだ。

宇宙戦艦ヤマトはその悲劇の戦艦大和を再生して建造されたものである。しかも今回の任務は、必ず生きて〝帰ってくる〟ことなのだ。何というベタな浪花節だろうか。

沖田艦長は、若き乗組員の古代進と島大介に対してこう言い放つ。

「14万8000光年は絶望的に遠い。まだ人類の経験したことのない宇宙飛行だ。しかし波動エンジンさえ完全に働けば、必ず行ける。いや、ワシは必ず行くぞ。行って帰ってくるのだ!」

『月刊OUT』大特集からブームへ

こうして熱い魂を抱いて発進したヤマトだが、やはり注目していたのはごく一部のSFファンだけだったようで視聴率は平均7・3%とふるわず、全39話の予定が26話に短縮されてひっそりと放送を終了した。

ところが、『宇宙戦艦ヤマト』の伝説が始まるのはここからだった。初回の放送が終了して1年ほどが過ぎた75〜76年ごろ、アニメファンの間で『ヤマト』の魅力が静かに、そしてじわじわと広まり始めていたのだ。

地方のテレビ局には再放送の要望が数多く寄せられ、それに応えて再放送をするとそのたびに視聴率が上がっていった。また情報に飢えたファンたちは全国各地で独自に『ヤマト』のファンクラブを結成し、同人誌を発行したり集会を開くなどの活動を始めた。

そんな散発的な人気を一気にまとめあげたのが、当時みのり書房から創刊された雑誌『月刊OUT』である。この『月刊OUT』の創刊第2号(77年6月号)では何と60ページにわたる『宇宙戦艦ヤマト』の大特集が組まれた。

巻頭グラビアの1ページ目は『宇宙戦艦ヤマト』のヒロイン森雪のセクシーショットから始まるという、何ともオタク(という言葉はまだなかったが)心をくすぐる構成で、全話のあらすじ紹介はもちろん、脇役WHO'S WHOや全国のファンジン紹介など、マニアックな記事がB5変形判の誌面をみっちりと埋め尽くしていた。

そして同年8月、テレビアニメを再編集した劇場版『宇宙戦艦ヤマト』が公開されると、その後はあれよあれよという間に日本全国に『ヤマト』ブームが巻き起こっていったのだ。

この『宇宙戦艦ヤマト』ブームがアニメ界にもたらしたものは限りなく大きかった。まず1つは、それまで儲《もう》からないと言われていたアニメがビッグビジネスになることを証明して見せたこと。そしてもう1つは、中学生・高校生以上の若者たちにまでアニメファンの年齢層を大きく広げたことだ。

このころ学生ライターとして映画の紹介記事やエロ本の体験手記(風読み物)なんかを書き飛ばしていたぼくのところにもアニメ関係の仕事が相次いで舞い込むようになった。中には見知らぬ編集部からの依頼もあった。

「週刊○○の者ですが、黒沢さんがヤマトに詳しいとうかがって、8ページのヤマト特集をお願いしたいんですが」

「わかりました、まかせてください!!」

『宇宙戦艦ヤマト』のにわか専門家となったぼくは、ヤマト関連の記事だけでも恐らく単行本1冊分くらいは書いたと思う。

そんなぼくがじつは『ヤマト』の初回放送を1話だけ見て脱落していたなんて、当時は口が裂けても言えなかったことは、もちろんである。

1977年

●78年公開の映画『未知との遭遇』より。従来のUFOの固定されたイメージを一新。この映画以降、多くのアニメや映画でイルミネーションギラギラのUFOが出現するようになった。

UFOブーム。動いたのはあの男、矢追純一だ！

●24年に創刊45周年を迎えたオカルト専門雑誌『ムー』の79年11月創刊号。特集では宇宙人とコンタクトした人々に取材。永井豪と石川賢によるUFO劇画の連載も始まっている。

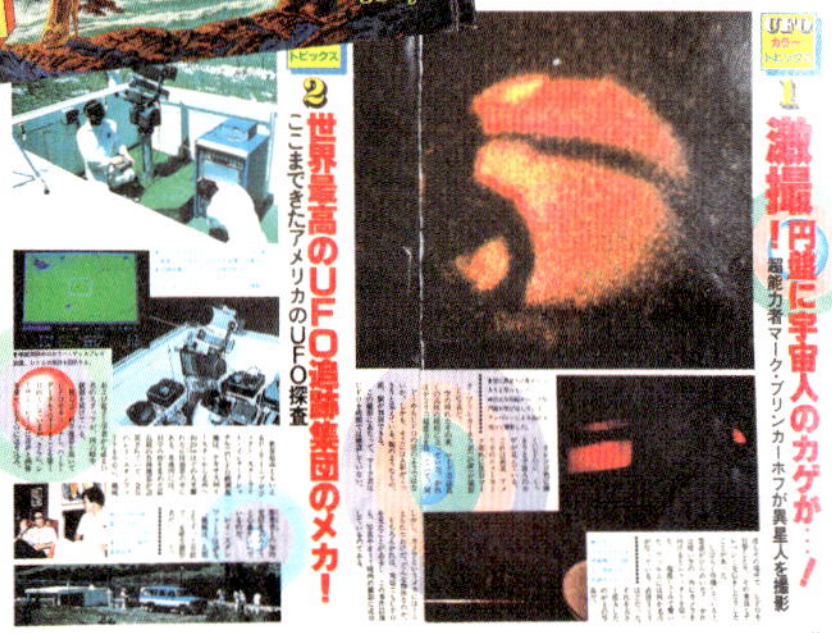

●『ムー』創刊号より。右ペ　ジは、アメリカのニューヨーク郊外に住む25歳の超能力者マーク君が夜の高校の校庭で撮影した写真。霊感を感じシャッターを切ったところこの映像が……!!

●77年リリースのピンク・レディー『UFO』EP。宇宙人の恋人との「信じられないことばかり」な交際を歌ったもので、頭上で腕を回しUFOが飛ぶ様子を表現した振り付けは土居甫。

●15年に出版された矢追純一のエッセイ本。超能力、超常現象、UFOを長年にわたり追いかけたことで得られた人生哲学を“ヤオイズム”と称し、恐怖や不安を追い払う処世術を披露。

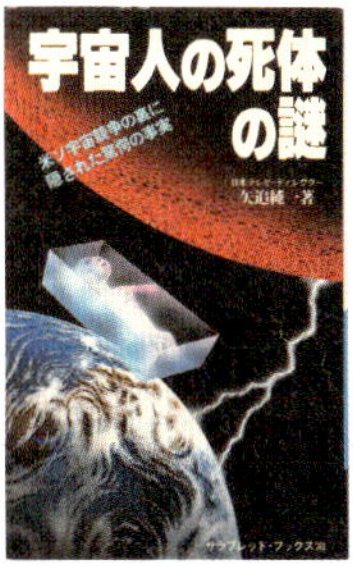

●83年刊の矢追の著書。巻頭言で映画『E.T.』に触れ、「私の十五年間の調査追求の結果、“ET”すなわち宇宙人は存在する」と断言。320ページにわたりその根拠を熱弁している。

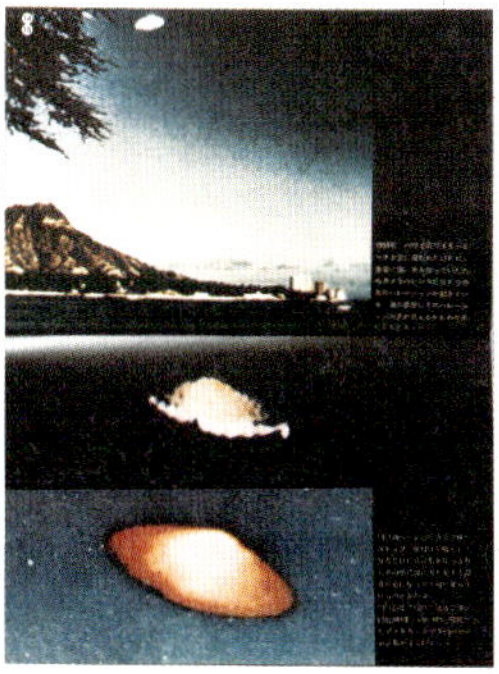

●UFOディレクター矢追純一編・著による空飛ぶ円盤と宇宙人の写真集（75年刊）。矢追自ら現地に赴いて情報収集した記事もあり、読めば読むほど信憑性は増すばかり……。

●冨田勲のシンセサイザー音楽によるLP『バミューダ・トライアングル』（78年）。冨田の「宇宙3部作」の第3作目。UFOや異次元、地底王国などをテーマに全12曲を収録。

●怪奇現象や海難事故が頻発する場所として知られる大西洋フロリダ沖のバミューダ海域は、ミステリー好きなら一度は訪れてみたい、いや絶対に訪れたくない場所だ。75年刊。

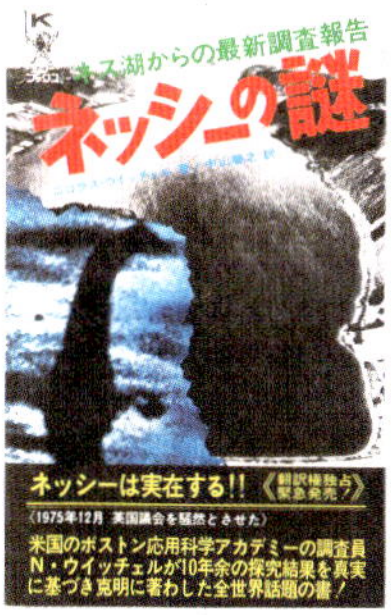

●イギリス、スコットランドのネス湖に住むという謎の怪獣ネッシーに迫る本（76年刊）。ちょうどこのころネッシーに関する新情報が続々と出て読売新聞も特集を組むほどだった。

1976年から78年にかけて、日本でUFO人気がにわかに再燃した。というのは77年がUFO発見30年の年に当たるから——というのもひとつの理由だったのかもしれない。

太平洋戦争の終結から間もない47年6月24日、アメリカ人の若き実業家ケネス・アーノルドが自家用機に乗ってアメリカ北西部の山岳地帯・カスケード山脈上空を飛んでいた。すると20マイル（約32キロ）先を連なって飛ぶ9つの物体を発見した。

この目撃談がアメリカの新聞やラジオで報じられると「私も見た」という証言が全米各地から相次いだ。この謎の飛行物体は、アーノルドが「コーヒーカップの受け皿を向かい合わせに重ねたような形をしていた」と語ったことから、空飛ぶコーヒー皿（Flying Saucer）と呼ばれるようになった。

日本ではこれを長い間〝空飛ぶ円盤〟と呼んでいたが、70年にイギリスの特撮ドラマ『謎の円盤UFO』が日本テレビ系列で放送されたころから"ＵＦＯ（ユー・エフ・オー）"と呼ぶのが一般的となった。

ＵＦＯとは本来"未確認飛行物体(Unidentified Flying Object)"の略語だから空飛ぶ円盤と同義ではないのだが、日本では多くの場合、ＵＦＯと言えば空飛ぶ円盤のことを指している。

ユリ・ゲラーから雪男、オリバー君まで

このＵＦＯ発見30年の年の前後に日本で起きたＵＦＯ関連の出来事を見てみると、76年5月、日清食品からカップ焼きそば「U.F.O.」発売。同年9月、東京の霞が関ビルで日本空飛ぶ円盤研究会主催による「ＵＦＯフェスティバル'76」開催。77年12月、ピンク・レディーの6枚目シングル『ＵＦＯ』リリース。78年2月、映画『未知との遭遇』公開。79年10月、スーパー・ミステリーマガジン『ムー』創刊。

そしてやはりと言うべきか、"あの男"が動いた。あの男とは、日本テレビの超常現象専門（?）ディレクター矢追純一である。

矢追は65年、放送が始まったばかりの深夜番組『11PM』にディレクターとして配属されて最初に立てた企画が、日本テレビの屋上に空飛ぶ円盤を呼び寄せるというものだった。

空飛ぶ円盤を呼べるという男性をゲストに招き、生放送の番組中、日テレの屋上からその男性に空に向かってＵＦＯを呼ぶ念を送り続けさせたのだ。

その様子は入社2年目の新人アナウンサー徳光和夫が現場から実況、大橋巨泉が司会をするスタジオとつないで二元生中継で番組は進行していった。

結果、放送中に空飛ぶ円盤が来ることはなかったが生放送のショーとしては大成功で、これが矢追の超常現象ディレクターとしての出発点となった。

その後矢追は日本テレビの「木曜スペシャル」でＵＦＯ以外にもさまざまな超常現象の謎に迫る企画をぶち上げ、そのたびに大反響を巻き起こした。

超能力者ユリ・ゲラー来日（74年）、ヒマラヤの雪男調査（75年）、バミューダ海域の謎調査（75年）、ネス湖の怪獣ネッシー調査（76年）、ヒトかサルか、それとも新種の人類かとウワサされたオリバー君来日（76年）。

そして77年、矢追は「木曜スペシャル」と並行して『11PM』でもＵＦＯ特集をたびたび組んでいる。

ＵＦＯの真贋鑑定に厳しかった矢追

このころ『11PM』のＵＦＯ特集で人気だったのが、視聴者から送られたＵＦＯの写真や8ミリフィルムの動画を矢追が見てその真贋《しんがん》を鑑定するというコーナーだった。

矢追の判定はいつも厳しくて、当時火曜日と木曜日担当の司会の藤本義一が「これはすごいわ、純ちゃん、この写真はまさしく本物のＵＦＯでしょ?」などと言って盛り上げようとしても、「これは単なる雲ですね」「これ

はガラスの反射です」と言って冷たく切り捨てる。むやみやたらにUFOと認定しないところが彼の言葉の信憑性《しんぴょう》《せい》を高めていた。

そんなある日、スイスの観光地でロープウェイの中から撮影されたという1枚の写真が送られてきた。雄大な山並みをバックにした青空の真ん中に、つづみ型をした薄茶色の物体が浮かんでいる。この写真を見た瞬間、矢追が真顔になった。

「これは……すごい写真です！」

「なになに、今度こそ本物？」

藤本が身を乗り出して聞き返す。するど矢追は、

「間違いありませんね」

と断言して興奮気味に続けた。

「下の山並みとくらべて見てくださ い。この物体が相当巨大であることがわかるでしょう。これは恐らく葉巻型母船の変種じゃないでしょうか」

「ピントがぼけてるのはなぜなの？」

と藤本が質問する。写真の中でUFOだけがピンボケしていたのだ。

「これはUFOの周りに強力な磁場が発生しているからです。それによって空間がゆがめられているんです」

久々に本物認定されるUFO写真が出たことでこの日の特集は大いに盛り上がった。

ところがそれから2週間後の放送でのことだ。UFO特集コーナーが始まると、冒頭で藤本義一があらたまった口調でこう切り出した。

「本日は訂正があります」

じつは後日、別の視聴者から同じロープウェイから撮影された写真が送られてきた。その写真を見ると、矢追がUFOと断定した物体が前の写真よりも鮮明に写っていたのだ。その写真に添えられた手紙を藤本が読み上げる。

「矢追さんがUFOと認定したこの茶色い物体は、ロープウェイの窓のノブではないでしょうか」

そうなのだ。この写真にはっきりと写っている円筒形の茶色い物体、それはロープウェイのガラス窓に取り付けられている窓を開閉するための〝ノブ〟だったのだ。

矢追は自分の誤りを素直に認めて視聴者に頭をさげた。

「いやー、これは確かに〝ノブ〟ですね、言い訳のしようもありません」

しかしその後にこう付け加えることを忘れなかった。

「しかし藤本さん、UFOというのは人間が使用する道具の形を模倣することがよくあるんです。ですからノブ型のUFOが存在していても決しておかしくはないんです。もしかしたらあの写真もノブ型のUFOだったという可能性は捨てきれないということです」

73年の「空飛ぶ円盤特集」以来「木曜スペシャル」を欠かさず見てきたぼくはUFOも超能力もネッシーも、これまでずっと実在すると信じてきた。

だけどこのとき初めて、「もしかしたらUFOはいないのかも」と思ったのだった。

1978年

『サード』の監督、東陽一のエッセイ本(79年刊)。ドキュメンタリー映画の出身らしく、映画に対しても感情的にのめり込むのではなく、一歩引いて見る冷静な視線が感じられる。

同書より、『サード』撮影時のスナップとスティル写真。ここでもついつい右下の森下愛子に目が行ってしまいます。

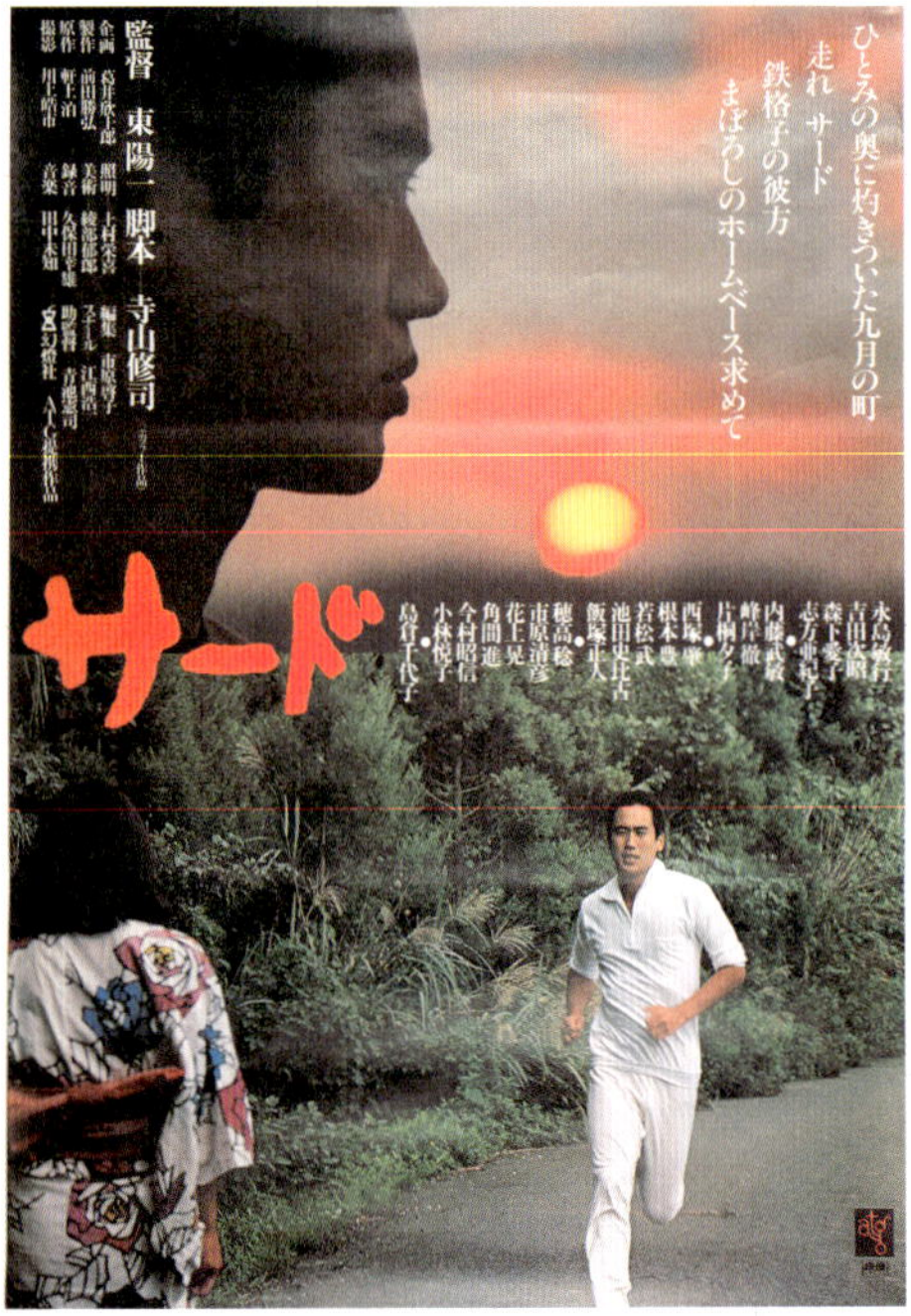

『サード』ポスター。主役の高校生を演じた永島敏行は当時21歳。元々おっさん顔の彼はとても高校生には見えなかったけど、目標を失った若者の苦悩を見事に表現していた。

『原子力戦争』に『サード』。ATGは映画好きの通過儀礼だった

『サード』パンフレットと前売り券。ATGのパンフにはシナリオが収録されているので聞き取れなかったセリフを後で確認することも可能。確認しても難解は難解なんだけど……。

『サード』翌年の79年、森下愛子が東映セントラルフィルム製作で初主演した映画『十代 恵子の場合』DVD。平凡な女子高生が奈落の底へ落ちていく姿が切なすぎる号泣作。

『原子力戦争』チラシ（右）とパンフ。チラシで原田の左に写る山口小夜子は本業はファッションモデルだがこれ以前にも舞台や映画への出演経験があり、存在感抜群だった。

79年公開のにっかつ映画DVD。小林竜雄の城戸賞受賞脚本を映画化。森下愛子が妻子ある青年の平凡な生活をかき乱す小悪魔的な少女を演じた。ぼくもかき乱されたかった。

根岸吉太郎監督のATG映画『遠雷』（81年）チラシ。都市化が進む東京近郊の農家で黙々とトマト栽培に励む若者を永島敏行が演じた。石田えりの大胆ヌードも見どころだ。

80年公開『ヒポクラテスたち』DVD。医大出身の大森一樹が脚本監督を務め、医大生たちの青春を描く。一般作初主演の古尾谷雅人はこれが出世作となったが03年に45歳で早世。

76年公開『青春の殺人者』チラシ。監督はこれが第1作となる長谷川和彦。行き場を失った若者の刹那的生き方を突き放して描いた“ぶっきらぼう”な映像はまさにATG的だ。

1970～80年代のあのころ、ひとつ格上の映画通を気取るために必修科目となっている映画があった。ATG映画である。正式名称は日本アート・シアター・ギルド。60年代から90年代初めにかけて、商業主義におもねらず低予算ながら作家性や芸術性の高い映画を数多く世に送り出した映画製作・配給会社だ。ただしこのATG映画、なかなかの曲者で、はっきり言って難解な映画が多く、こいつを修得するにはそれなりの覚悟と忍耐が必要だった。

映画なんて見たいものだけ見てればいいじゃないか、という意見もあるだろう。だけど学生時代にぼくが在籍していた「ワセダミステリクラブ」というサークルには、ぼくの何倍、何十倍も映画を見ている先輩が何人もいた。

その先輩たちに一目置かれるためにはATG映画は避けては通れない道だったのだ。彼らと対等に映画論を闘わすには怪獣映画と寅さんだけを見てたんじゃまるで歯が立たないのである。

ある日の午後、クラブの部室代わりとなっている教育学部のラウンジへ行くと先輩たちがいつものようにたむろしていた。後にミステリ評論家となる2年先輩の三橋暁さんと香山二三郎さんもいた。ふたりとも鬼の映画マニアだ。ぼくはふたりに「これから並木座でATGの2本立てを見てきます！」と高らかに宣言した。

「大変だねえ、がんばって」

「寝るなよ」

そんなふたりの言葉を背中に受けながら、ぼくは嵐の海へ漕ぎ出す漁師のごとく勇んで銀座へと向かった。

『原子力戦争』が描いた福島第一原発

邦画専門の名画座・銀座並木座のこの日のプログラムは黒木和雄監督の『原子力戦争』と東陽一監督の『サード』だった。

黒木監督のATG映画『祭りの準備』（75年）については27ページで書いたが、その黒木が『祭りの準備』以来3年ぶりにメガホンを取ったのが今回のATG映画『原子力戦争』である。

女性を食い物にするヒモの男・坂田（原田芳雄）が、帰郷したまま戻らない自分の女を探しに東京から原発のある福島県の海辺の町へとやってくる。

ところがその女・青葉望は、なぜかこの町で山崎という新婚の原発技師と心中して亡くなっていた。さらにこの事件の謎を追うと、その背後には原発事故の隠蔽があったらしいことが見えてくる。

坂田はジゴロのテクニックで山崎の未亡人・明日香（山口小夜子）を落とし、彼女から原発に関する極秘書類とネガフィルムを入手する。そしてそれをやさぐれた街の新聞記者・野上（佐藤慶）に見せたところ、野上の表情がにわかにこわばった。

「やっぱりそうか、あんた言ってたろ、発電所で事故があったらしいってよ、（これが）その事故の証拠だよ！」

坂田はそう言って、今度は自分がオトリになって関係者の口を割らせよう、と野上に提案する。

だが野上は坂田にこう警告した。

「お前は簡単に考えてるかもしれんがそいつはなまやさしいことじゃないぞ。お前が3人目になるかもしれん」

「なにが3人目なんだ」

「山崎と青葉望、そして次がお前だ」

ロケは福島県の大熊町や富岡町など福島第一原発周辺の町々で行われた。その後、この地域はご存じのとおり東日本大震災に伴う原発事故により町も風景も一変した。そのためこの映画は今では、事故前の平穏な町の様子が記録された貴重な映像にもなっている。

またこの映画の中で原田が原発の敷地内へ入ろうとして止められる場面は、実際の福島第一原発正面ゲートで無許可で撮影されたという。

「出てください、不法侵入ですよ！」

と言いながら退去を迫る警備員と、それをのらりくらりとかわしながら入り口周辺をうろつく原田。その姿を執拗に捉え続けるカメラ。わずか数分のシーンだし物語の展開上もさほど重要な場面ではないのだが、ピリピリとした緊張感あふれる映像は、さすが岩波映画でドキュメンタリーの経験を積んだ黒木の面目躍如という場面だった。

若者の孤独と苛立ちを描いた『サード』

続けて見た『サード』もまたATG映画らしからぬ(?)大いに楽しめた映画だった。監督は岩波で黒木の助監督を務めた東陽一。

田舎町から出たくて売春で金を稼ごうとする男女4人の高校生たち。ところがヤクザ者を客にしたことからトラブルとなって相手を殺してしまう。その結果、少年たちは少年院送りとなる。

物語はこの少年院の中のシーンが大半を占めており、ロケには群馬県の実際の児童養護施設が使われた。主演の永島敏行をはじめ主役の4人は全員これがほぼデビュー作という新人で、音声は全編が同時録音。この映画が醸し出す独特の〝生っぽさ〟もまた、黒木和雄の映画と同様、ドキュメンタリー映画の手法が下敷きとなっている。

タイトルのサードというのは永島敏行演じる少年のあだ名だ。そのサードには繰り返し見る夢があった。

「やがて俺の打つ番になる。ロングヒットを打って走り出すと、いつの間にかグラウンドには誰もいなくなる」

「たったひとりでホームインしようとするとホームベースがない」

「おれは、また走り出す」

「帰るべきホームベースのないランナーは、ただ走るだけだ。走り回って、とうとうおれはへたばってしまう。ホームベースとは、一体何だ……」

ホームベースのないグラウンドをいつまでも走り続けるランナーの姿は、居場所を失い、生きる目的を見失った若者の孤独と苛立ちを見事に映像化した場面だった。

このように『原子力戦争』も『サード』もぼくにとって印象深い名作ではあったんだけど、映画館を出てきたぼくの頭に強烈に残っているのはある女優の顔ばかりだった。『サード』で売春する女子高生役を演じた森下愛子だ。あどけない顔で大胆なファム・ファタルな役をサラリと演じた彼女にぼくは完全に打ちのめされていた。

大学へ戻ると三橋先輩と香山先輩が待ち構えていた。

「どうだった？」

そう聞かれることは分かっていたのでここへ来るまでぼくは何と答えようかずっと迷っていた。だけど思い切って正直に答えることにした。

「森下愛子が最高でした！」

すると両先輩の表情が急に和らいだ。

「そう思うだろ！」と三橋先輩。

「やっぱあの映画は森下愛子だよな」と香山先輩。

その後、ぼくらは居酒屋へと場所を移し、終電近くまで森下愛子論議に花を咲かせたのだった。

1978年

松田優作のアクション三部作「遊戯シリーズ」登場！

『最も危険な遊戯』ポスター。題名はギャビン・ライアルの冒険小説『もっとも危険なゲーム』からの拝借だろうけど内容は別物。漢字の題名がこの作品の世界観を的確に表現。

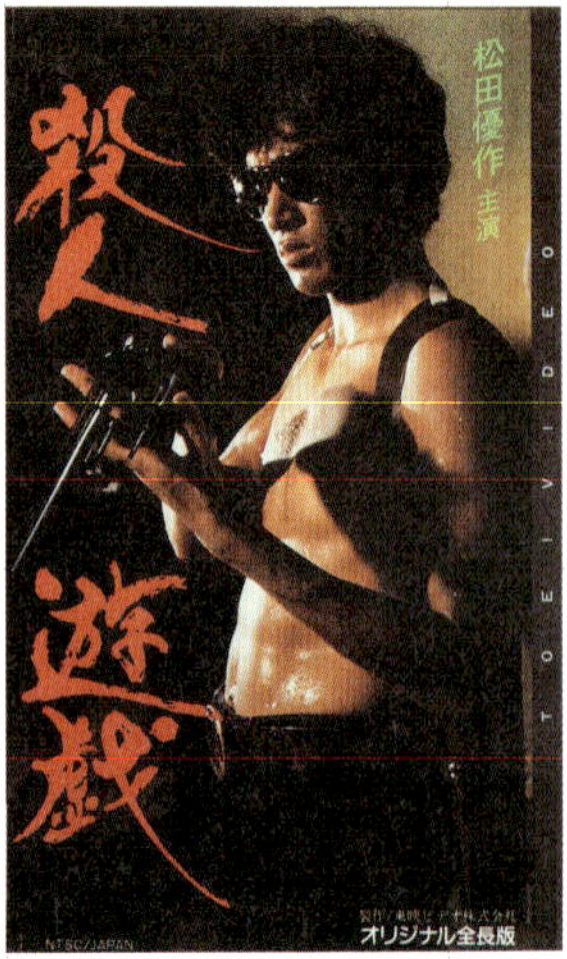

遊戯シリーズ第2作『殺人遊戯』VHSソフト。ジャケット写真の場面は76年公開のアメリカ映画『タクシードライバー』のロバート・デ・ニーロを意識してますね。

79年11月公開『処刑遊戯』チラシ。映画は冒頭から鳴海が廃屋でボロボロに痛めつけられている場面から始まる。そこから突然始まるガンアクション。こいつはハードだぜ!!

テレビドラマ『探偵物語』（79年）ポスター。ハードボイルドを気取りながらもすっとぼけたギャグを連発。大スクリーンで暴れる優作とはまた違ったテレビ版・松田優作がここにいる。

●松田の最後の映画出演作となったリドリー・スコット監督の『ブラック・レイン』（89年）より。抜き身の日本刀を手にバイクを駆る松田には演技を越えた鬼気迫るものがあった。

●『ブラック・レイン』チラシ。日本の大阪を舞台にヤクザとニューヨーク市警の刑事の戦いを描いたこの作品には、松田以外に高倉健、神山繁など多くの日本人俳優が出演。

●松田優作主演による異色の日活ニューアクション映画『あばよダチ公』（74年）ポスター。ダム建設を巡るいざこざに金の匂いを感じたワル5人が巨悪に挑戦するゲームを開始！

●松田＋村川透監督コンビによる79年公開の角川映画ポスター。松田は、昼は平凡な会社員で夜は暗黒の野望を持つ犯罪者という男を演じているが、どう見ても昼間から怪しすぎる。

●鈴木清順監督作『陽炎座』（81年）初公開時のチラシ。『ツィゴイネルワイゼン』のヒットを受けて、同じドームテントで巡回上映された。松田はひたすら耽美的・退廃的世界に溺れる劇作家役を演じた。

●83年公開の森田芳光監督によるATG映画チラシ。伊丹十三が家長を務める家庭に松田が家庭教師としてやってくる。このふたりのエキセントリックな演技の衝突がクセになる。

●『蘇える金狼』の翌年、80年に製作された松田＋村川コンビの角川映画第2作目ポスター。原作は58年に発表された大藪春彦の同題の小説。59年には仲代達矢の主演で映画化されている。

松田優作と言えば、数々の伝説を残して1989年に40歳の若さで亡くなった稀代の名優だ。

だけどぼくにとって松田優作と言えば、その伝説がまだ序章に過ぎなかった78年から79年にかけて公開された映画『最も危険な遊戯』、『殺人遊戯』、『処刑遊戯』のいわゆる「遊戯シリーズ」三部作が忘れがたい。

第1作『最も危険な遊戯』は78年4月に公開された。主人公の鳴海昌平（松田）は、賭けマージャンに負けて金が払えずタコ殴りにされるようなダメな男だが、その正体は裏社会の闇仕事を引き受ける超一流の仕事人だった。

その鳴海の元に誘拐された人物の救出依頼が来る。ところがその依頼は表向きのもので、裏には巨大な陰謀が隠されていた。

あらすじを書くとスケールの大きな超大作映画のように聞こえるが製作費は3000万円、撮影期間2週間という超低予算映画だった。

しかしその低予算をまるで感じさせない緊張感みなぎるアクションの数々。ぼくはそれにたちまち魅了された。懐かしい日活末期のアクション映画=日活ニューアクションを思わせるテイストもうれしかった。それもそのはずでプロデューサーを務めたのは元日活出身の黒澤満だったのだ。

77年に日活を退社した黒澤は、東映の岡田茂社長から子会社の東映セントラルフィルムに招かれ、低予算映画の制作を依頼された。黒澤は東映で撮るならアクションだろうということで、刑事ドラマ『太陽にほえろ!』への出演(73~74年)で人気が爆発した松田優作を主演にした映画の企画を立てた。

優作流アクション映画の撮り方

ただし日活ニューアクションそのままというわけでもない。この映画には、かつての日活アクション映画ではほとんど描かれなかった主人公の生身の生活感がありありと描かれていた。それについて松田が『殺人遊戯』公開当時、高平哲郎のインタビューに対してこんなことを語っている。

「アメリカ映画の、たとえばエリオット・グールドとか——生活があるでしょ。歯を磨くとき、使っている歯ブラシひとつにも、それから、どんなタオルを使ってるかとか。靴下は右からはくか左からはくか——そんなところをショットしていくのがアクション映画だと思うんです」(『キネマ旬報』78年12月上旬号「松田優作インタビュー 遅れてきたB級映画のヒーロー」より)

エリオット・グールドはチャンドラー原作のハードボイルド映画『ロング・グッドバイ』(74年日本公開)で主役の探偵フィリップ・マーロウを演じた俳優だ。そして松田がこう言った通り、鳴海昌平は大金を稼いでいるにもかかわらず、薄汚い部屋でたったひとり地べたを這《は》うようなみすぼらしい生活を送る生臭い男として描かれたのである。

また、それには鳴海の息遣いをそのまま映像に焼きつけたカメラマン・仙元誠三のカメラワークも大きく貢献していた。松田とはテレビドラマ『大都会PARTII』(77~78年)時代からのつきあいである仙元は、手持ちカメラを多用して鳴海の鼓動を生で感じさせてくれた。

そんな仙元の手持ちカメラがもっとも効果的に使われたのが、第1作『最も危険な遊戯』の中で鳴海が敵のアジトに突入する場面である。

敵のいる廃病院に潜入した鳴海は、立ちはだかる敵を拳銃で倒しながら、階段を人質のいる最上階まで一気に駆け上がっていく。このとき仙元は重さが10キロ近くある35ミリのムービーカメラを担いで、階段を駆け上がる松田を追いかけた。仙元を信頼している松田はカメラのことなどまるで気にせずに全力で走る。仙元がそれに必死で食い下がる。

そして人質のいる最上階の部屋へと

突入した松田。その姿をしっかりと捉えたカメラは、仙元の荒い呼吸に合わせてゆらゆらと上下に揺れている。まるで観客もその場にいるような異様な臨場感に包まれた名場面だった。

三部作で進化をとげた優作の凄味

第3作『処刑遊戯』では、後に松田の映画に欠かせない常連メンバーとなる脚本家・丸山昇一が加わった。ただしその丸山も、当時は松田主演のテレビドラマ『探偵物語』（79〜80年）でデビューしたばかりの新人脚本家だった。

その丸山に黒澤プロデューサーが声をかけたのは、『最も危険な遊戯』が公開されてしばらくのころだった。続編の脚本が難航していたために黒澤は、お試しのつもりで新人の丸山に声をかけてみた。するとこれに意欲を燃やした丸山はわずか48時間で脚本を書き上げ、黒澤の元へ持参したという。

このときは結局、当初依頼していた脚本家の脚本が完成したために丸山の脚本は採用されなかったが、第3作目の際にあらためて正式に丸山に依頼したのである。

そこで丸山は当初、『探偵物語』テイストの「おふざけ半分、ハードボイルド半分」のコメディタッチの話を書いたというが、松田から「これはナシにしましょう」と言われた。

このとき松田がイメージしていたのはジャン=ピエール・メルヴィル監督のフランス映画『サムライ』（67年）だった。アラン・ドロン演じる一匹狼の殺し屋がほとんど喋らず、黙々と〝仕事〟をこなしていく姿が描かれたフレンチ・フィルム・ノワールである。タイトルの〝サムライ〟というのはもちろん日本の〝侍〟のことで、殺し屋のストイックさを象徴する言葉として使われている。

それを聞いた丸山はコメディタッチを排除し、「鳴海がニコリともしない」全編ハードボイルドなストーリー『処刑遊戯』を書き上げたのである。

今回、この3本をあらためて通して見て驚いたのは、このわずか2年弱の間に優作が急激な進化をとげていることだ。1作目よりも2作目、2作目よりも3作目と優作の凄みがどんどんと増しているのだ。また当初は渡哲也や原田芳雄など既存の俳優と重なって見えた彼の演技も、やがて松田優作以外の何者でもない〝個性〟へと変貌していった。

当の松田にとっても、こうして自分を成長させてくれたこの「遊戯シリーズ」には特別な思い入れがあったようで、彼は晩年、プロデューサーの黒澤に、アメリカを舞台にしてもう一度「遊戯シリーズ」を撮りたいという夢を語っていたという。

だがその夢は果たせず、89年11月、松田はこの世を去った。あらためて振り返ってみると、73年の『狼の紋章』でデビューして以来、松田の役者人生はわずか16年だった。

78年8月発売のサザンオールスターズファーストLP。帯に書かれたアルバムタイトルの『熱い胸さわぎ』よりも、ヒットしたシングル曲「勝手にシンドバッド」の方が文字がでかい。

1979年

♪笑ってもっとベイビー サザンの名曲『いとしのエリー』発売

サザンオールスターズEPコレクション。新曲が出るたびに曲のテーマや曲調をガラリと変えて驚かされたサザン。ジャケットのデザインも統一感ゼロのこのバラバラ具合である。

サザンの3rd LP(80年3月)。本アルバムのテーマはなぜか猫。表紙の写真は紙に開けた穴から猫が顔を出した瞬間を撮影したもの。この満足そうな顔がニャンとも愛らしい。

サザンの2nd LP(79年4月)。タイトなスケジュールで作られたアルバムで、歌詞の掲載が間に合わず、一部の曲の歌詞が「◎∞□▲」などむちゃくちゃな記号で書かれている。

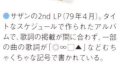

●桑田が監督をした映画『稲村ジェーン』パンフレット。サーファーの映画だって聞いてたからこの写真のようなシーンが続くと想像するじゃないですか。それがね、ぜーんぜん違うんですよ。

●『稲村ジェーン』に主人公ヒロシの愛車として登場したオート三輪「ダイハツ ミゼット」のチョロQ玩具。これは復刻版だが映画公開当時も同様の商品が劇場で販売された。

●映画『稲村ジェーン』のメイキングを収録したLDソフト。公開当時いろいろ批判もあったこの映画だが、メイキングを見ると桑田が映画と真摯に向き合い格闘する姿が見える。

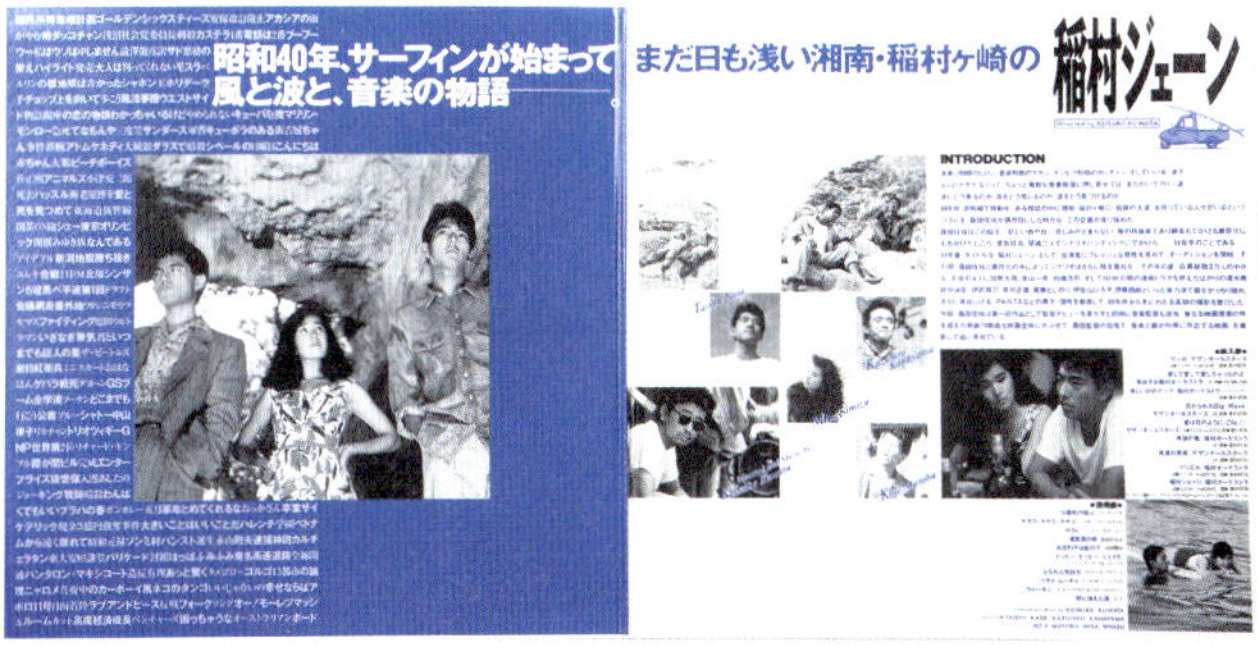

●『稲村ジェーン』メイキングLDジャケットより。桑田はイントロダクションの文章の中で、この映画に賭ける抱負を「音楽と画が均等に存在する映画を目指す」と語っている。

1979年3月、サザンオールスターズの3枚目のシングル『いとしのエリー』が発売された。

デビュー曲『勝手にシンドバッド』と2曲目『気分しだいで責めないで』がどちらもひょうきんでおちゃらけた歌だったのに、次がいきなりド直球のバラードでぼくはかなり驚いた。

そもそもサザンオールスターズにはデビュー以来驚かされ通しだった。特にボーカルの桑田佳祐が日本語の歌詞を英語っぽく訛《なま》る(?)独特の歌い方は衝撃的だった。今でこそ多くの歌手が似たような歌い方をしているが、あのころは「こんなのアリ!?」という耳慣れない感じで聴いていたのである。

同じころにタモリのインチキ外国語芸が流行っていたから、桑田の歌い方もタモリのそれと同じような一発ネタのパロディだと思っていた。ところが『いとしのエリー』では、その歌い方のままで哀愁たっぷりのラブソングを切々と歌い上げ、しかも泣かせる名曲だったから、なおさら驚き、そしてサザンがより大好きになったのだ。

　そんな桑田佳祐が映画を監督するというニュースが流れてきたのはデビューから11年目の89年のことだ。このころはバブル景気の真っ只中であり、映画界とは無縁の企業が大金を出してタレントや小説家に映画を撮らせるというのが一種の流行になっていたのだ。

　この映画の話が持ち込まれたときの気持ちを、桑田は後年のエッセイでこう綴っている。

「確かにアタシの親父は茅ヶ崎で映画館の支配人をやってたし、映画そのものが嫌いってわけじゃあないけど……（中略）さすがにアタクシ、この話には暫《しば》し逡巡《しゅんじゅん》致しました」（桑田佳祐著『ポップス歌手の耐えられない軽さ』2021年、文藝春秋刊より）

　しかし桑田は最終的に〝やる〟という決断をした。その心は、

「人に弱みを見せるのが大嫌い、そして何でも「安請け合い」してしまうアタシの性格に起因するのであります」（同書より）

65年の湘南を舞台にした映画

　こうして桑田は、自身の出身地である湘南を舞台とした青春映画を作ることになった。タイトルは『稲村ジェーン』。日本でサーフィンがようやく根づこうとしていた65年の湘南を舞台に、20年に一度やってくる伝説の大波を待つ若者たちを描いた群像劇だ。

　それにしてもなぜ65年だったのか。56年生まれの桑田は65年当時はまだ小学生だったわけで、自身の青春時代を描いた作品というわけではない。ぼくにはそこが大きな疑問だった。

　そんな疑問をはらみつつ、物語は東京オリンピックの翌年から始まる。

　65年夏、神奈川県鎌倉市稲村ヶ崎。都会から外れた海沿いのこの街で、くすぶるように生きる若者たちがいた。

　さびれた骨董《こっとう》店の店番を任されているサーファーのヒロシ（加勢大周）、売れないバンドマンのマサシ（金山一彦）、ヤクザに追われて伊勢佐木町から逃げてきたチンピラのカッチャン（的場浩司）、横須賀のドブ板通りから流れてきた風俗嬢の波子（清水美砂）。

　吹き溜《だ》まるように集まったこの4人を中心にひと夏の物語が始まる。

　桑田はこの映画の撮影に入る前、プロデューサーの森重晃からこの映画で描きたいものは何かと問われ、「何もない青春を描きたい」と答えたという。

　桑田のこの言葉通り、この映画の中では何か大きな事件が起こるわけでも、若者たちの大冒険があるわけでもない。あるのは満たされない気持ちを抱えて鬱々《うつうつ》とした日々を送る若者たちの姿だけだ。そして何も起こらないまま夏が終わろうとするとき、ヒロシは海辺でひとり、こうつぶやくのだ。

「暑かったけどよ、短かったよな、夏」

ミュージシャン・桑田佳祐のこだわり

　夏の終わりと青春の終わりを重ねて

描いた映画は多々あるが、この映画が紛れもない桑田の映画だと感じるのは、全編に流れる音楽が1曲を除いてすべて桑田のオリジナル曲だということだ。

60年代という時代の空気感を演出するなら当時の流行歌をBGMにするのが手っ取り早い手段だが、ミュージシャン・桑田としてはどうしてもオリジナル曲にこだわりたかったのだろう。当時の曲が使われているのは65年のヒット曲『愛して愛して愛しちゃったのよ』を原由子が歌った1曲だけだ。

また劇中には桑田自身が出演して熱唱する場面もある。桑田演じる盲目のシンガーが、ラテンバンドとラテンダンサーを率いてスペイン語のオリジナル曲『愛は花のように(Ole!)』を熱唱するのだ。サングラスをした桑田が白《はく》杖《じょう》を振りながら歌い、聴衆たちはテーブルを叩き、足を踏み鳴らしてリズムを刻む。

ここはもうウルサ方の映画ファンにも映画評論家にも何も言わせないぞ、という気迫に満ちたミュージシャン・桑田佳祐の独壇場だった。

この場面を見て、ぼくは最初に抱いた〝桑田がなぜ60年代の湘南を舞台とした映画を撮りたかったのか〟という疑問の答えにやっとたどり着いた。

桑田はこの映画の中で、自分という〝個性〟を育んだ湘南の空気感そのものを描きたかったのだ。多感な少年時代に年上世代の若者たちから受けたさまざまな刺激が自身の音楽を育てた。60年代の湘南にこそ、桑田とサザンの音楽のルーツがあったのだ——と。

映画は大方の予想通り(?)映画ファンや評論家からは厳しい意見が寄せられた。桑田より1年早く映画監督デビューした北野武も週刊誌の連載でこの映画を酷評した。だが一方で興行的には配給収入18億と十分な成功をおさめ、映画の挿入曲『真夏の果実』と『希望の轍《わだち》』も大ヒットとなる。

その『希望の轍』の中にこんな歌詞がある。

「遠く遠く離れゆくエボシライン
oh my love is you
舞い上がる蜃気楼《しんきろう》」

エボシラインとは、茅ヶ崎の沖に浮かぶ烏帽子《えぼし》岩(姥島《うばじま》)の見える国道134号線を指している。この烏帽子岩は『チャコの海岸物語』(82年)や『HOTEL PACIFIC』(00年)の歌詞にも登場する桑田のアイデンティティそのものと言える存在だ。人や街は変わってもここに変わらないものがある。桑田はそんな意味をこの烏帽子岩に託していたのではないだろうか。

この映画に描かれた湘南の海は少しも美化されておらず、むしろ単なる背景として無造作に切り取られている。でもその何気ない風景こそがじつはかけがえのないものであり、自分自身のアイデンティティそのものだった。今回、映画を再見してそんな桑田の思いが届いたことで、ぼくのこの映画に対する愛着も少しだけ増したのだった。

1979年

「口裂け女」に「なんちゃっておじさん」。都市伝説が日本を席巻！

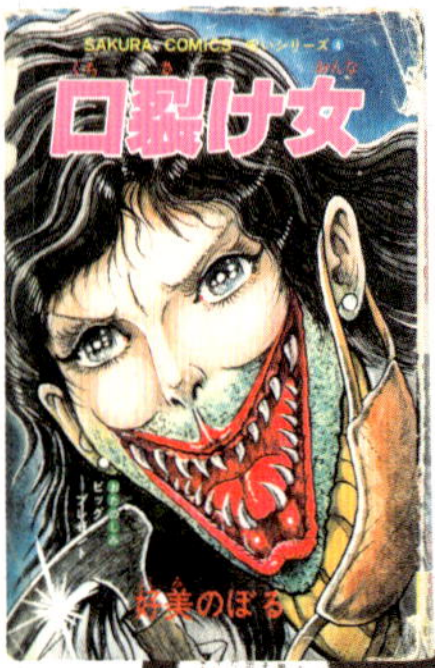

好美のぼるによるマンガ『口裂け女』（79年、笠倉出版社刊）。厳格な女子校の少女たちが口裂け女のマネをしてふざけていたところ、その目の前に本物の口裂け女が現れて……!!

子供襲った"口裂け女"
「本当にいるの？」110番まで
「口裂け女」出没、デマ走る
パト出動騒ぎも
県警 不安解消へ事情
口裂け女だ パトカー出動
幽霊メーキャップの若い女
ウソ八百の恐怖走る
登校拒否出る騒ぎ

口裂け女のウワサが全国に広がった時代の新聞記事。本気で怖がる子どもを心配する親の投稿に対し社会学者は「冷静に」と呼びかけるが、むしろそれがブームをあおる結果に。

朝日新聞
お知らせ下さい
たずね人 山手線、小田急線、井の頭線に出没する謎の"ナンチャッテおじさん"へ
人気者だよ
TV・レコード「出演させたい」
ナンチャッテおじさん
ナンチャッテオジさんコンテスト
ナンチャッテおじさん 私が仕掛け人
冗談半分の投書 目撃者続出にびっくり

「なんちゃっておじさん」騒動を報じた新聞記事。目撃情報が山手線内など具体的だったことが特徴。真ん中上は健康器具会社がなんちゃっておじさんに宛てて『朝日新聞』に掲載した広告だ。

口裂け女ブームに便乗してリリースされたEPレコード。「切れ長のくちびるが紅く」「私キレイ？ときいたらあなたはポマード、リーゼント」。まあ、ハチャメチャである。

90年にケイブンシャの大百科別冊として刊行された人面犬の特集本。ブームが終わる前に出すべく出版を急いだようでA5判80ページの小さくて薄い本であるが密度はなかなか。

深夜放送ラジオ『笑福亭鶴光のオールナイトニッポン』に投稿された「なんちゃっておじさん」の目撃情報を集めた本(77年、ペップ出版刊)。巻末には目撃者の報告用カード付き。

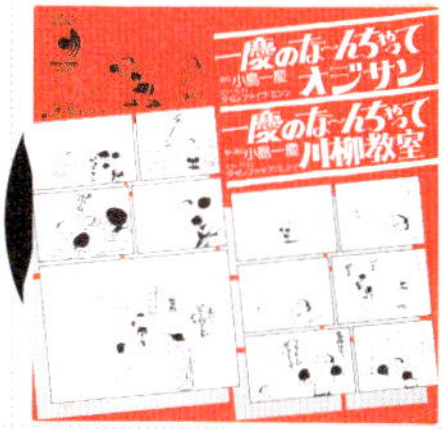

「なんちゃっておじさん」便乗ソング2枚目。ジャケットのマンガと意味不明なワードが続く破壊力抜群の歌詞は黒鉄ヒロシ、作曲は『ドラゴンクエスト』のすぎやまこういち。

「なんちゃっておじさん」便乗ソング、若原一郎の『なんちゃってブルース』EP。「なんちゃって」というワードを使っているだけで中身は「なんちゃっておじさん」とは関係ナッシング!

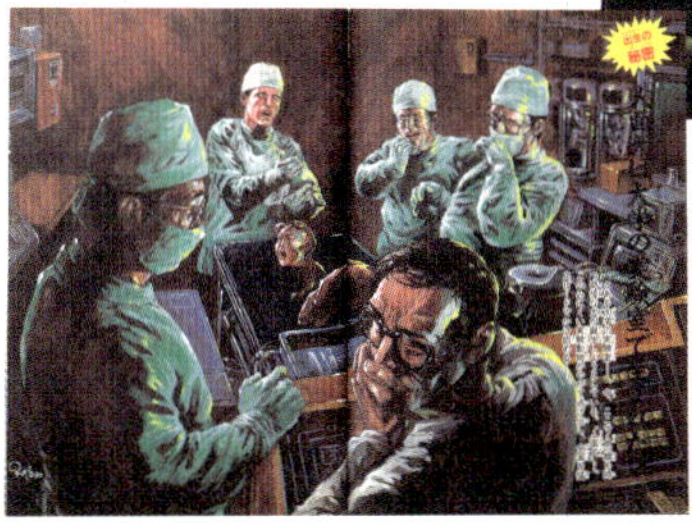

『人面犬を追え!』より。昭和の少年雑誌の巻頭特集を思わせるクドいタッチのイラストが味わい深い。左は手術台の上で実験動物として人面犬が誕生する瞬間の場面だ。

人面犬ブームの火付け役とされる雑誌『ポップティーン』の記事。載っている写真は本物ではなく映画『SF/ボディ・スナッチャー』に登場する怪物のスティル写真である。

TBSラジオ「ティーンズ・ダイヤル」にも中高生の目撃情報が殺到!!
これが"人面犬"の正体か!?

1979年5月ごろのことだ。10歳年下で当時小学校6年生の弟がこんなことを言い出した。

「柴又小学校の横の桜通りあるでしょ。学校の帰りにあの道を通るとね、桜の木の下にマスクをした女の人が立っていて〈わたしきれい?〉って聞いてくるんだって。それで〈きれい〉と答えると、女の人は〈これでも?〉と言ってマスクを外すの。するとその女の人の口は耳まで裂けていて……!!」

ご存じ、これはこの年の春から夏にかけて日本全国を席巻した「口裂け女」の都市伝説であり、それがわが町東京の葛飾柴又に上陸した瞬間だった。『読売新聞』79年6月13日号にはこの口裂け女の話題が2ページにわたって取り上げられているから、この時期にはすでに全国的にかなりの広まりを見せていたようだ。

同記事によればこのウワサは78年暮れに岐阜県で発生し現地ではすぐにおさまったものの、なぜか春になって東京に飛び火したという。

またこのウワサには、マスクを取った後の展開にさまざまなバリエーションが存在する。大きな口で食べられる。誘拐《ゆうかい》される。「あなたもきれいにしてあげる」と言ってナイフで口を切り裂かれる。女性の問いかけに「きれいじゃない」と答えると包丁やハサミで刺し殺される。鎌《かま》を持って追いかけられる。しかも100メートルを6秒で走るので絶対に逃げられない。一方弱点もあり、ポマードが嫌いなので「ポマード」と3回唱えると逃げる。ベッコウ飴《あめ》が好きなのでそれをあげると夢中で食べ始めその隙に逃げられる、など。

捕獲された「口裂け女」の真相

当時この口裂け女の話を聞き、ぼくはかつて母から聞いた「赤マント、青マント」の話を思い出した。

昭和14年、当時柴又にはまだ小学校がなく、小学1年生の母は子どもの足で片道40分ほどかかる隣町の金町小学校まで江戸川土手を歩いて通っていた。長く歩くので途中でトイレに行きたくなることもある。だが途中の河川敷にあるトイレにだけは絶対に入ってはいけないと、子どもたちの間で語られていた。なぜならそのトイレには青マントと赤マントの怪人が出るからだと。

そのトイレに入って用を足した後、気がつくと紙がない。すると頭上から、「青い紙やろうか、赤い紙やろうか」という声が聴こえてくる。そこで、「青い紙をちょうだい」と言うと、上から青マントの怪人が降りてきて血を吸われ真っ青になって死ぬ。「赤い紙をちょうだい」と言うと便器から赤マント怪人の手が出てきて血まみれになって殺される。

この青マントと赤マント怪人のウワサも昭和14年から15年ごろにかけて、様々な派生系を生みながら関東から関西にかけて口コミで広まっていたようだ。そして口裂け女と共通しているのは、相手の問いかけに対して選択肢が与えられているにもかかわらず、どう答えても助からないということだ。

話を口裂け女に戻すと、79年7月18日の『読売新聞』には、何と兵庫県で口裂け女が捕獲されたというニュースが掲載されている。

その記事によれば事件が起きたのは土砂降りの雨が降る6月21日午前3時ごろのこと。兵庫県姫路市内の商店街に口裂け女がいるという110番通報がタクシー運転手と帰宅途中の会社員から相次いで入った。パトカーが現場に駆けつけると、通報通りの白い服の女が傘《かさ》もささず電柱の陰に隠れるように立っていた。

警官が懐中電灯で照らすと女は口紅で口が耳まで裂けたメイクをし、手には出刃包丁を持っていた。

姫路警察署へ連行されたその女が語ったところによると、女は25歳の無職で、テレビで怪談映画を見ているうちに自分も幽霊になってみたくなり、メイクをしてひとり鏡の前で楽しんでいた。そこへ友人のB子がやってきて、「なじみのお好み焼き屋のおっさんを驚かそう」という話になり店へと向かった。ところが店が閉店していたため、B子だけが着替えを取りに家に戻り、その間A子は電柱の陰で待っていた。そこを目撃されて通報されたのだった。結果、包丁を持っていたA子は銃刀法違反の容疑で書類送検となり、キツいお叱りを受けたことは言うまでもない。

「なんちゃっておじさん」の本家争い

この口裂け女騒動の1年前、77年春から78年初頭にかけては都内の電車に「なんちゃっておじさん」が出没するというウワサが広まった。

山手線や小田急線の車内で中年のおじさんがぶつぶつと独り言を言ったり急に笑いだしたり、やくざ者にからまれて大泣きしたりする。そうやって乗客の注目を集めたところで急におどけた表情になり、両腕を上げて頭の上で輪を作りながら「なーんちゃって」と言ってその場を立ち去るというものだ。

この話がラジオの深夜放送で紹介されるや同様の目撃談の投稿が相次ぎ、若者の間にたちまち広まっていった。

そして78年2月6日の『朝日新聞』にはある企業がこんな広告を出した。

「都内の国電・私鉄に出没するナンチャッテおじさんを探しています」

広告を出したのはルームランナーなどの健康器具を扱う会社だった。「なんちゃっておじさん」が実在するならぜひ広告に出演してほしいという、まあ、話題作りである。

しかしその2週間後、何と広告の呼びかけに応じて我こそが〝なんちゃっておじさんの仕掛け人である〟という人物が現れた。『ケメ子の歌』の作詞者としても知られるコント作家の小森豪人である。

小森は自分の考えた「なんちゃっておじさん」というギャグを流行らせたいと思い、知人を動員してラジオ番組に投稿したのだという。

ところがウワサを発信したニッポン放送は、小森とは別の「我こそが本家なんちゃっておじさんである」という人物を探し出し、その人物に山手線内でパフォーマンスをさせるなどして小森に対抗する動きを見せた。その結果、元祖・本家争いはその後もしばらく続いたのだった。

またさらにこの10年後の89年から90年にかけては、人間の顔をした犬を見た! という「人面犬」ブームが巻き起こったが、このときにも後に我こそが仕掛け人という人物が名乗り出ている。フリーライターの石丸元章が雑誌『ポップティーン』誌上で広めた「物語《ウワ》」だったと明かしたのだ。

ただしこのときも元祖は自分だと反論する人物が現れ、真相は藪《やぶ》の中となった。まあぼくが言えるのは、もしも彼らが本当にウワサの仕掛け人だったとしても、その秘密は墓場まで持っていってほしかったということですね。

1980年

♪あ〜私の恋は南の風に乗って走るわ〜松田聖子『青い珊瑚礁』大ヒット！

●松田聖子のEP。熾烈なアイドルブームの中でデビューした聖子は当初"ぶりっ子"と呼ばれてバッシングも受けたが、やがて歌唱力が認められ本格的な歌手へと成長していった。

●グリコのノベルティの缶バッジ。年代不明だが髪型から推測すると80年代後半のものだろうか。イラストは南伸坊っぽいけどこれも違うかも……。スミマセン不確かで。

●聖子の歌と共にサントリーのペンギン人気も高まり、85年には劇場アニメ化された。マスコットキャラ的な2.5頭身のペンギンがシリアスな恋愛ドラマを演じて配給収入5.1億円。

●83〜84年ごろ、松田聖子の歌う『SWEET MEMORIES』をバックにアニメのペンギンのショートストーリーが展開するサントリーのCMがヒット。こんな生ビールボトルも発売された。

●『近代映画』には毎月聖子関連の付録が付いた。左の『松田聖子ワイドブック』は82年5月号付録、右の下敷きカレンダーは81年10月号付録。この付録目当てで毎号買った。

●『Pineapple』ライナーノーツより。「渚のバルコニー」、「レモネードの夏」、「赤いスイートピー」などの名曲が詰まった名盤だ。作詞は全曲松本隆。

●82年、聖子が20歳になった記念に出版されたエッセイ。構成したのは作家の林真理子。耳元でささやくような文章は聖子を身近に感じる名文だ。

●松田聖子のLP4種。左上がデビューアルバム『SQUALL』（80年8月）。当時どれもよく聞いたけど、左下の5枚目のアルバム『Pineapple』（82年5月）が特に好き。

1980年代から90年代にかけて、ぼくの部屋のレコードプレーヤーのターンテーブルでは、いつも松田聖子のレコードが回っていた。

アイドルにも歌謡曲にもあまり興味のなかったぼくが、新曲が出るたびにレコードを買い集めるほど彼女の歌に夢中になったのは、あの何とも言えない切なげな歌声がぼくのハートを直撃したからだった。

どんな風に直撃したかは後で書くとして、80年4月に『裸足《はだし》の季節』でデビューした松田聖子が広く世間に知られるようになったのは、同年8月に放送されたTBSの歌謡番組『ザ・ベストテン』に彼女が初出場した時からではないだろうか。

ぼくが最初に「あ、松田聖子、いいかも！」と思ったのも、弟が見ていたこの番組をたまたま横目で見ていた時だった。

夜の羽田空港に響いた歌声

『ザ・ベストテン』は久米宏と黒柳徹子の司会で、ランキング形式でその週のヒット曲を毎週紹介する生放送の音楽番組だ。最高視聴率41・9％という超人気番組で、この番組に出演することがトップ歌手の証《あかし》となっていた。

この番組の80年8月14日の放送で聖子の2枚目のシングル『青い珊瑚礁《さんごしょう》』が8位に初ランクインした。ただしこのとき彼女はスタジオにいなかった。聖子はこの日、札幌で仕事をしていたのだ。

生放送なのでこのようにランク入りした歌手が地方や海外にいてスタジオに来られないことも多い。そんなときはTBSの若手アナウンサーだった松宮一彦や生島ヒロシが〝追っかけマン〟と称して現地へ飛び、歌手にその場でマイクを渡して生中継で歌ってもらうのだ。

「追いかけます、お出かけならばどこまでも」

というのが久米の決めゼリフだった。

聖子の名前が呼ばれたあと、カメラが追っかけマン松宮一彦に切り替わると、松宮がいたのは銀色の照明に照らされた羽田空港の駐機場だった。札幌で仕事を終えた聖子が間もなくここ羽田に飛行機で降り立つというのだ。

やがてカメラは一機の旅客機が夜景の中を降下してくる姿をとらえた。そこに松宮の声がかぶさる。

「あの飛行機に聖子ちゃんが乗っています！」

松宮が実況トークで場をつなぐ中、飛行機はゆっくりと駐機場へ滑《すべ》り込んできて、タラップが横付けされる。そしてドアが開き、機内から聖子が姿を現した。

聖子はカメラに向かって小さく手を振ると、タラップを小走りで駆け下りてカメラ前まで走り込んでくる。

黒柳「初登場のご感想はどうですか？」

聖子「とってもうれしいです！」

スタジオとのそんな短いやりとりももどかしく、聖子はたったいま降りてきた飛行機をバックに、息を整える間もなくマイクを握り、『青い珊瑚礁』を熱唱し始めたのだ。

「♪あ〜　私の恋は　南の風に乗って走るわ〜」

夜の滑走路に彼女の伸びやかな歌声が響き渡る。空港関係者も、飛行機から出てきた乗客たちも、そこにいる全員が彼女の歌声に聴き惚れている。

そんな状況の中でも彼女の堂々っぷりは変わらなかった。初登場の新人アイドルとは思えない大物然とした胆《きも》の据《す》わり方に、ぼくは「これは本物だ」と思った。

後年出版された関係者のエッセイによれば、事前の航空会社や空港との折衝、放送時間と飛行機到着のタイミングなど、さまざまな調整は困難を極めたと言うが、結果的にすべてが良い方向に向かった。〝持っている人〟というのはまさしく彼女のような人を言うのだろう。

聖子ちゃんの曲と切ない思い出

ところでぼくが彼女の歌にハートを直撃された理由を言ってしまおう。彼女の歌のいくつかがぼくのあのころの失恋ソングだったからだ。

81年春、ぼくは当時出入りしていた編集プロダクションのスタッフだったAさんに密かに思いを寄せていた。そのころ巷《ちまた》に流れていたのが聖子の新曲『白いパラソル』だったのだ。詞の内容は、彼に誘われてときめいて海へやってきたのに、彼の態度がなぜかつれなくてちょっぴりブルーになってしまったという女性の揺れる心模様を描いたものだった。

この歌詞に、編プロの社員旅行で行った海水浴の思い出が重なった。真夏の太陽きらめく千葉の御宿《おんじゅく》海岸でひそかにこぼしたぼくの涙……。

「涙で糸をつなげば
真珠の首飾り」

という聖子の歌がそこに重なった。

83年、神奈川在住のBさんがぼくの前から去っていったときによく聴いていたのは『蒼《あお》いフォトグラフ』だった。「一度破いてテープで貼った」思い出の写真を見つめながら、輝いていた日々を回想するという歌詞で、その中に横浜の赤レンガ倉庫周辺を思わせるこんな一節がある。

「今一瞬　あなたが好きよ
明日になればわからないわ
港の引き込み線を
渡る時　そうつぶやいた」

Bさんはオートバイが好きだったので横浜や鎌倉、江の島周辺をよくふたりでツーリングデートした。

中でも横浜の赤レンガ倉庫周辺はぼくらの定番のツーリングコースだったのだ。今ではすっかり観光地化しているが、当時は貨物船が停泊しているだけの殺風景な場所で、ゴツゴツしたコンクリート舗装《ほそう》の道を貨物線の線路が縦横に横切っているだけだった。

90年にしばらく交際していたCさんはマレーシアから来た中国系マレーシア人の留学生だった。彼女とコミュニケーションを取るためにぼくはNHKのラジオ講座で必死に中国語を勉強した。だけど彼女も間もなくぼくの手を離れ、小鳥のように母国へと飛び立っていった。

成田空港で彼女を見送った帰り道、ぼくの車のカーステレオから流れていたのが聖子の『Canary《カナリー》』である。

「ぼくの手のひらから
羽撃《はばた》いてゆくがいい
静かに言ってあなたは
私の背中押したの」

この歌詞が、成田の滑走路から離陸して遠ざかっていくマレーシア航空機のシルエットと重なった。

ということで、じつはまだこの後もぼくの失恋話と聖子ちゃんの歌の思い出はいくつか続くんだけど、もっと聞きたいですか？　あ、もう十分ですか、そうですか。

1980年

埋もれていた巨匠・黒澤明が10年ぶりに日本映画界に復帰

●『影武者』初公開時のチラシ。黒澤は映画が公開されるまでスティル写真や本編動画の公開を極端に制限。そのためテレビで放送された予告編CMにはNGフィルムが使われた。

●『影武者』より。仲代演じる影武者（中央）がふたりの側室、倍賞美津子（左）と桃井かおりに挟まれて偽物と疑われる場面。緊迫した中で影武者は見事にはぐらかして見せる。

●『影武者』公開時のパンフレット。黒澤はこの映画のために絵画のような精細なカラー絵コンテを大量に描き下ろしており、パンフの表紙に使われているこの絵もその中の1枚。

●『乱』ポスター。『影武者』公開の5年後に日仏合作で撮られた時代劇大作。シェイクスピアの悲劇『リア王』を下敷きとした戦国絵巻。主演は『影武者』に続いて仲代達矢。

●75年に黒澤がソ連の制作で監督した『デルス・ウザーラ』パンフ。撮影はシベリアの過酷な自然の中で行われ、その自然と戦う人間のたくましさを迫力の映像で切り取った。

●『天国と地獄』ポスター（右）とスティル。写真は三船敏郎が誘拐犯人の指示に従い、身代金を抱えて特急こだま号に乗り込んだ場面。犯人は意外な方法でこの金の奪取に成功する。

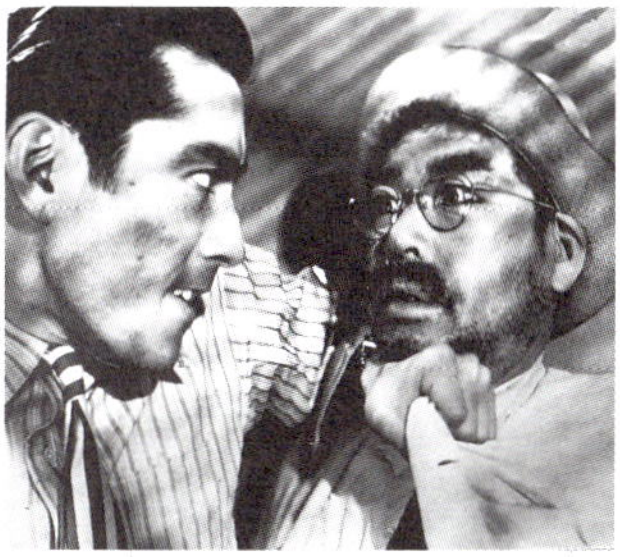

上●『七人の侍』（54年）ポスター（右）とスティル写真。黒澤映画の頂点ともいえる大活劇。侍と農民たちの個性が光る。複数カメラ同時撮影による野盗との合戦シーンは圧巻の迫力。

中●『酔いどれ天使』（48年）ポスター（左）とスティル写真。結核に冒されたヤクザ者（三船敏郎）と人情医者（志村喬）の葛藤。戦後の混乱の時代を描いた空気感もリアルだ。

下●『生きる』（52年）ポスター（右）とスティル写真。無気力だった役人（志村喬）が自分の余命が少ないことを知り生きた証を残そうとする。志村が雪の中「♪命みじかし、恋せよ乙女」と歌う場面は涙なくしては見られない。

1980年4月、黒澤明監督のひさびさの新作映画『影武者』が公開されることになった。旧ソ連の制作で75年に公開された『デルス・ウザーラ』から5年ぶり、黒澤の日本での監督作品としては『どですかでん』（70年）以来、10年ぶりのことだった。

当時、名画座に通い詰めて黒澤映画を必死で追いかけていたぼくはこの新作にむちゃくちゃ期待をしていた。

物語は武田信玄の影武者になることを命じられた盗っ人の男（仲代達矢の二役）の生き様を描いたもので、男は当初影武者になることを拒むが、信玄の死をきっかけに自ら進んで影武者になることを決意する。もうね、あらすじだけでワクワクしてくるお話です。

そんな最高の監督が撮る最高の映画の企画が日本でなかなか通らなかったのは当時の日本映画界の厳しい台所事情によるものだ。そこへハリウッドで大作映画をいくつも成功させていたジョージ・ルーカスとフランシス・フォード・コッポラが制作協力に乗り出し、さらにふたりが20世紀フォックスから出資を取り付けてきたことで、ついに企画が動き出したのである。

戦後の不満を代弁した『天国と地獄』

そもそもぼくが黒澤明の映画を追い始めたのは意外と遅く、75年に『七人の侍』がリバイバル公開されたときだった。上映時間２０７分という長さをまったく感じさせない圧倒的な迫力にぼくは完全に打ちのめされた。

そしてこれ以後、ぼくは情報誌『ぴあ』を片手にリバイバル公開や名画座にかかる黒澤映画を片っ端から追いかけるようになったのだ。

先に挙げた『どですかでん』や『一番美しく』(44年)などは配給権が切れていたのか、名画座にもなぜかまったくかからず、そうした映画が大学や図書館の上映会にかかると、関東近県どこまでも出かけた。

そんな77年10月、佐藤忠男の本などで名作だという評判をさんざん聞かされていながら一向に劇場にかからなかった『天国と地獄』がついにリバイバル公開された。

高台にそびえる豪邸で暮らす製靴会社の常務・権藤金吾(三船敏郎)。その権藤の元に子どもを誘拐したから身代金を払えという脅迫電話がかかってくる。だが実際に誘拐されたのは権藤の息子ではなく、権藤邸に住み込みで働く運転手の息子だった。

映画前半は犯人側のペースで物語が進行し、犯人は全財産を抱えて特急列車に乗り込んだ権藤から、その金をまんまと奪取することに成功する。

しかし後半は一転してこの事件を追う戸倉警部(仲代達矢)以下、捜査本部の刑事たちがたんねんに情報を拾い集め、状況証拠を積み上げながら、姿の見えない犯人に迫ってゆくのである。

犯人が権藤邸の見える場所から電話をかけてきていたことからその電話ボックスの場所を特定、さらに電話の背後で聞こえた電車の音や、子どもの断片的な証言などから、子どもが捕えられていた場所を特定する。

こうした戸倉たちの捜査で忘れられない場面があった。身代金の入っていたカバンが見つかる場面である。このカバンには燃やすと色の着いた煙を出す薬剤が仕込まれていて、その赤い煙が病院の焼却炉から立ち昇ったのだ。全編モノクロのこの映画の中で、煙突から立ち昇るこの煙だけがマスク合成によって赤色に着色されていた。

そしてついに捕らえられた犯人の男・竹内(山崎努)は、権藤邸を見上げる安アパートに暮らす貧しいインターンの青年だった。

映画のラスト、竹内が拘置所の面会室で権藤と金網越しに対峙する場面、竹内は犯行の動機をこう語る。

「私のアパートの部屋は冬は寒くて寝られない、夏は暑くて寝られない。その三畳の部屋から見上げると、あなたのうちは天国みたいに見えましたよ。

毎日毎日見上げているうちにだんだんあなたが憎くなってきた。しまいにはその憎悪が生きがいみたいになってきたんですよ」

「私は死刑なんか怖くもなんともない。地獄へ行くのも平気だ。生まれた時から私は地獄みたいな生活には慣れてるんです。フフフフ、天国へ行けなんて言われたら、それこそ本当に震え上がるかも知れませんがね、フフフフ、ハハハハ……!!」

貧しい境遇に生まれた自分を呪い、勝ち組の権藤に逆恨みを抱いた竹内の鬱屈したルサンチマン——すなわち弱者の強者に対する憎悪や復讐心がここで爆発するのだ。

戦後の混乱の時代、復興の波から落ちこぼれ、社会に対する不平や不満を抱いている人は少なくなかった。そのためこの時代に発表された小説や映画の題材には、人々の鬱屈した気持ちを代弁したような作品が数多くあった。『天国と地獄』もまさしくそんな社会状況の中で生まれた作品だったのだ。

ブランク感じさせなかった『影武者』

さて冒頭の話題に戻ろう。黒澤明の久々の新作『影武者』はクランクイン早々、主役の武田信玄(と影武者)を演じる予定の勝新太郎がいきなり降板するというトラブルが起きた。

お互いに強烈な個性の持ち主で自分自身の中に確固たる映画観を持っているふたりが衝突するのは、ある意味必然だったとも言える。実際ぼく自身、このニュースを聞いて驚くよりも「あ、やっぱり」と思ったほどだ。

結局、主役は仲代達矢が務めることになり撮影は再開された。

そして完成した映画には、黒澤らしい凝った演出が随所に見られた。たとえば信玄の孫の竹丸が、男を影武者と見抜く場面。竹丸が男をじいっと見つめた後、突然彼を指さしてこう言い放つ。

「違う、これはおじじではない!」

往年の黒澤演出を彷彿《ほうふつ》させるこの場面にぼくは心が震えた。ただ惜しいのは『七人の侍』や『天国と地獄』に見られたような、あの髪の毛の先まで神経が行き届いた緊張感が見られなかったことだ。

でも、それでもぼくは十分に満足だった。何しろ黒澤は、この後も『乱』(85年)、『夢』(90年)、『八月の狂詩曲』(91年)、『まあだだよ』(93年)と4本もの新作を撮ってくれたのだ。リアルタイムで黒澤の新作が5本も見られたなんて、これが映画の神様のはからいならば、ぼくはその神様に心から感謝したい。

それからこれは個人的なことだけど、このころぼくはちょうどマンガ原作者として仕事を始めた。そのときぼくの物語作りの教科書となったのが、あのころ見た黒澤映画の数々だった。

「迷ったら黒澤映画を思い出せ」

これは今でもぼくが心に刻んでいる信条である。

今に続く不朽のアニメ。『機動戦士ガンダム』初の映画公開！

1981年

●映画版公開当時販売されたお菓子のおまけシール。左上からアムロ・レイ、ガンダム。左下からシャア・アズナブル、運命に翻弄されるシャアの生き別れの妹セイラ・マス！

●82年3月公開の劇場版第3作『めぐりあい宇宙《そら》編』パンフ。テレビ版の後半は作画崩壊していたけどどうするのかと思ったら、何と7割以上が撮り下ろしの新作として公開された。

●81年7月公開の劇場版第2作『哀 戦士編』パンフレット。第1作の大ヒットを受けてすぐにこの続編の公開が決定。テレビ版の第16話から第31話前半までを再編集している。

●劇場版第1作『機動戦士ガンダム』パンフレットより。第1作の公開に先立って81年2月に新宿東口駅前広場で開催されたイベントには、およそ1万人のファンが集まった。

●駄玩具メーカー・山勝のガンダムミニカード。中央上はセイラの操るGファイターとガンダムのコラボ戦闘シーン。左中央上はシャア専用ズゴック。その下がシャア専用ザク。心が踊るぜ！

●09年、ガンダム30周年を記念して東京のお台場に身長18mの等身大ガンダム像が設置された。これはそのお台場ガンダムを1/144スケールでプラモ化したもの。足元にはアムロも！

●劇場版第1作公開に合わせて勁文社から刊行された『テレビ版 機動戦士ガンダム大百科』（左）と同『映画版 大百科』。もちろん爆売れして関連本が続々と出ることに。

●91年ラポート刊のムック。ラポートはアニメ雑誌『アニメック』を出版し同名のアニメショップも経営。ガンダム関連本を大量に出版するサンライズの公式出版社のような会社だった。

●79～81年に朝日ソノラマから刊行された、富野喜幸（現・富野由悠季）描き下ろしの小説版『ガンダム』。全3巻で、テレビ放送時に打ち切られ幻となった後半の展開も小説化。

●クローバーの亜鉛合金製『ガンダム合体セット』テレビCMより。アムロの乗ったコアファイターの翼が畳まれてガンダム本体と合体。仕掛けは良かったんだけど部品の精度が……。

『機動戦士ガンダム』は79年4月から80年1月にかけてテレビ朝日系列で放送されたテレビアニメ作品だ。

しかし放送開始当初は視聴率が低迷し、全52話の予定が43話に短縮されて終了した。

ところが放送が終わりに近づくにつれて少しずつ人気が高まり始め、それを見たおもちゃメーカーのバンダイが動いた。

『宇宙戦艦ヤマト』のプラモをヒットさせたバンダイは放送終了から半年後の80年7月に300円と700円の2体のガンダムプラモ、すなわち「ガンプラ」を発売した。そしてこのガンプラの売れ行きが好調だったことから、続いて同年10月、松竹で映画化されることが決定したのだった。

「ガンダム映画製作決定！」

このニュースが流れた直後のことだ。ぼくを雑誌『ポパイ』の仕事に誘ってくれた綺譚社の秋山協一郎さん（31ページ参照）からまたお呼びがかかった。

「こんどガンダムの本を作るんだけど、やりたいやつ、いる?」

それを聞いてぼくはすぐに「はい!」と答えた。実を言うとぼくは『ガンダム』を数回しか見ておらず知識もほとんどなかったが、ワセダミステリクラブの仲間たちが常々ガンダム話で盛り上がっているのを見ていたから、「乗るなら今だ!」と思ったのだ。

考証も緻密だった本格的なSF

集められたのはぼくと3人のガンダムマニアのクラブ員だった。その中にはぼくの1年後輩で、後に講談社で『コミックボンボン』編集長となる熱烈なアニメ&特撮マニアのY田くんもいた。ぼくらが手伝うことになったのは勁文社《けいぶんしゃ》という出版社から出ている文庫サイズの本「ケイブンシャの大百科」シリーズの『ガンダム大百科』「TV版」と同「映画版」の2冊だった。

やがてにわか勉強によってぼくにも『ガンダム』の全貌が見えてくると、確かにこの作品はこれまでのロボットアニメとはまるで違う本格的なSFだということが分かってきた。

物語の舞台は宇宙世紀0079年の未来。人類の多くが荒廃した地球を離れ、宇宙空間に浮かぶ人工都市「スペースコロニー」で生活をしている。ところがそのスペースコロニーのひとつ「サイド3」が「ジオン公国」を名乗り、地球連邦に対して独立戦争をしかけてきた。

開戦当初、小国であるジオン公国が戦況を有利に運べた理由は「モビルスーツ」の存在にあった。モビルスーツとは人間が乗って戦う近接戦用のヒト型戦闘兵器である。ジオン公国はこの新兵器をいち早く実用化して地球連邦を圧倒したのだ。

そこで地球連邦が開発を急いだのが新型モビルスーツ「ガンダム」だった。しかしガンダム開発中のスペースコロニー「サイド7」にもジオン軍の攻撃が迫り、予期せぬ流れから民間人の少年アムロ・レイがガンダムに乗り込むことになる。

キャラクター造形の深さもこの作品の魅力で、登場人物の誰もが欲望や心の弱さを内包しており、その葛藤が物語を大きく動かしていく。

それは主人公の少年アムロ・レイも例外ではない。彼もまたスーパーヒーローなどではなく、戦うことにおびえ、迷い、上官の命令に逆らう未熟な少年なのだ。

第9話「翔べ!ガンダム」ではアムロが緊急事態を前にしながらぐずぐずと言い訳を言ってガンダムに乗るのを拒否する場面がある。すると新米指揮官のブライトは思わず激昂《げっこう》してアムロに平手打ちを食らわせる。

それに対してアムロは、

「親父にもぶたれたことないのに!」

と猛抗議をするが、ブライトはこう言い返す。

「それが甘ったれなんだ! 殴られも

せずに一人前になったやつがどこにいるものか！」

緊迫した戦場でぶつかり合う生身の人間同士の恐怖、未熟さ、苛立ちや葛藤が生々しく描かれた名場面だった。

SF考証の緻密さも当時のアニメとしては驚異的に深い。中でも画期的なアイデアが「ミノフスキー粒子」の設定だ。この物質を宇宙空間に放出すると一帯に電波障害が発生してレーダーが無効化されてしまう。そのためこの世界では生身の人間がモビルスーツに乗って敵と目視で戦わざるを得ない状況になっているのだ。

おもちゃメーカー「クローバー」の悲哀

ところで『ガンダム』というと、ぼくにはこの「大百科」の仕事をしていたころの忘れがたい思い出がある。

ぼくの自宅からほど近い東京都葛飾区立石に「クローバー」という小さなおもちゃメーカーがあった。『ガンダム』の最初のテレビ放送時のスポンサーで、亜鉛ダイカスト製のガンダムのおもちゃを発売していた。ぼくはこの会社へ撮影用のおもちゃを借りるために何度も通った。

大通りから住宅街の路地裏へ入った4階建ての小さなビルがクローバーの本社だった。玄関を入ると事務服を着たおじちゃんやおばちゃんが気さくに出迎えてくれる。そして帰り際にはフロアにいる社員全員が学生のぼくに席を立ってお辞儀をしてくれるのだ。

だけど惜しむらくはこの会社の製品の出来があまりよろしくないことだった。金型の精度が悪いために形が不格好でパーツの合わせ目は隙間だらけ。メカを合体させようとすると取り付けたパーツがポロポロと落ちた。

そして81年3月、映画版『機動戦士ガンダム』が公開され、ぼくらの作った2冊の『ガンダム大百科』も無事に刊行された。

映画はテレビ版の再編集だったにもかかわらず興行収入17億6000万円という大ヒットとなり、すぐに続編の企画が決まった。『ガンダム大百科』も売れに売れた。正確な数字は不明だがTV版と映画版を合わせて500〜600万部以上は売れたと言われている。

クローバーが倒産したというニュースが流れてきたのはそれから2年後の83年春のことだ。

ガンダムファンの間ではガンプラが大人気となり、新製品の発売日には店頭に行列が出来、商品の奪い合いが起こるなどして社会問題となっていた。

その一方でクローバーのガンダムおもちゃは依然として中高生以上のファンには見向きもされず、クローバーは空前のガンダムとガンプラブームの中でひっそりと会社を閉じたのである。

そのニュースを聞いたとき、ぼくは一瞬、時がとまったような気がした。そしてあの路地裏の小さな会社で親切に対応してくれたおじちゃんやおばちゃんたちの顔が思い浮かび、心がほんの少し、シクッと痛んだのだった。

●『オレたちひょうきん族』LP（82年）。ライナーノーツではプロデューサーの横澤彪が「生きざまとしては軽薄そのものです」「人間も軽くならなければなりません」と言い放つ。

1981年

●ゼンマイ仕掛けのタケちゃんマン人形。身長約11cm。両腕を上に挙げて前後に揺する「ナハナハ」のポーズを取りながら前進する。背中のマントには「足立区後援会」の文字。

ドリフを追い抜け追い越せ！『ひょうきん族』に笑いころげた

●駄菓子屋売りの引きくじ「タケちゃんマン」カード。中央下の空飛ぶタケちゃんマンの姿はナショナルキッドのパロディだと思うけど、当時の子どもにはすでに分からなかっただろうな。

●『ひょうきん族』のライバル番組『8時だョ！全員集合』オープニング曲EP各種。中央の『誰かさんと誰かさん』はなかにし礼の作詞。大声で歌っていると親に叱られた。

82年から83年にかけて『ひょうきん族』のエンディング曲だったEPOの『土曜の夜はパラダイス』EP。エンディングには歌詞に「土曜」が入った曲が多く使われた。

『ひょうきん族』の人気コーナーを写真入りで紹介した本。『ひょうきん族』は内輪ネタが多いので乗り遅れるとなかなか追いつけない。この入門書で勉強だ？ 82年サンケイ出版刊。

山田太郎と美樹克彦の歌唱によるブラックデビルテーマソングEP。ブラックデビルの名前は昔の『少年ジェット』の悪役から拝借。ビジュアルと鳴き声は『仮面ライダー』から拝借。

ナンデスカマンとタケちゃんマンロボの歌を収録したEP。タケちゃんマンロボのテーマの作曲はアニメの音楽を多く手がけた小六禮次郎。大平透のナレーションも本物っぽい。

タケちゃんマンに倒されたブラックデビルに代わって登場した悪役アミダばばあのテーマソングEP。アミダばばあは正体を現す際に「見ぃ〜たぁ〜なぁ〜」というのが口癖。

かつて「土8戦争《とはちせんそう》」という言葉があった。

土8とはテレビの視聴率が1週間の中でもっとも高い土曜日の夜8時のこと。プライムタイム中のプライムタイムであるこの時間の覇権をかけて各局が繰り広げた熾烈《しれつ》な戦いが土8戦争と呼ばれたのだ。

1970年代から80年代初頭にかけて、この土8戦争で長く頂点に君臨し続けていたのが、69年10月に放送が始まったザ・ドリフターズ主演のお笑い公開番組『8時だョ！全員集合』（TBS）だった。最高視聴率は73年4月7日放送の50・5％（関東地区）。

その後、74年にザ・ドリフターズから荒井注が引退して志村けんにバトンタッチすると、人気は一時的に下降したものの、76年に志村の『東村山音頭』がヒットすると再び勢いを取り戻した。

この絶対王者が君臨する土8にお笑い番組で真っ向勝負を挑んだのが、81年5月16日からフジテレビで始まった

『オレたちひょうきん族』だった。

　この前年ごろから漫才ブームがにわかに盛り上がりを見せており、フジテレビは『ＴＨＥ ＭＡＮＺＡＩ』(80〜82年)という番組をヒットさせていた。そこでこの番組で発掘した若手漫才芸人たちを一同に集めて企画されたのが『オレたちひょうきん族』だったのだ。

　『全員集合』は小学生が主な視聴者層だったが、『ひょうきん族』はそれより上の高校生から大学生以上の若者をメインターゲットに絞り込んだ。

　この戦略にまんまと絡め取られたひとりが、当時大学4年生のぼくだった。70年代半ばまではぼくも『全員集合』を毎週熱心に見ていたが、荒井注から志村けんに交代したあたりで番組が一気に幼稚になってきたように感じて少しずつ見る回数が減っていった。

　そこに突如として放送が始まったのが『ひょうきん族』だった。『全員集合』にはないライブ感とスピード感、そして若手お笑い芸人たちの同世代感覚をくすぐる新鮮なギャグの連続に一気に魅せられていったのである。

　この番組は当初、プロ野球中継が雨で中止となった場合の補欠番組、いわゆる雨傘番組としてスタートしたが、好評を受けて10月から毎週放送のレギュラー番組に昇格した。

似てなくても面白ければＯＫ

　『ひょうきん族』の最大の面白さは、芸人たちが自分の持ちネタを披露するのではなく、構成作家が用意したシチュエーションの中で、いかに個性を発揮して面白いことができるかを毎回試されていたことだ。しかももともとのコンビも関係なくシャッフルされて別の芸人と組まされることもある。

　今回、我が家でわずかに生き残っていた再生可能なビデオテープを再見してみて、当時の芸人たちの圧倒的なパワーに驚いた。

　人気コーナー「ひょうきんベストテン」は、67ページの松田聖子の項でも紹介したＴＢＳの人気歌謡番組『ザ・ベストテン』をパロったコーナーで、芸人たちが人気歌手のモノマネをしてヒット曲を熱唱する。ただし後年のモノマネブームとは違って、まったく似ていなくても面白ければＯＫというのがミソだった。このコーナーからは片岡鶴太郎のマッチ(近藤真彦)や小林旭のモノマネを始め、西川のりおのジュリー(沢田研二)、山田邦子の島倉千代子や松本伊代など、数多くのイカモノそっくりさんスターが誕生した。

　モノマネではなく歌手本人が出演することもあった。その場合は歌っている最中に芸人たちが登場してあの手この手で歌手を笑わせるのだ。

　黒沢年男と叶和貴子が出演したときは、ふたりが『東京砂漠のかたすみで』を歌っている背後に発泡スチロールの海からフラワー・ダンシングチーム(西川のりお、島崎俊郎、渡辺正行ら)が出現し、いきなりシンクロを踊り出してしまった。叶はそこで早くも吹き出してしまったが、黒沢は西川たちをチラリと一《いち》瞥《べつ》しただけで顔色ひとつ変えずに最後まで歌い切った。ところがそこで叶が西川のことを「（月亭）八方さん？」と呼び間違えたことで黒沢もついに耐えきれなくなって大爆笑したのだった。

人気の「タケちゃんマン」コーナー

　そんな『ひょうきん族』の人気を決定づけたのは月光仮面など往年のヒーローをパロディ化したストーリー仕立ての「タケちゃんマン」コーナーだろう。

　ビートたけし演じる正義の味方タケちゃんマンが、明石家さんま演じるブラックデビルなどの〝悪の怪人〟を懲らしめるというお話で、見所は毎回凝りに凝ったステージで展開するふたりの対決シーンだった。

　たとえば昆虫採集がテーマのときは、双方がカブトムシやクワガタムシなどの昆虫に変身して（着ぐるみを着て）戦った。最後は蜘蛛《くも》に変身したタケちゃんマンが、蛾《が》に変身したブラックデビルを糸でからめ捕り、勝負ありといった具合である。

　またそば屋が舞台の回ではタケちゃんマンとブラックデビルが巨大な鍋焼きうどんの中へ落ち込み、土鍋のリングの中で巨大シイタケや巨大カマボコ（スポンジ製）を武器として殴り合いをするというシュールなバトルが展開した。

　当時、たけしはすでに人気絶頂で『ひょうきん族』でも看板スターだったが、さんまは関西ではそこそこ知られていたものの、全国区ではいまだ無名の新人だった。そのさんまがまったく物怖じせず、たけしにあの手この手のアドリブ攻撃をしかける。たけしも思わず素で笑ってしまったり、ほかでは見せない困惑の表情を見せたりするのがこのコーナーの面白さだった。

　またさんまは怪人「ブラックデビル」に続いて「アミダばばあ」、「ナンデスカマン」、「妖怪人間知っとるケ」などの新怪人に次々と扮したが、これらはいずれもさんまが自ら考案したキャラクターだったという。

　当初9％台でスタートした『オレたちひょうきん族』の視聴率は少しずつ上向いていき、82年5月8日には『8時だョ！全員集合』の18・8％にあと0・4％まで肉薄。そして同年10月9日、『全員集合』の19・1％に対して『ひょうきん族』19・4％と、ついに絶対王者を抜いたのであった。

　今回、押し入れの奥から引っ張り出してきたノイズだらけのＶＨＳテープ。そこにはテレビがもっとも熱く土曜日の夜がたまらなく楽しみだったあのころの思い出が丸ごと封印されていた。

　だけどテープの再生能力はもう限界だった。次に再生したときにはもう映像が出ないかもしれない。そんなぼくの頭の中には番組のエンディング曲だったＥＰＯの『ＤＯＷＮ ＴＯＷＮ』や『土曜の夜はパラダイス』が、いつまでもリフレインしているのだった。

1981年 大瀧詠一『A LONG VACATION』が大ヒット

●81年リリースのCBS・ソニー版『ナイアガラ・ムーン』LP。元版は75年にナイアガラ・レーベルから出た大瀧の２枚目のスタジオ・アルバム。大瀧の原点的な曲を収録。

●81年3月リリースの『A LONG VACATION』LP。ジャケットのイラストは永井博。近年世界的に再評価されている80年代日本のシティ・ポップのさきがけのひとつがこのアルバムだ。

●『A LONG VACATION』と『NIAGARA TRIANGLE Vol.2』から選んだ10曲をインストゥルメンタルで収録したアルバム。ジャケットのイラストはこちらも永井博。

●82年に八曜社から刊行されたナイアガラ・レーベルのLP9枚に大瀧の単行本『All About Niagara』を加えた豪華セット。ぼくにとっての大瀧ワールド開眼のきっかけとなった。

●70年代に大瀧が細野晴臣や松本隆と結成していたバンド「はっぴいえんど」のLP2種。『はっぴいえんど』（右）はジャケットの看板の文字から通称「ゆでめん」と呼ばれる。

●『ロンバケ』リリース半年後の81年10月にリリースされた『さらばシベリア鉄道』EP。元々は80年に太田裕美に提供された曲で、今では太田の代表曲となっている。

●山下達郎“勝手アルバム”の1枚（85年）。達郎が82年にRVCからアルファ・ムーンへ移籍後、RVCが本人無許可でベスト盤を6枚ほど発売。今なら大問題だが業界が未熟な時代ならではか？

●森進一の『冬のリヴィエラ』EP（82年）。リヴィエラとはイタリア語で湖岸や川岸のこと。松本隆の異国風の詞に大瀧詠一のポップス調メロディがマッチ。森の代表曲となった。

●大瀧詠一、山下達郎と共に「ナイアガラ・トライアングル」の一角を成していた伊藤銀次のLP『Baby Blue』（82年）。リリース当時、ぼくの従姉が激推しのアルバムだった。

●阿久悠作詞、大瀧詠一作曲による小林旭の『熱き心に』EP（85年）。小林の演歌調な歌唱と弦楽器を中心としたストリングスが絶妙にマッチ、こちらも大ヒットとなった。

1981年の春、ぼくのメンタルはどん底の状態にあった。

当時ぼくは勁文社という出版社で「ケイブンシャの大百科」という子ども向けの本の編集をしていた。だけどひどい失恋をして仕事も手につかないほど落ち込んでいたのだ。

そんなとき武藤さんという1年先輩の編集者がぼくの机の上に1本のカセットテープをポンと投げ置いた。

「黒沢の今の気持ちにぴったりの曲が入っているから聞いてみな」

この武藤さんは後に勁文社を退社して〝綱島理友〟のペンネームでコラムニストになった人だ。

その日の帰途、ぼくは山手線の中でもらったカセットをウォークマンに入れて聞いてみた。そこにはこの年の3月に発売されたばかりの大瀧詠一《おおたきえいいち》のアルバム『A LONG VACATION』が録音されていた。

『A LONG VACATION』、略して『ロンバケ』は今でこそ誰もが知る名盤だけど、発売当初はあまり話題にならず、ヒットしたのはこの年の夏前からだという。ぼくも聞いたのはこれが初めてだった。

「Oh!　KAREN
淋しい片想いだけが
今も淋しいこの胸を責めるよ」
（『恋するカレン』より）

「想い出はモノクローム
色を点《つ》けてくれ」
（『君は天然色』より）

愛しい人との別れの悲しさをさりげなく小声でつぶやきながら歌うような、そんなやさしさに満ちた曲のひとつひとつが干《ひ》からびたぼくの心に染みた。そして大瀧詠一の曲にハマったぼくは中古レコード店を回って大瀧の過去のレコードを集めるのに夢中になり、いつしか失恋の悲しみも忘れていた。

どこか懐かしい旋律とフレーズ

大瀧の曲が、音楽にあまり詳しくないぼくにも素直に刺さったのは、彼の曲がぼくにとってどこか懐かしい旋律とフレーズに満ちていたからだ。その理由はすぐに明らかになった。大瀧は子どものころに聞いたアメリカン・ポップスの影響を強く受けると同時に小林旭や三橋美智也、クレージー・キャッツなどの日本のポップスにも夢中になっていた。そんな大瀧の創るメロディには、ぼくが大好きな昭和歌謡の名曲の記憶がたっぷりと詰め込まれていたのである。

その後、大瀧はアマチュアバンド活動を経て69年に細野晴臣、松本隆と「はっぴいえんど」を結成する。

74年には作詞・作曲からプロデュースまで、大瀧自身がすべてを手がける「ナイアガラ・レーベル」を立ち上げた。レーベル名の由来は〝ナイアガラ＝大きな滝〟だから。

そして彼の名を広く一般に知らしめたのが『ロンバケ』だった。

このアルバムはニューミュージックでもロックでもない新たなポピュラー音楽の誕生として多くの音楽ファンを驚かせた。現在再燃している80年代シティ・ポップ人気のひとつのルーツが、まさにこのアルバムだったのである。

『ロンバケ』に果たした松本隆の力

こうしてぼくが大瀧詠一の曲を追いかけていたころ、ぼくの2歳年上の従姉でラジオのDJや音楽ライターをしているK子も『ロンバケ』にハマっていた。前のページに掲載した9枚組のレコードセット『NAIAGARA VOX』は当時彼女から譲り受けたものだ。

彼女もぼくと同様『ロンバケ』を聞いて大瀧の過去曲が聞きたくなり、定価1万9800円もした『VOX』を買い求めたのだった。しかし彼女はぼくと違って大瀧の過去曲はあまりピンとこなかったという。そこでぼくが「じゃあ、ぼくが8掛けで買い取ろうか？」と言うと、彼女はすぐにそれを了承したのだった。

このときK子が大瀧の過去曲にピン

とこなかったのもよく分かる。『ロンバケ』以前の大瀧の曲はそのほとんどがマニア受けするようなマイナーな曲で占められており、『ロンバケ』に収録された曲とは180度といっていいほどテイストが異なっていたからだ。

その違いは何といってもこのアルバムに収録されている10曲中9曲の作詞を手がけた松本隆の力が大きいだろう(『Pap-Pi-Doo-Bi-Doo-Ba物語』のみ大瀧の作詞)。

80年春ごろ、大瀧は先にヒット曲を出してメジャーになった松本や細野らの活躍を見て自分も売れる曲を作らなければいけないと考えた。そして次回のアルバムの作詞を松本に依頼したのである。

ところがその年6月、もともと病気を抱えていた松本の6歳下の妹が亡くなった。そのため松本は作詞ができる状態ではなくなり、一度は大瀧に断りの連絡を入れたという。だが大瀧は「発売を延期して、松本が書けるようになるまで待つ」と言い、松本の心の傷が癒えるのを待ち続けたのだ。

『A LONG VACATION』の1曲目に収録されている『君は天然色』は、恋人とのまぶしかった日々の思い出が今は色褪《あ》せてモノクロームに見えるという歌詞だ。これは妹を亡くした松本が街角の風景が「真っ白に見えた」という体験を描いたものだった。

そんな松本の生き様までもが込められた『ロンバケ』は、大瀧詠一にとって目論見通り新境地を開くアルバムとなった。大瀧が元々持っていた昭和から続くジャパニーズポップスの素朴な旋律、アメリカンポップスのカジュアルなリズム、そこに松本のしっとりとした叙情が加わった。

特に『Velvet Motel』や『カナリア諸島にて』、『さらばシベリア鉄道』の異国情緒あふれる歌詞は大瀧の曲の潜在能力を最大限に引き出したと言えるだろう。たとえば『さらばシベリア鉄道』のこの一節——、

「君の手紙読み終えて切手を見た
スタンプにはロシア語の小さな文字」
「この線路の向こうには何があるの?
雪に迷うトナカイの哀しい瞳」

ここには松本にしか描けない無国籍で幻想的な世界観が込められている。

ちなみに『ロンバケ』の廉価版CDが発売された91年ごろのこと、「シベリア」なる牛菓子が話題になったのをご記憶だろうか。シベリアとは羊羹《ようかん》をカステラでサンドした三角形の菓子パンの一種だ。断面を縦に走るカステラと羊羹のコントラストが雪原を走るシベリア鉄道に見えることからこの名がついたと言われる。昭和30~40年代には町のパン屋さんで普通に売られていたがいつしか姿を消した。それがなぜかこのころ注目されて新たに売り出すパン屋さんまで現れたのだ。

確証はないけど、これももしかしたら『ロンバケ』効果のひとつだったのかもしれない。

1981年

達也と南、永遠のカップル生み出した『タッチ』が連載開始

●『タッチ』の最初の単行本である少年サンデーコミックス版は81年から86年にかけて全26巻が刊行された。2巻の表紙では南と和也が仲良くツーショット。モヤモヤする〜。

●テレビアニメ『タッチ』第1話から27話までに使用された主題歌EP。ジャケットは片面がアニメの絵でもう一面が岩崎良美のポートレート写真という両A面仕様となっている。

●アニメ第28話から56話までの主題歌EP。歌唱は同じく岩崎良美。「FNS歌謡祭'85」優秀歌謡音楽賞受賞。オリコンチャートは最高10位。

ミュージカル『タッチ』のノベルティ商品として配布されたグラス。同ミュージカルはアサヒビールの協賛で、同社の清涼飲料水「バヤリース」の名がタイトルに付記されていた。

87年3月公演のミュージカル『タッチ』パンフレット。達也と和也は坂上忍が2役を演じ、朝倉南役には映画『台風クラブ』(85年)、テレビドラマ『親にはナイショで…』(86年)などで人気急上昇中だった工藤夕貴。

83年公開の実写映画『みゆき』チラシ。若松真人役はこれがデビュー2作目の永瀬正敏、ふたりのみゆき役は宇沙美ゆかりと三田寛子が務めた。併映はテレビSPアニメ『ナイン』。

ミュージカル『タッチ』パンフより。劇中歌の紹介ページにはアニメの画像が多数使われている。マンガやアニメのファンも舞台の世界観に素直に入れるようにという配慮だろう。

1980年秋、当時小学館から刊行されていた雑誌『少年ビッグコミック』で、あだち充のマンガ『みゆき』の連載が始まった。

同級生の美少女・鹿島みゆきに思いを寄せる男子高校生・若松真人。ある日、真人の父の再婚相手の連れ子で〝血のつながらない妹〟の若松みゆきが現れ、真人と若松みゆきはひとつ屋根の下で暮らすことになる。

真面目で心優しい美少女・鹿島みゆきと活発であけすけな美少女・若松みゆき。真人の心はこのふたりのみゆきの間で大きく揺れ動く。

こんな微妙な三角関係を切なくも滑《こっ》稽《けい》に描いた『みゆき』は、たちまち同世代の読者の心をつかみ同誌の看板作品となった。

そもそもあだちの作品は、これ以前はなかなか正当に評価されていなかった。というのは、このころは70年代に始まったスポーツ根性劇画、いわゆる〝スポ根劇画〟の人気がいまだ続いていたころだったからだ。

　そうした流れの中であだちも野球マンガの『ナイン』（『少年サンデー増刊号』78〜80年）などのヒット作をいくつか出してはいたものの、あだちが本当に描きたいテーマからは恐らく遠いものだったと思われる。

　ただし、そんな流行の一方、少年マンガの世界にも変化は起きつつあった。高橋留美子の『うる星やつら』（78〜87年『週刊少年サンデー』連載）や柳沢きみおの『翔《と》んだカップル』（78〜81年『週刊少年マガジン』連載）などが人気を博し、後に〝ラブコメ〟と呼ばれるジャンルの作品が、読者に受け入れられる土壌が少しずつ醸成されつつあったのである。

単なるラブコメでもスポ根でもなく

『みゆき』で確かな手応えを得たあだちに、『週刊少年サンデー』本誌から4年ぶりにお呼びがかかった。そして連載を始めたのが『タッチ』だった。


　ふたごの兄弟、上杉達也と和也には生まれたときから兄妹のように仲良く育った隣家の同い年の少女・朝倉南がいた。家族ぐるみで親密なつきあいのある上杉家と朝倉家は、庭に共同でプレハブの子ども部屋を作り、3人はそこで成長する。

　しかしこの幼なじみたちの親密な関係は、思春期を迎えた兄・達也のこんなモノローグから大きく変わり始めることになるのだ。

「最初　遊び場であったはずのそこは
——
何年か前から　勉強部屋という　いまわしい名に変わり——
そして——
三人の中の一人が女だということに気がつき始めたのも——
たしかそのころであった……」

　運動神経抜群で努力家の弟・和也は高校へ進学するとたちまち野球部のピッチャーとして頭角を現し学校でもすぐに二枚目ポジションを獲得する。それに対し兄の達也は怠け者で集中力が続かずいつも弟に出遅れている。

　南はそんなふたりを平等に見て和也を応援する一方、達也を叱咤《しった》し激励する。その南の本心はいったいどちらへ傾いていくのだろうか。

　『タッチ』の連載が始まった当初、多くの読者がこの作品も『みゆき』と同じようなラブコメだと思っていたに違いない。ぼくもそうだった。だけど間もなくそうではなかったことが明らかになる。南が本当に好きなのは達也だということが読者には分かるようにはっきりと描かれるのだ。

　そして勘の鋭い和也も南の気持ちをすぐに理解した。しかし和也はそれでも南から言われた「（私を）甲子園に連れてって」という願いを実現するために全力で野球に打ち込むのである。

　一方、そのことを知った兄の達也は、南が好きなのは和也だと思い込み、現実逃避かはたまた弟への当てつけか、弟とはあえて違う道を選び、怠け者にはまったく似つかわしくないボクシング部に入部するのである。

同じ青春時代を生き抜いた親友

連載が軌道に乗った1年目から2年目にかけては、和也が夏の甲子園大会出場を目指して地区予選を順調に勝ち進んでいく姿と、達也がボクシングの練習試合に挑む姿が交互に描かれる。

勝つか負けるか、ライバル同士の真剣な勝負を描いたこのあたりの展開は少年誌のスポーツマンガのまさに王道だ。ただし『タッチ』がそれまでのスポ根マンガと大きく違うのは、和也も達也も共に〝南のために勝つ〟という恋愛をモチベーションとして勝負に挑んでいることだ。それではその後もこうした恋の鞘当《さやあ》て的兄弟バトルが続いていくのかと思いきや、それもまた違っていた。

連載から2年半後の83年1・2合併号、単行本では第7巻に収録されたこの回で、和也は何と幼い子どもを助けようとして交通事故に遭《あ》い、命を落としてしまうのだ。しかもその日はあと1勝で南との約束が果たせるはずの地区予選大会決勝日の朝だった。

当時、この号の『サンデー』が発売されると編集部には涙声で非難する電話が殺到したという。後年出版された単行本の関係者インタビューによれば、編集部内でも和也を死なせることに対しては反対する声が多かったという。

だがあだちの構想した『タッチ』の物語は、じつはここからが本当の始まりだった。優秀な弟を失った兄は、意を決して野球を始める。そして弟が実現できなかった「南を甲子園へ連れて行く」という約束を果たすため、全力で野球に打ち込むのだ。

ただしそれは決して弟の代わりに南の夢を実現しようとしたのではない。自分が南にふさわしい男に生まれ変わるという決意表明だったのである。

和也の死に猛抗議した読者も、やがて達也が奮起して、(時にはくじけて半歩戻ったりしながらも)少しずつ前に進んでいこうとする姿に共感し、全力で応援するようになっていったのだ。

85年3月から『タッチ』のテレビアニメの放送が始まると人気はさらに高まった。南役の声優には元アイドルの日高のり子(現・日高のり子)が抜擢された。結果、これが彼女の当たり役となって彼女は声優として大きく飛躍していくことになる。また岩崎良美の歌う主題歌も25万枚の大ヒットとなり、現在も高校野球の応援歌として歌い継がれている。

マンガの連載は86年11月で完結、アニメもその翌年の87年3月で終了となった。その間、同世代の多くの若者が達也、和也、南の3人の恋の行方に一喜一憂し、ダメ男の達也を心から応援した。それは単なるマンガ作品に対する応援ではなかった。同じ青春時代を生きた親友に対する心からのエールだったのである。

1981年

毀誉褒貶巻きおこした写真週刊誌『フォーカス』が創刊

●『フォーカス』創刊号。企画した斎藤十一は最初から勝算を持っていたが、多くの人はこのパンフレットのようなペラペラの雑誌がやがて社会現象を巻きおこすとは思ってもいなかった。

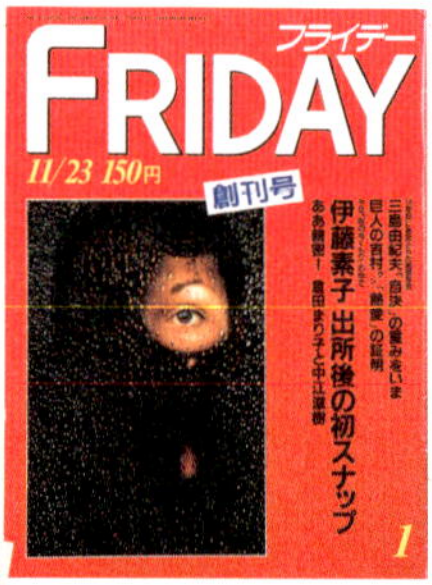

●『フライデー』創刊号。目玉は81年の三和銀行オンライン詐欺事件で逮捕された女性の出所後の写真。投資ジャーナル事件の中江滋樹とアイドル倉田まり子のツーショットもエグい。

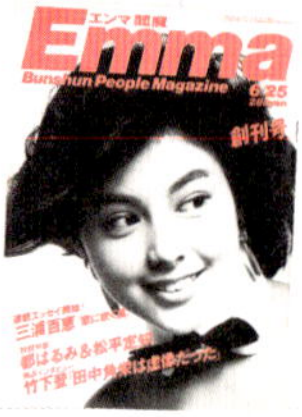

●『エンマ』(左)、『タッチ』各創刊号。スクープ合戦はますます過熱。当時ぼくは深夜の小学館の廊下を『タッチ』の記者が幽霊のようにさまよい歩く姿を何度も目撃した。

●81～83年ごろの初期『フォーカス』。最近は芸能人が『週刊文春』にスッパ抜かれることを「文春砲」などと言うが、写真週刊誌全盛の時代は「フォーカスする(される)」と言った。

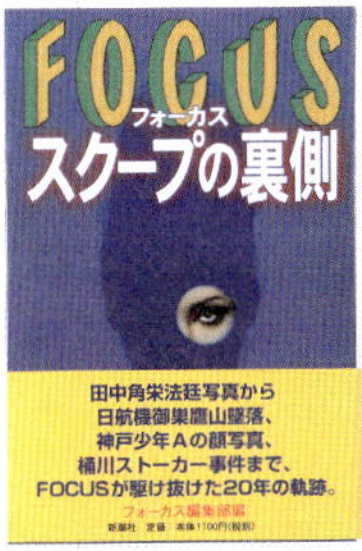

『フォーカス』の創刊から20年の軌跡と裏側を語った本（01年、新潮社刊）。政界の巨悪に挑むスクープから芸能界のゲスいゴシップネタまで、世の中の裏を撮ろうという一貫した姿勢が清々しい。

『フォーカス』82年4月9日号より。被告人席の田中角栄（中央）を撮影した問題の1枚。開廷直後に立ち上がり一礼した田中が、顔を上げた瞬間を超小型カメラミノックスで撮影。

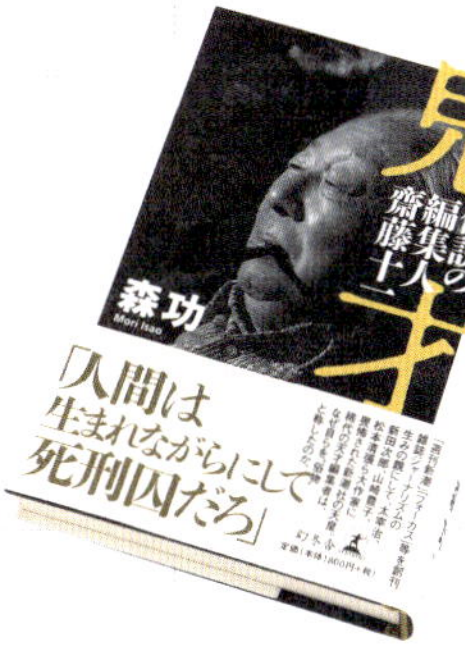

斎藤十一の生涯を追った森功によるノンフィクション（21年刊）。“偉大なる俗物”と称された雑誌ジャーナリズムの鬼才の武闘派な生きざまを浮き彫りにする。

『フォーカス』85年8月30日号より。8月12日、群馬県御巣鷹山中に日航ジャンボ機が墜落。カメラマンが自衛隊員の足跡を追い山中へ入ると、そこには凄惨な光景が広がっていた。

写真を前面に押し出したニュース雑誌『FOCUS（フォーカス）』が新潮社から創刊されたのは81年10月23日のことだ。

わずか64ページのパンフレットのようなペラペラの冊子で定価は150円。ひとつの記事が見開き2ページで完結する構成となっており、見開きの3分の2以上の面積を写真が占める。

創刊号の冒頭を飾ったのは「手入れされた沖縄麻薬コネクション」という記事だった。手錠をかけられてうなだれた若い米兵の前で、沖縄県警の捜査官が麻薬を捜索する写真が大きく掲載されている。

創刊当初はこの〝写真が主役〟というコンセプトがなかなか読者に伝わらず売り上げは伸び悩んだというが、その価値を一気に知らしめたのが、82年4月9日号に掲載された田中角栄元総理の裁判中の法廷写真だった。

田中は当時ロッキード事件で勾留《こうりゅう》されており、その裁判が毎週水曜日に東京地裁で開かれていた。ロッキード事件とは、アメリカの航空機メーカー・ロッキード社が航空機の売り込みに際して日本の政界に多額の賄賂《わいろ》をばらまいたとされる疑獄事件である。この事件で田中は5億円の受託収賄などの容疑で逮捕された。

その田中が法廷でいったいどんな表情を見せるのか。『フォーカス』では何度かの失敗の後、3月24日の公判でフリーカメラマンの福田文昭がついに田中の撮影に成功したのだった。

この写真が『フォーカス』に掲載されると世間は騒然となった。既存のメディアからは「これが報道と言えるのか」という厳しい意見が相次いだ。だが『フォーカス』編集部はそうした批判にも動じず、その後も次々とスクープをものにしていくことになる。

『フォーカス』を立ち上げた名物編集者

このころ話題になった記事には、当時科学技術庁長官だった中川一郎が国会の敷地内で立ちションをする現場をとらえた写真(82年8月13日号)や、15歳の人気アイドル高部知子がベッドで喫煙するニャンニャン写真(83年6月24日号)などがあった。

やがて発行部数も急上昇してゆき、82年暮れに50万部、その4か月後の83年3月には１００万部の大台に乗った。『フォーカス』のこの野次馬的な取材姿勢を支えていたのが、この雑誌の創刊に関わった新潮社の名物編集者・斎藤十一《じゅういち》の存在だ。

斎藤は『フォーカス』創刊の25年前、56年に『週刊新潮』を創刊した人物である。当時は新聞社系の週刊誌が市場を独占していた時代であり、販売網もなく取材記者もいない出版社が週刊誌を出すのは無謀だと考えられていた。だが斎藤はその常識をくつがえし、『週刊新潮』を１００万部雑誌に育て上げたのだ。

その斎藤がこんどはどんな記事よりも現場写真にこそ価値があると考えて企画したのが『フォーカス』だった。読者が見たいものを見せる、メディアが隠すものこそ読者が見たいものだ、というのが斎藤のゆるぎないポリシーだった。彼はある時『フォーカス』のコンセプトは何かと聞かれてこう答えたと言われている。

「人殺しのツラが見たくないのか」

そして『フォーカス』の売れ行きを見た他社からも続々と類似雑誌の創刊が相次ぐ。84年11月『FRIDAY(フライデー)』(講談社)、85年6月『Ｅｍｍａ(エンマ)』(文藝春秋)、86年11月『TOUCH(タッチ)』(小学館)、同『FLASH(フラッシュ)』(光文社)。当時はこれら各雑誌の頭文字を並べて「FFFET」時代、あるいは「3FET」時代などと呼ばれた。

行き過ぎた取材合戦への批判

ちなみにぼくもこのころ一度だけ写真週刊誌で仕事をしたことがある。86年2月、『フライデー』だったか『週刊ポスト』だったかの編集部から人づてに連絡があって、ぼくにエアーソフトガンについての記事を書いてほしいというのだ。

エアーソフトガンとは圧縮空気やガスの圧力で球形のプラスチック弾を飛ばすおもちゃの銃である。84年ごろからブームとなり、このころは10社以上のメーカーから様々な銃が発売されていた。

ところがこの年の2月、あるメーカーから発売されたエアーソフトガンが実弾を発射できる構造であるとして実銃に認定され、店頭から回収される騒ぎとなった。そこでぼくにエアーソフトガンがどれほど危険なおもちゃかを紹介してほしいというのだ。

エアーソフトガンを愛するぼくとしては批判的な記事を書くのはいやだと一度は断ったのだが、相手は、

「業界の自主規制を守った銃は安全だということを記事中でアピールすればいいじゃないですか」

「それに、うちで書けば黒沢さんの名前も有名になりますよ」

と言って食い下がってくる。確かに当時フリーになってまだ2年目のぼくに仕事を選ぶぜいたくはできないのかも……そう思って渋々ながら引き受けることにした。

撮影当日、スタジオにはぼくの私物のエアーソフトガンをありったけ持ち込んだ。業界全体が事件でピリピリしている中でメーカーが銃を貸してくれるはずもなかったからだ。

そして撮影が始まる。真っ暗にしたスタジオに高速度撮影のカメラがセットされ、ぼくはエアーソフトガンで炭酸飲料の缶を撃ち抜いたり、りんごやみかんを撃って破壊するという写真を次々に撮影した。

ぼくが「この銃は今回事件になった銃とは構造が違いますよ」と言っても編集者は「派手な写真が撮れればいいんです」と言ってそのまま撮影は続けられた。

それから2週間後、その記事の載った雑誌が発売された。ぼくは文章の中で精一杯「基準を満たしたエアーソフトガンは安全である」ことを強調したのだが、編集部がその記事につけた見出しはやはりと言うべきか……、

「実銃認定された玩具銃の危険な実態」

とかいう批判的なものとなっていた。しかも「有名になる」ハズのぼくの名前のクレジットは、ページの欄外の片隅に、まるで米粒のような小さな文字でちんまりと載っているだけだった。

こうした写真週刊誌の黄金時代は80年代の半ばまで続いたが、内容のマンネリ化と行き過ぎた取材合戦への批判によりブームは急激に冷めていった。

そして87年『エンマ』廃刊、89年には『タッチ』も廃刊となった。2001年には『フォーカス』も休刊し、現在は『フライデー』と『フラッシュ』の2誌だけが全盛期の面影をひっそりと今に伝えている。

1981年

●第1作『レイダース』パンフ(上)と本編スティル。映画冒頭、インディが南米の洞窟で黄金像を発見、罠を警戒しながら黄金像と同じ重さの砂袋と置き換えようとするが……。

●ハズブロ社製のインディ・ジョーンズポージング人形(07年)。身長95mmのミニ人形ながら、帽子、ムチ、そして腰のホルスターには原作通り45口径のS&W社製リボルバーが!!

ルーカス＋スピルバーグ。待ちに待った話題作『レイダース』登場!

●第2作『インディ・ジョーンズ 魔宮の伝説』パンフ(右)とスティル写真。邪教集団に追われたインディがトロッコで逃走! 観客はジェットコースター気分が満喫できる。

●第3作『インディ・ジョーンズ　最後の聖戦』パンフ（右）とスティル写真。インディの父親が初登場。ショーン・コネリー演じる父ヘンリーとインディの掛け合いが見どころだ。

●08年公開のシリーズ第4作チラシ。宇宙の謎を解き明かす秘宝「クリスタル・スカル」。この秘宝をめぐる騒動に巻き込まれたインディは、やがてマヤ文明の神秘へとたどり着く。

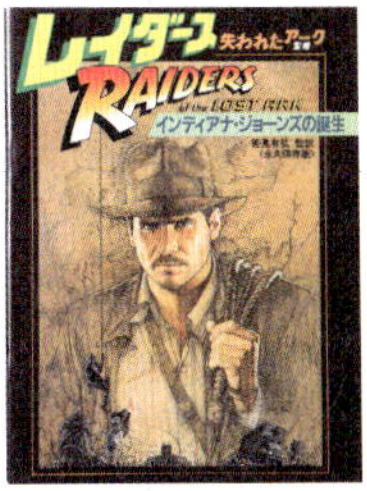

●第1作の公開時に劇場で販売された『レイダース』の副読本（81年、東宝・出版事業部刊）。インディの名前はまだ"インディアナ・ジョーンズ"となっている。

●23年公開のシリーズ第5作ポスター。ハリソンが主演する最後のインディ作品と謳われ、インディは歴史を変える力を持った「運命のダイヤル」を追って時空の彼方への旅に出る。

●『インディ』のヒットに続けと秘境冒険映画が続々誕生。左から『ロマンシング・ストーン 秘宝の谷』（84年）とその続編（85年）、『キング・ソロモンの秘宝』（85年）とその続編（86年）。

1981年12月5日、ジョージ・ルーカス製作総指揮、スティーブン・スピルバーグ監督による映画『レイダース／失われたアーク〈聖櫃《せいひつ》〉』がついに日本で公開された。

6月にアメリカで公開されるやたちまち大ヒットとなり『スター・ウォーズ』に次ぐ歴代興行成績第2位を記録した。

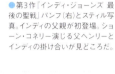

これは日本の映画館も間違いなく混むと踏んだぼくは、上映開始1時間前に日比谷の有楽座に駆けつけた。ところが劇場前はガランとしていて館内も3分の2ほどの入りだった。

あの『スター・ウォーズ』のルーカスと『未知との遭遇』のスピルバーグが組んだ映画だよ、絶対に面白いはずだよ、なのになぜ!?と、ぼくはのっけから肩透かしをくらった格好だった。だけど後から考えてみると、盛り上がっていたのは監督の名前で映画を選ぶような映画マニアだけであり、この二大ビッグネームの威光もライトな映画ファンにはまったく響いていなかったのだ。

それでも映画は文句なく傑作だった。時代は第二次世界大戦前の36年。考古学者で冒険家のインディアナ・ジョーンズ博士（ハリソン・フォード）の元に、ある日政府からモーセの十戒を納めた伝説の箱〝アーク〟を見つけてほしいという極秘の依頼が舞い込む。

そのころ欧州ではアドルフ・ヒトラー率いるドイツ第三帝国＝ナチス・ドイツが台頭してきており、そのヒトラーが密かににアークを探し求めているというのだ。

ヒトラーがアークを欲しがる理由は何か。インディはこう説明する。

「聖書によれば
〝アーク〟は山をも覆《くつがえ》し
肥沃《ひよく》な土地を荒野に変え
〝アーク〟を掲げる軍隊は――無敵」

こうしてインディは、ヒトラーよりも先にアークを手に入れるため、命がけの冒険に旅立つのである。

冒頭から見せ場がたっぷり

『レイダース』は、かつてアメリカで流行した「連続活劇」のような映画を作りたいと考えてルーカスが企画した。

連続活劇（serial）とは、サイレント映画の時代から30～40年代にかけて全盛を極めた1話10分～20分のアクション中心の連作短編映画である。

週替わりで公開され、ひとつのお話がおよそ15話で完結する。お話は単純で主人公が悪漢と戦い、危機また危機を乗り越えて最後にはヒロインを救い出すというものだ。各話の終わりでは主人公が毎回絶体絶命のピンチに陥り、果たしてどうなる!?　というのがお約束の展開だった。

そんな連続活劇を意識した『レイダース』で斬新だったのは、映画が始まって10分もしないうちに大きな見せ場がやってくることだった。インディが坂道を転がる巨大な石の玉に追われる有名な場面は、これがこの映画のクライマックスだったとしても十分に満足できるほどの迫力に満ちていた。

こうした冒頭に惜しげもなく見せ場を持ってくるという映画の構成は、今では当たり前になっているが、『レイダース』以前にはそんな映画はあまり見たことがなく、なんてぜいたくな構成だろうと感激したものだった。

ところが最近はむしろこれが当たり前になってしまい、アクション映画は冒頭から見せ場がないとダメ、みたいな風潮になってしまったのはいかがなものだろう。

たとえば昔のフランスの冒険映画なんかは、お話が始まって1時間くらいはほとんどアクションがない作品が多かった。ぼくの好きな『恐怖の報酬《ほうしゅう》』（53年）や『冒険者たち』（67年）もまさしくそうだ。前半は冒険に至るまでの状況を淡々と描き、主人公たちの鬱々とした日々が続く。彼（彼女）たちがなぜその冒険に生命を賭けるのかという前提が前半でしっかりと描かれているのだ。

2作目がうって変わって大ヒット

それはさておき日本で出足の鈍かった『レイダース』であるが、公開後しばらくすると口コミで人気が広まり、2年半後の84年7月に公開された第2作『インディ・ジョーンズ／魔宮の伝説』はのっけから大ヒットとなった。

主人公インディのヒーロー性を前面に打ち出して活劇映画であることを大きくアピールしたのが功を奏したのだろうか。また日本人には覚えにくく発音しにくかった「インディアナ」という名前を思い切って「インディ」という通称で統一したのも良かった。

結果、この第2作は日本での配給収入32億円と、この年のダントツ1位を記録したのである(ちなみに第1作目の配給収入は13億円)。

またこの第2作では、かつての活劇映画へのオマージュがよりストレートに打ち出されていた点もポイントが高かった。

通行人を蹴散らしながら街中で展開するカーチェイス、パイロットの消えた飛行機からの脱出、吊《つ》り橋の上での死闘、石を砕きながら足元に迫る巨大ローラーからの脱出などなど、かつての連続活劇でお約束だった「主人公大ピンチ」な状況が次から次へと巻き起こり、若い映画ファンもオールド映画ファンも大満足の仕上がりとなっていたのだ。

個人的には映画の冒頭で上半身裸の男が巨大な銅鑼《ドラ》をボジャーンと叩く場面にニヤリとさせられた。イギリスの映画配給会社ランク・フィルムが40年代から使用している、上半身裸の男が銅鑼を叩くオープニング映像、いわゆる〝ゴングマン〟のパロディになっていたからだ。

また第1作目の中に、剣の達人と対峙したインディが相手を拳銃1発であっさりと倒してしまうというギャグシーンがあったが、スピルバーグは第2作にもこれとまったく同じ状況を用意していた。そこでインディ、あわてず騒がず前回同様に腰のホルスターから拳銃を抜こうとするが、拳銃が……ない！

この場面では、第1作目を知る観客たちの爆笑の渦が映画館中に広がった。同じ笑いを共有する楽しさ、観客同士の一体感は、まさしくルーカスとスピルバーグが目指した連続活劇の魅力のひとつだったのだ。

その後、このシリーズは『最後の聖戦』(89年)『クリスタル・スカルの王国』(08年)『インディ・ジョーンズと運命のダイヤル』(23年)と3作品が続いたが、惜しむらくは低予算でもいいからシリーズをもっともっと量産してもらいたかったということだ。

終わったと思ったらすぐにまた冒険が始まり、助かったと思ったらもう次のピンチが起きている。そんな果てしのない冒険とアクションこそが連続活劇の最大の面白さだったのだから。

1982年

〝絵の出るカラオケ〟登場。カラオケブームが始まった

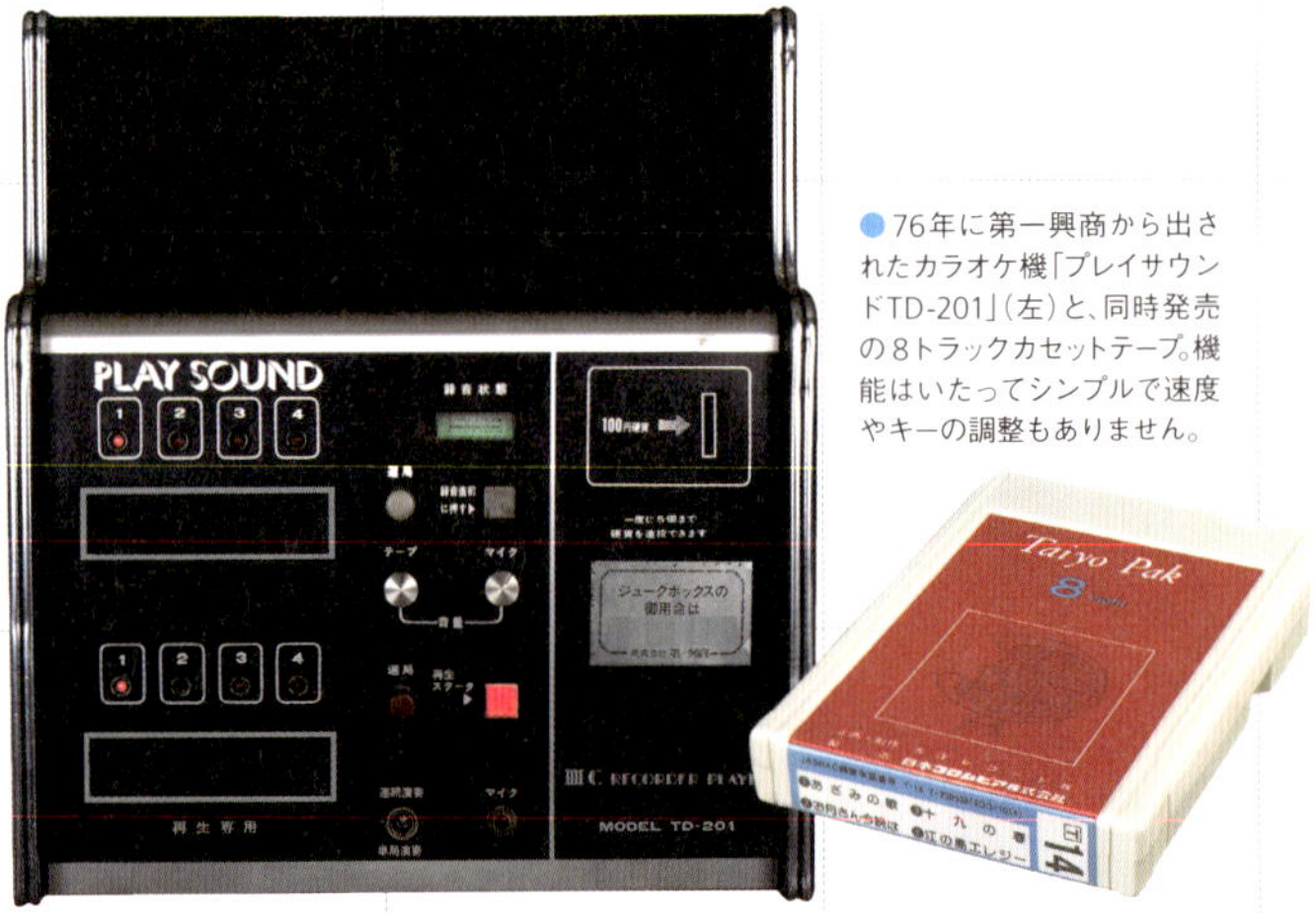

76年に第一興商から出されたカラオケ機「プレイサウンドTD-201」（左）と、同時発売の8トラックカセットテープ。機能はいたってシンプルで速度やキーの調整もありません。

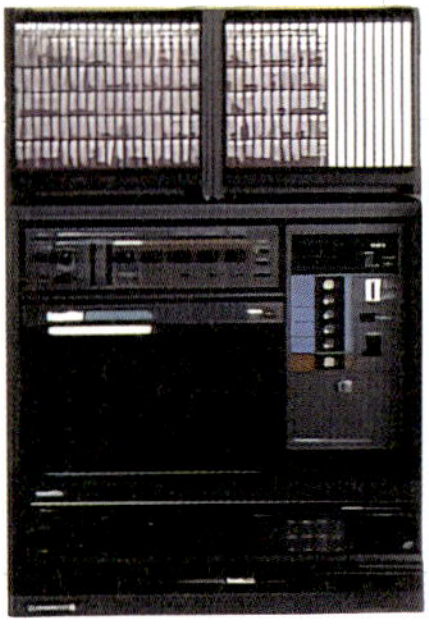

82年、パイオニアが初めて開発した業務用レーザーディスクカラオケ「LD-V10」。歌詞が見られるだけでなく、歌詞のバックに流れるイメージ映像（やロケ地）も楽しみに。

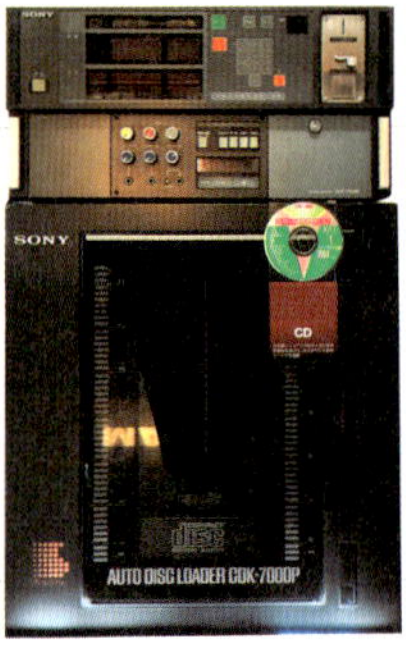

84年に第一興商とソニーが共同開発したCDカラオケ機「CDK-7000」。120枚収納できるCDオートチェンジャーを内蔵し、手元のリモコン操作で手軽に選曲できるようになった。

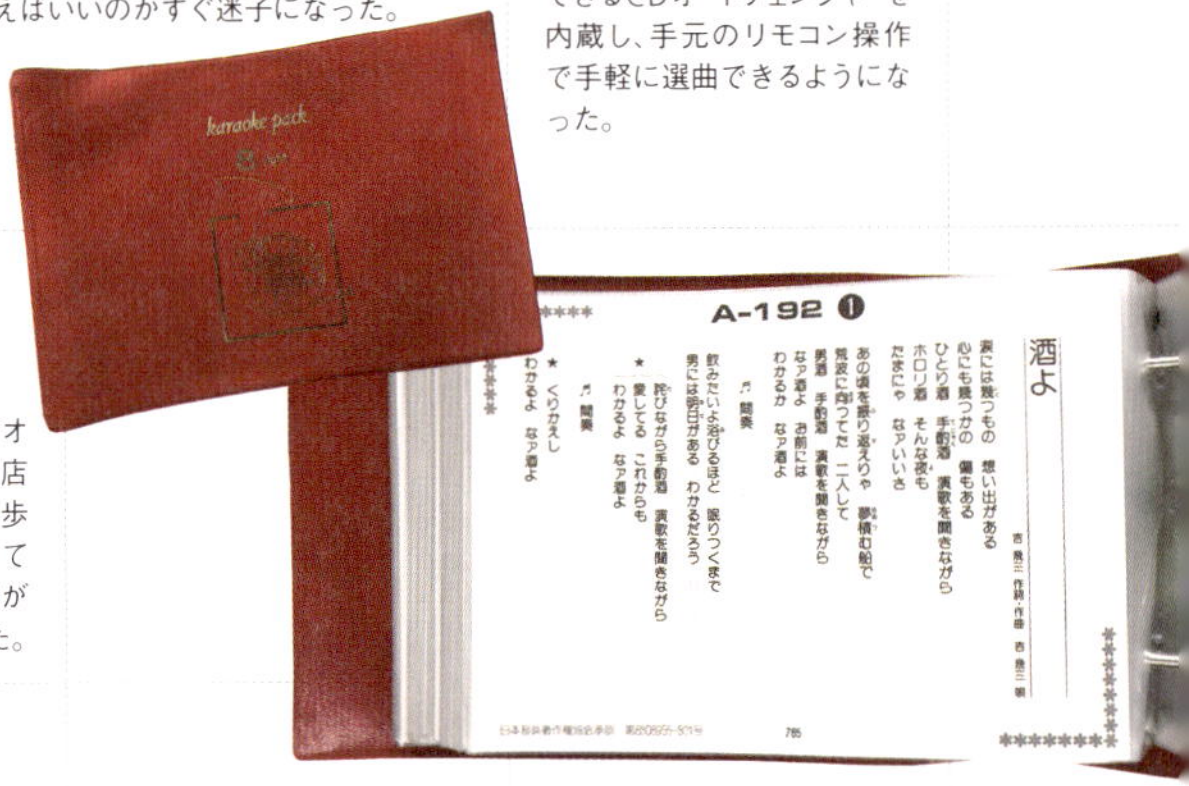

初期のルーズリーフ式歌詞カード。使い込まれた様子がうかがえる。この時代は画面に歌詞が出るわけじゃないので、伴奏を聞き逃すと、どこを歌えばいいのかすぐ迷子になった。

パイオニアのレーザーカラオケ設置店看板。この看板の店を目指して仲間と夜の街を歩いたころ、音楽的素養がなくてもカラオケを楽しめる時代が来たことを肌で実感していた。

写真提供／第一興商、パイオニア　JASRAC 出 2407951-401

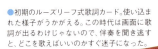

第一興商が運営するカラオケボックスチェーン「ビッグエコー」の第1号店「ビッグエコー二又瀬店」（88年）。カラオケボックスの普及でカラオケは“娯楽”から“文化”に！

カラオケの原型のひとつとされる「ミュージックボックス」（67年、国際商品）。8トラックカセットのジュークボックスにマイク入力端子を付けて歌えるようにした画期的商品（写真／全国カラオケ事業者協会）。

有名歌手や作曲家によるカラオケの指導本（2冊とも83年刊）。スナックで他のお客さんから称賛を浴びるために、こうした本で密かに勉強した人も多かったことだろう。

第一興商が85年にリリースした「LPCシリーズ」というレーザーディスクカラオケソフト。30cmサイズのディスクに28曲入りで、動画と色変わりテロップが収録されていた。

83年にシンコー・ミュージックから刊行されたカラオケ専門のムック。カラオケ店情報や歌詞カードなどを収録。「創刊号」とあるけど続刊されたかどうかは不明。

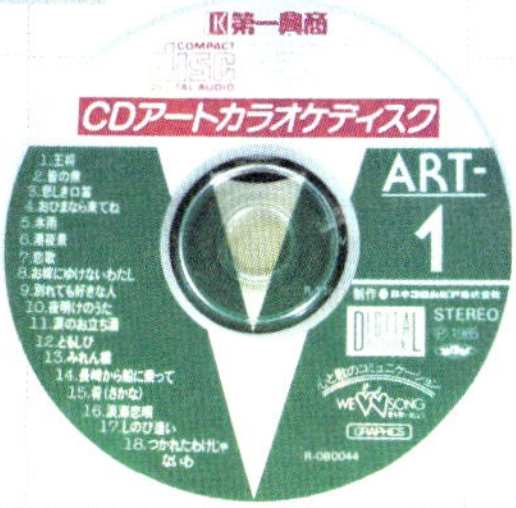

86年に登場した、音楽のほかに静止画と歌詞テロップが表示されるようになった「CDアート」規格のディスクソフト。テロップの色は変わらなかったが大きな進歩ではあった。

ぼくが「カラオケ」の装置を初めて見たのは1977年の冬だった。父の友人が経営する葛飾区亀有にあった小さなスナックでアルバイトをした時、そのお店にそれが置かれていたのだ。

全国カラオケ事業者協会のホームページによれば、日本ビクター（現JVC・ケンウッド）や第一興商が8トラックカセット方式のカラオケ機を販売し、カラオケビジネスが本格的に動き始めたのが76年だというからまさに出始めホヤホヤのころである。

8トラックカセットというのは昔のVHSビデオカセットくらいの大きさのオーディオカセットで、1本のテープに4曲のカラオケが収録されている。オーディオカセットなので映像はなくもちろん音声のみだ。

1本に4曲だからカセットが山ほど置いてあるお店でも自分の歌いたい曲がほとんどない、なんていうことも間々あった。それでもスナックのお客さんには大好評で、カラオケが歌いたくて通ってくる常連さんも多く、午後9~10時のプライムタイムにはリクエストを書いた紙がカウンターに折り重なって並ぶほどだった。

この時代のカラオケの相場は1曲100円。当時、山手線の日暮里駅近くに80円寿司のお店があって大人気だったんだけど、そこの寿司二貫より20円も高かったことになる。

謎の会員制高級クラブで

その後カラオケブームがいよいよ本格的に始まるのは82年に〝絵の出るカラオケ〟=映像カラオケが登場してからだろう。この映像カラオケの分野ではレーザーディスク、VHDなどさまざまな規格が乱立してシェアを競い合った。収録曲数も圧倒的に増えた。

だがそれでも誰もが歌いたい歌を気軽に歌えるようになるにはまだしばらくの時間が必要だった。というのは、後のカラオケボックスと違ってこのころのカラオケはスナックやバーなど大体が夜のお店にあったからだ。

だから周りにはほかのお客さんもいっぱいいるわけで、その場の空気に合わせた選曲をしないとたちまちヒンシュクを買うことになってしまう。たとえばアニメソングを熱唱するなんてことは、お店を貸し切りにしなければまず出来ないことだったのだ。

そんな中、新宿の区役所通りの裏手に一軒の会員制高級クラブがあった。

地下1階の「会員制」と書かれたドアを開けて中に入ると美人のホステスさんたちが笑顔で出迎えてくれる。店内を見渡すと広いフロアに高価そうな椅子とテーブルが間隔を開けてゆったりと並んでおり、壁にはカラオケの巨大スクリーンが掲げられている。

見かけはよくあるお高めの高級クラブといった感じで特に変わったところはないのだが、じつはこの店、アニメソングが歌い放題のお店だったのだ。

ぼくを初めてこのお店に連れて行ってくれたのは『少年サンデー』のぼくの担当編集だったO村さんだった。

O村さんは店に入るなり声を潜めてぼくにこう言った。

「黒沢さん、この店はアニソンOKの店なんです。『鉄腕アトム』とかもありますよ。歌ってみたらどうですか」

それを聞いたホステスさんが気を利かせてスッと立ち上がる。

「歌いますか? マイク持ってきますね!」

「あ、ちょ、ちょっと待ってください」

ぼくはあわててホステスさんを制止した。まだ時間が早かったので客はぼくらのほかに数人しかおらず、カラオケを歌っている人は誰もいない。

この静かな大人の店でいきなりアニソンなんて歌ったら大ヒンシュクを買いそうだ。最後に「ドッキリでした」なんて言われたら目も当てられない。

そう思ってぐずぐずしていると、やがて新たなお客さんの一団がやってきた。ラフな服装と雰囲気から同業者だろうと思っていると案の定、彼らは秋田書店の編集者とマンガ家の先生ご一行だった。そしてそのマンガ家先生は席につくなりマイクを受け取って『科学忍者隊ガッチャマン』を熱唱し始めたのだ。

じつはここは小学館や講談社など大手出版社御用達の店で、特にマンガ雑誌の編集者がマンガ家を接待するのによく使っている店だった。それでこの店だけは特別にアニソンOKという治外法権が認められていたのである。

これでやっと安心したぼくは、その後、終電過ぎまでアニメソングを歌いまくったことは言うまでもない。

父が生演奏付きレストランパブを開業

こうしてカラオケの普及は進んだものの、いまだ解決されていない2つの問題があった。ひとつは設置されている機械によっては自分の歌いたい曲が収録されていない場合があること。もうひとつが自分の音程やテンポに伴奏が合わせてくれないことだ。

そこでお客さんがプロの生演奏で歌えるお店にもまだかなりの需要があった。ぼくの父はCM音楽などの作曲をしており夜の店にも知り合いが多かったので、そこに商機があると思ったのか、79年ごろ、突然、生演奏で歌えるレストランパブを開業すると言い出した。

そして1年後、埼玉県三郷市に本当にお店を出してしまった。当時の三郷市はみさと団地ができて人口が急増し、ベッドタウンとしての発展が大いに期待される街だったのだ。

雑居ビルの中の20坪ほどのお店で父がピアノで生演奏してお客さんが歌う。料理は本格的なイタリアン。フィリピン人のホステスを雇い、内装も南国風のエキゾチックな雰囲気を演出した。近くに同じような店がなかったのでオープン当初はかなり賑わった。大学生のぼくもアルバイトに駆り出され、客の送迎や食器洗いを手伝った。

店が休みの日には新宿や池袋までホステスさんのショッピングにもつきあった。ちなみにこのホステスさんたち、普段着はいつもノーブラで首元がゆるゆるのTシャツだったので目のやり場に困ったというのはまた別の話。

さて、その父のお店だが、ややお高めの金額だったことと商店街が期待したほど発展しなかったために客足は遠のき、わずか3年で閉店となった。最後は借金返済のために自宅を手放し、それが原因で両親は離婚した。

カラオケが娯楽としていまだ発展途上だったあのころ、素人なのに水商売に手を出した父の夢は、こうして家族を巻き込んだ大騒動の末に、はかなく潰えたのである。

もっともその後通信カラオケが普及してあらゆる曲が選曲できるようになり、カラオケ機の性能も向上して生演奏よりはるかに歌いやすい環境が整った。その現代から見れば、父の店はどうがんばってもいずれ潰れる運命ではあったのかもしれない。

1982年
『スピリッツ』が人気に。『モーニング』と並び二大青年誌の時代に

●『ビッグコミックスピリッツ』80年11月創刊号。巻頭カラーは浪花が舞台の下町人情噺『ガチャパイ』(はるき悦巳)。高橋留美子の『めぞん一刻』も2色カラーでスタート。

●浦沢直樹の『YAWARA!』は86～93年連載。柔道家の田村亮子（現・谷亮子）が小5の時に連載開始、彼女は本作の主人公名にあやかってヤワラちゃんと呼ばれた。

●雁屋哲原作、花咲アキラ作画によるグルメマンガ『美味しんぼ』。単行本は全111巻。作品に出る料理や食材、調味料などが評価されたり批判されるたびに大きな話題をまいた。

●古アパート一刻館に暮らす五代裕作と、若き未亡人の管理人・音無響子が織り成す恋愛物語。86年にはテレビアニメ化と、さらに石原真理子、石黒賢の主演で実写映画化もされた。

●吉田戦車の『スピリッツ』初連載作品単行本。4コママンガ本なのにハードカバーでオール2色刷り。ブックデザインは祖父江慎。帯が斜めって見えるのもそーゆーデザインなのだ。

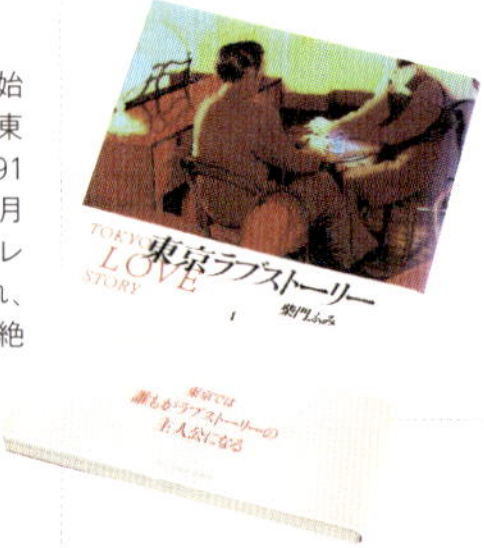

●88年から連載が始まった柴門ふみの『東京ラブストーリー』。91年よりフジテレビの月曜9時枠＝月9でテレビドラマが放送され、若い世代の女性に絶大な人気を得た。

●『ヤングジャンプ』79年6月7日創刊号。巻頭カラーは本宮ひろ志の『俺の空 刑事編』。他に小池一夫＋永井豪の『花平バズーカ』、手塚治虫『どついたれ』など硬派な作品が並ぶ。

●『コミックモーニング』82年9月9日創刊号。巻頭はオールカラー絵物語『グッドラックシティ』（関川夏央＋谷口ジロー）。短編とカラーに力を入れる編集方針は創刊当初から。

●『ヤングマガジン』80年7月7日創刊号。巻頭カラーは柳沢きみおの青春物語『グッドガール』。他に柴門ふみ『P.S.元気です、俊平』、もとはしまさひで『微風のように』など。

●『コミックモーニング』は「カラフル増刊」と題した大判（A4判）の姉妹誌も発行。上質な紙とカラーページに短編を詰め込むスタイルで新たなスター作家を多く誕生させた。

●89年4月に実写映画化された『YAWARA!』パンフレット。主演は当時人気絶頂のアイドル・浅香唯。浦沢作品の初映画化作品であるが、浦沢は脚本には不満だったらしい。

●88年から92年まで放送されたテレビアニメ版『美味しんぼ』の下敷き。裏面は『あぶない刑事』。どこで入手したか覚えてないが、書店でもらったノベルティ商品だと思われる。

小学館から月刊の青年コミック誌『ビッグコミックスピリッツ』が創刊されたのは1980年10月（81年6月より隔週刊化、86年4月より週刊化）。『ビッグコミックスピリッツ』は68年に同社が創刊した『ビッグコミック』の姉妹誌という位置づけで、内容は『ビッグコミック』より若い高校生から20代くらいの若者を狙った雑誌だった。

これに先立つ79年5月には集英社から『ヤングジャンプ』が創刊され、80年6月には講談社から『週刊ヤングマガジン』（講談社）が創刊されており、マンガ界ではこの世代を狙った新雑誌の創刊が相次いでいたのだ。

『スピリッツ』は、創刊当初は看板作品が高橋留美子の『めぞん一刻』くらいしかなく、また月刊誌ということもあり先行する『ヤンジャン』や『ヤンマガ』とくらべてやや苦戦していた。それが少しずつ人気が高まり始めたのは隔週刊化されて以降の82〜83年ごろからである。

ぼくがライターとして小学館に出入りをし始めたのもまさにこのころからだった。ぼくが主に仕事をしていたのは『週刊少年サンデー』だったが、あのころの小学館の雑誌編集部というのは非常に風通しが良く、他の編集部とも盛んに交流があった。

小学館「6ロビ」の住人

小学館本社ビルは2016年に新社屋に建て替わったが、当時はまだ旧社屋のころで6階にマンガ雑誌の編集部が集まっていた。そこでたとえばボクシングやサッカーの注目の試合があったりすると、フロアにあるテレビを全部つけて、各雑誌の編集者が仕事そっちのけで観戦をするなんてこともよくあった。

ぼくはフリーとしていろんな出版社に出入りしているけれど、編集部同士でこれほど横のつながりが強い出版社は珍しい。そこにはひとつ理由があって小学館の社員は異動が多いのだ。だから編集者が2〜3年ごとにさまざまな編集部を渡り歩くために、こうして編集部同士の垣根を越えた交流が生まれてくるのである。

当時、この小学館本社の6階エレベーターホール前に、4人がけの椅子とテーブルが10脚ほど並んだロビーがあってそこにフリーのライターがわんさか集まっていた。本来は来客用の打ち合わせスペースなんだけど、週刊誌の仕事はほとんど毎日が締め切りなので、自宅で原稿を書いて持ってきて入稿……とやるよりも、この場でササッと書いて入稿して校正まで終わらせてしまう方がはるかに効率的なのだ。

そんなこんなで小学館のコミック誌で仕事をしていた7年余りの間、ぼくはこの6階ロビーにほぼ〝住んでいる〟状態だった。そんな6階ロビーの住人はぼくだけではなく、ぼくらはここを「6ロビ（ろくろび）」と呼んでいた。

6ロビには原稿の持ち込みとか打ち合わせで新人のマンガ家さんがやってくることも多い。当時ここで知り合って親しくさせていただいたマンガ家さんに『うしおととら』連載前の藤田和《かず》日《ひろ》郎さん、『今日から俺は!!』連載前の西森博之さん、『家栽の人』連載前の魚戸おさむさんなどがいる。魚戸さんとは90〜91年にぼくの原作で2度ほど組んで読み切り作品を描いていただいた。また後に『ドラゴン桜』をヒットさせる三田紀房《のりふさ》さんも企画持ち込み中の新人で、6ロビに通っては編集者と熱心に打ち合わせをされていた。

ある新人マンガ家と出会って

『スピリッツ』編集部がにわかに活気づいたなと感じるようになったのは、ぼくが6ロビで仕事をするようになって間もなくの82年ごろからだ。

82年には『傷追い人』（作：小池一夫、画：池上遼一）、『わたしは真悟』（楳図かずお）などが相次いで連載開始し、83年からは『美味《おい》しんぼ』のシリーズ連載も始まった（84年から週刊連載化)。

そんな82年9月、講談社から『コミックモーニング』(のちに『モーニング』と改題)が創刊される。ちばてつや、水島新司などの大御所を看板としながらも若手作家に多くのページを割き、活気ある誌面を構成。後発ながら青年コミック誌の表舞台へ一気に躍り出た。特に4コママンガやショートコミックをカラーで掲載することで、読み応えと華やかさを高める作戦が大いに成功した。

そしてこれ以後、『スピリッツ』と『モーニング』は互いにライバル誌として競いながら部数を伸ばしていくことになる。しかしここで『スピリッツ』がユニークだったのは、創刊編集長・白井勝也の方針で、人気至上主義に陥ることなく「当たるかどうか分からない作品でも、面白そうなものならとにかくやってみる」という実験精神にあふれていたことだ。

そんな中からいくつもの異色作が誕生する。特にギャグ漫画の突出ぶりは際立っていた。不条理ギャグマンガのひとつの頂点ともいえる吉田戦車の『伝染《うつ》るんです。』(89~94年)や、マンガ業界の裏側を大胆にカリカチュアライズした相原コージ・竹熊健太郎コンビの『サルでも描けるまんが教室』(89~91年)などは、あのころの『スピリッツ』の自由な空気感があったからこそ生まれた作品と言っていいだろう。

おしまいにあのころの6ロビであった、今も忘れられない出会いについて書いておこう。ある日、ぼくの担当編集のO野ちゃんが6ロビにやって来て、こう言ってひとりの新人マンガ家を紹介してくれた。

「黒沢さん、彼こんど『サンデー』増刊号で連載が決まったんです!」

メガネをかけた内気そうな青年ははにかみながらペコリと会釈した。そこでぼくは業界の先輩として威厳を見せつつその若者にこうエールを送った。

「ほほう、そいつはおめでとう。連載は毎回毎回が勝負だからね、キツいけど気を抜かないでがんばってください」

「はい、がんばります!」

青年はキラキラした目で答えた。それから2か月後、『少年サンデー』増刊号で彼の連載が始まった。作品のタイトルは『まじっく快斗《かいと》』。

そう、このとき出会った新人マンガ家とは、今や『ドラえもん』と並ぶ小学館の大看板作品『名探偵コナン』を描いている青山剛昌先生だったのだ。

後年、ぼくがその青山先生の原作をお借りして『名探偵コナン』の学習マンガの脚本を書かせてもらうなんて、あのころはもちろん想像だにしていなかった。まーあれだ。いずれにしてもぼくがあのとき青山くん(当時はこう呼んでいた)に送ったアドバイスが彼をここまで成長させたのだとしたら、ぼくとしても彼を励ました甲斐があったというものだ。まあ、そんなことはカケラもないだろうけどね。

1983年

●こちらも同書より。おかわりシスターズのハワイロケ・スナップ。恐らくキャンペーンポスターの撮影用。彼女たちの様子から仕事の厳しさはうかがえない。完全に遊びモード。

●オールナイターズの単行本（扶桑社刊）。中身は当時よくあったアイドルのファンブック的な構成だけど、素人の女子大生がアイドル本を出すというのが画期的なことだった。

女子大生が大挙テレビに!『オールナイトフジ』が放映開始

●84年12月発売、オールナイターズ2枚目のLP。おかわりシスターズやよまわりシスターズなど小ユニットの曲を含めて全10曲を収録。オリコンチャートでは最高33位。

●おかわりシスターズのEPはこの全4枚。オリコン最高位は1stシングル「恋をアンコール」(左上)の23位。それ以外の3枚も30位以上をキープするという好成績をマーク。

●『私たちはバカじゃない』より。この中から自分だけのオキニを探すのが楽しかった。だけど中央付近は常に人気者が独占。一方右端で見切れたコは不憫。

●アメリカや都内などで撮られたオールロケ写真集。85年刊。「人を楽しませるより自分が楽しんじゃう娘たち」(石田弘プロデューサーのあとがきより)の日常が見たい人向け。

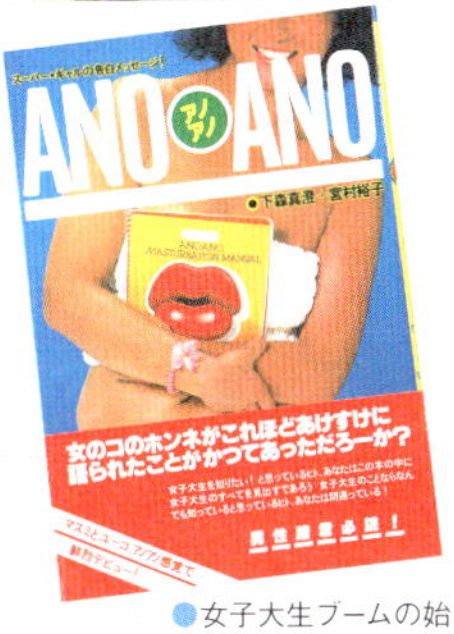

●女子大生ブームの始まりに一役買った『ANO・ANO』(80年、JICC出版局)。当時、書店でこれを買うのはエロ本を買うより勇気が必要だった。それでも買ったんですけどね。

●結城貢とオールナイターズのEP(85年)。結城がナニワブシ調の節回しで「♪何もぉ知らない女子大生ぇ〜俺が言わなきゃ〜誰が言う〜」と歌う「小言」の歌詞は秋元康の作詞。

●おあずけシスターズEP。49年のヒット曲『東京カンカン娘』とは無関係。イロモノ系トークで人気を得たふたり。軽快で楽しい曲だがレコードは残念ながらこの1枚きり。

80年代の初めごろ、テレビの放送終了時間が大きく延長された。それまで深夜1時ごろにはすべての局の放送が終わっていたのが、深夜3時過ぎまで放送されるようになったのだ。

とはいえ多くの局がドラマや映画の再放送でお茶を濁す中、1983年4月2日土曜深夜0時45分から放送が始まったのが、フジテレビの生放送番組『オールナイトフジ』だった。

このころフジテレビはカルチャー(culture＝文化)をもじった〝軽《かる》チャー〟なる造語をひねり出し、「軽チャーっぽい8チャンネル」「軽チャーテレビ宣言」といったコピーでバラエティ路線を強化しており、その路線のひとつとして始まったのが『オールナイトフジ』だったのだ。

初代司会は秋本奈緒美と鳥越マリ。そこに松本伊代と片岡鶴太郎がレギュラーとして並んでいたが、それ以外の出演者は全員素人の女子大生という異色の番組だった。内容はその女子大生たちに勝手気ままにトークをさせたり、文化祭や運動会のようなミニゲームをやらせるなど、どんな展開になるかまったく予想がつかない。

　しかもこの番組、あろうことか放送終了時間が未定だった。大体2時間半という目安はあったが、盛り上がれば午前4時過ぎまで放送するし、グダグダになってくると秋本奈緒美が「じゃあそろそろ終わりましょうか」と言ってお開きとなる。まるでお客さんが帰るまでが営業時間という個人経営のスナックみたいな番組だったのだ。

おかわりシスターズ・人気の秘密

　振り返ってみると、そもそも〝女子大生〟という肩書きが一種のステータスブランド化したのは、「ハマトラ」ファッションが流行した70年代の中ごろからだろうか。

　当時、横浜のお嬢様大学に通う女子大生ファッションを『an・an』や『non-no』などの女性誌が「横浜トラディショナル」＝「ハマトラ」として紹介。やがてこれが広まるとハマトラを着こなすハイソな女子大生とつきあうことが男のステータスとなった。

　さらに80年、JICC出版局から衝撃の本が出た。下森真澄（日本大学）と宮村裕子（早稲田大学）というふたりの現役女子大生が書いた『ANO・ANO』だ。『an・an』と『non-no』をミックスしたテキトーなタイトルはともかく、その内容がすごかった。見出しの一部を紹介すると、

「女の子のマスターベーション」

「処女のおもわく」

「ぼーやに教えて」

「朝帰り」などなど。

　今じゃこの見出しでショックを受ける人などいないだろうけど、当時は女子大生に限らず若い女性が性《セックス》についてあけすけに語るなんてまるであり得ない時代だったのだ。

　ハマトラファッションに身を包みツンと澄まして街を行く女子大生も実は心の中でエッチなことを考えている。この本はそんな衝撃の真実をぼくら男に知らしめてくれたのだ。結果、この本は30万部も売れた。

　そしていよいよ『オールナイトフジ』が始まった。番組内で「オールナイターズ」と呼ばれた素人女子大生の中で最初に注目されたのは、純情っぽく見えて意外と積極的な山崎美貴（東海大学）と、丸眼鏡がチャームポイントの松尾羽純（杉野女子短期大学）のふたりだった。

　ふたりは放送第2回目から始まった「おかわりビデオソフト情報」というビデオ紹介コーナーを担当し、アダルトビデオの紹介文を読み上げるときのウブっぽさが大いに受けた。

「たわわな……胸を……ええと……揉《も》みしだきながら……激しくオナ……オナニ……もうヤダ～!!」

　何を隠そうぼくもこの山崎美貴の「もうヤダ～」に完全にやられたクチだ。

その後、このふたりにおっとり系の深谷智子（日本女子大学）が加わって「おかわりシスターズ」としてレコードデビューするや、それがいきなりヒットする。

また鶴太郎のゲスいエロトークをギャグで軽々と打ち返して注目されたのが井上明子（国際商科大学）と片岡聖子（玉川学園女子短期大学）で、このふたりも後に「おあずけシスターズ」としてレコードデビューする。

日本大学の富田香織は有名人や肩書きに弱いミーハーキャラ。明治大学の松山香織は真面目で地味めながら、むしろその地味さがいいというシャイなファンに愛された。ちなみに当時の彼女たちの出演料はひとり1回5000円だったらしい。

高卒VS女子大生の構図

そんなこの番組の人気をさらに高めたのが83年12月から番組に加わったとんねるず（石橋貴明・木梨憲武）の存在だ。ふたりは女子大生たちが自己紹介する際に大学名を名乗るのに対し、「帝京高校出身、とんねるず」とあえて高卒をアピールした。その高卒のふたりが番組中で女子大生たちが漢字を読み間違えたりすると鬼の首を取ったように「おめえたちはヴァカか！」「ンなことも知らねーのか!!」と罵倒する。

時代は間もなくバブルの入り口にさしかかろうというころであり、勝ち組とそうでない人との格差が開き始めたころだ。とんねるずの女子大生への鋭い突っ込みにカタルシスを感じていた視聴者も少なくなかったに違いない。

さらに84年5月からは料理研究家の結城貢《ゆうきすすむ》の「真夜中のお料理教室」コーナーも始まる。すると女子大生たちはここでも結城から「包丁の使い方が悪い」「魚のさばき方を知らない」など事あるごとに叱られた。それに対して半べそになる子、本気でむくれて黙り込んでしまう子などもいた。

一方、女子大生側からの反撃（？）もあった。84年7月、オールナイターズが私生活から番組の裏側までを語った『オールナイトフジで～す 私たちはバカじゃない』という本を出版したのだ。目次から見出しを拾ってみると「男の初夜」「ブルーデー」「バスタイム」「整形について」など、本の体裁から中身の構成まで『ANO・ANO』を強く意識した本となっていた。

ただし、この本でタイトル通り彼女たちがバカじゃないことが証明されたかというとそんなことはまるでなく、見出しから想像するようなエッチな内容が書かれていたわけでもなかった。言ってみればぼくらはこの見出しに釣られただけだったのである。

しかしこうして『オールナイトフジ』は素人女子大生のタレント化、集団をひとまとめにして売り出すグループ・アイドルの先駆けなど様々な面で大成功を収めた。これが次に女子高生ブームを生むことになるのだが、それについてはまた別項で。

1983年
マンガの世界を変えた
大友克洋『童夢』の衝撃

『ハイウェイスター』(79年、双葉社刊)。表題作のほか、朝の幼児番組『ピンポンパン』のテレビ画面から始まる傑作「酒井さんちのユキエちゃん」など初期の短編を収録。

『GOOD WEATHER』(81年、綺譚社刊)。大友が単行本化を拒んでいた作品をあえて収録した限定本。直販本だったので、書店から注文があるとぼくが本を直接配達。

『さよならにっぽん』(81年、双葉社刊)。ニューヨークで道場を開いた柔道家の物語。日本人が盛んに海外へ出ていった時代、その時代からちょっぴりズレた男の悲哀を描く。

『ショート・ピース』(79年、奇想天外社刊)。大友の単行本はマンガらしからぬカバーイラストやデザインのものが多いけど、それはこの初単行本から始まっていた。

『童夢』(83年、双葉社刊)。短編では実力の一部しか見せていなかった大友が本領を発揮した1作。「いまコミックはここまできた!!」という帯の文は当時の読者の素直な感想だ。

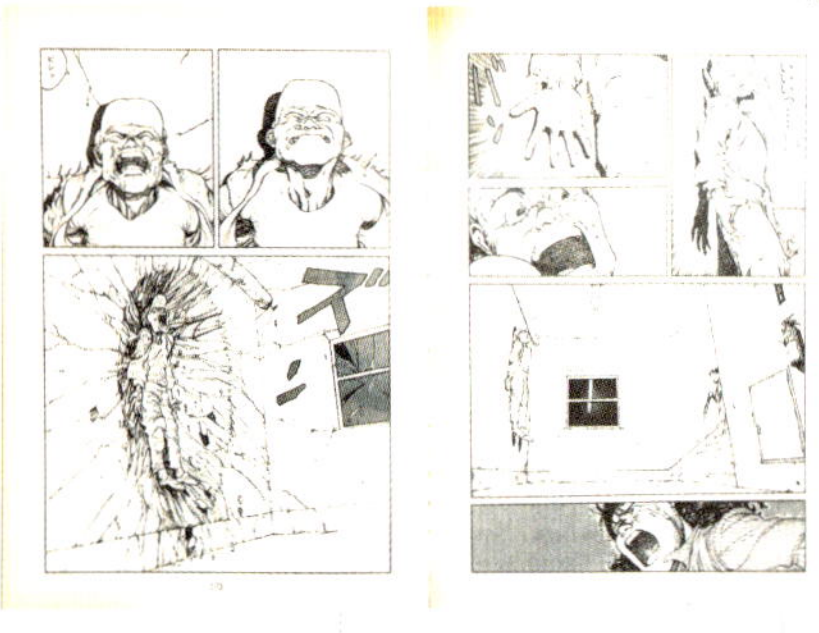

同書より。左下、エッちゃんの超能力によってチョウさんが壁に押しつけられる場面。見えない力を見事に視覚化したこの絵に、読者はもとより多くのマンガ家が衝撃を受けた。

『AKIRA』(84〜93年、講談社刊)。大友の代表作にして最長編作品。大判の単行本全6巻は、装丁や紙質、小口染めなど細部にまでこだわっており、作品そのものの重みと相まって、書棚で異様な存在感を放っている。

同書より。見返しページは新たに描き下ろされたカラーパノラマイラスト。収録作品の世界観がここに凝縮されていて、いつまで見ていても飽きない。

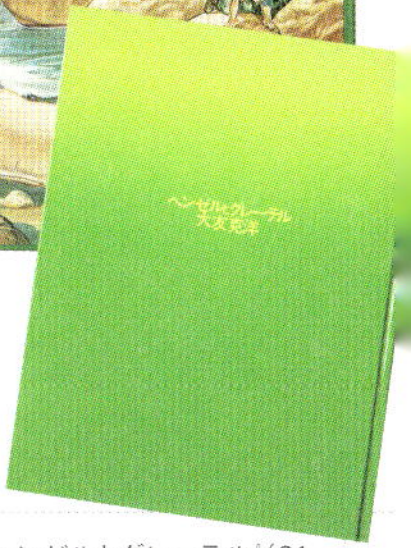

『ヘンゼルとグレーテル』(81年、CBS・ソニー出版刊)。童話を元にした作品の短編集。A4ハードカバーの絵本のような装丁で本編にも上質な紙を使用。描画の細部まで味わえる。

『気分はもう戦争』(82年、双葉社刊)。矢作俊彦の原案で80〜81年『漫画アクション』に連載された作品。単行本のカバーイラストはミリタリーイラストの大家・高荷義之。

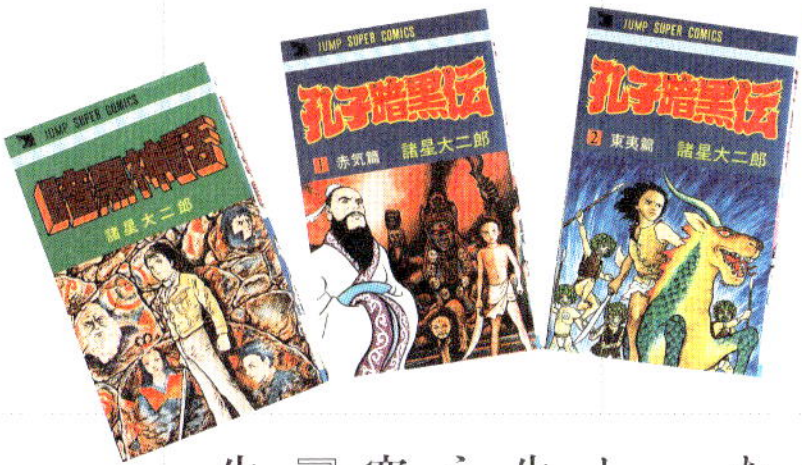

諸星大二郎の初期単行本(77〜78年)。諸星は大友より1年後の74年デビュー。大友とは描くテーマが異なるが、圧倒的画力と緻密な世界観が共通するためしばしば一緒に語られる。

1979年3月、奇想天外社から刊行された大友克洋《かつひろ》の初単行本『ショート・ピース』は、出版されるとすぐにマンガマニアの間で大きな話題となる。

ここであえて〝マンガマニア〟と書いたのは、当時この単行本に注目していたのは一般的な多くのマンガ読者ではなく、あくまでもディープにマンガを読み込んでいる一部のコアなマニアたちだけだったからだ。

この単行本は短編集で、どの作品も生活感あふれる若者たちの何気ない日常風景から始まり、それがいきなり非日常世界へと引きずり込まれる不思議な世界観の物語が9編収録されていた。

『宇宙パトロール・シゲマ』は、アパートで年越しの飲み会を開いていた学生たちが、互いに自分の秘密を明かそうと提案する。するとひとりの青年が突然、自分は金星人だと告白を始める。『大麻境』は、極貧にあえぐ3人の学生が先輩から押し売りされた地図を手がかりに、大麻の自生する森を探して山に分け入り大儲けを企むという話だ。

　この短編集にマニアが注目したのは何よりもその絵柄が斬新なことだった。従来のマンガや劇画の流れを踏襲しつつも、今までにない神経質なほどの細密な筆致で、その場の空気感を描き出す。そんな〝超現実〟とでもいうべき独自の画風が絵柄にこだわるマンガファンとマンガ家に衝撃を与えたのだ。

　しかし大友にとってはこの単行本の表現はまだまだ序の口と言うか、いまだ発展途上であったことが後に明らかとなる。

後に模倣された超常現象表現の数々

『ショート・ピース』刊行の2か月前に雑誌『アクションデラックス』に発表された短編『Fire-ball《ファイヤーボール》』と、その翌年に同誌で連載が始まった『童夢《どうむ》』は大友が『ショート・ピース』からさらなる高みへと飛翔していくその過程をぼくらに見せてくれていた。

　『Fire-ball』はコンピュータと超能力者の戦いを描いたSF作品であり、『童夢』ではその超能力をさらに深化させた物語が綴られている。

　『童夢』の舞台は郊外のマンモス団地。そこに暮らす〝オトナコドモ〟の独居老人チョウさんが〝ひとり遊び〟と称して超能力を使い、次々と凶悪犯罪を起こしてゆく。ところがそこへ引っ越してきたもうひとりの超能力少女エッちゃんがその行為に気づき、ふたりが対決をするというお話だ。団地の住人たちのありふれた日常の裏で行われるふたりの超能力バトル。その迫力はそれまで大友が矯《た》めてきた力を一気に解放させる迫力に満ちていた。

　力を解放したエッちゃんが老人を壁に叩きつける場面で壁が球形に凹《へこ》む場面。このカットに代表される超常現象表現の数々は後に多くのマンガ家に模倣されることになる。そして単行本化の際に大幅に加筆されたというラスト24ページのチョウさんとエッちゃんの、まったく会話のない〝沈黙の戦い〟――。これを目撃していたのは公園で遊んでいたひとりの幼児だけだった。

　やがてすべての勝敗が決したとき、その幼児が言う。

「ママァ……ブランコのお姉ちゃんが消えちゃったよォ」

　大友によれば『Fire-ball』を描いた際、編集部からの当初の依頼は「落語の話を描いてくれ」というものだったという。以下、大友の回想だ。

「おれはSFを描きたかったんだけど通らなくって、何かずいぶんもめた覚えがあります。

　当時の青年誌って、『同棲時代』とか『柔侠伝』とか、劇画の時代ですよね。で、おれは何か新しい事をやりたいなって思って。これこれこういうストーリーで、こういうSFを描きたいんだって編集部を説得してね。じゃ、まあいいやってことでやったんだけど……。（中略）

『Fire-ball』描いてて、SFなんてうけねーだろーなって思ってたら出てみると、あちこちのマンガ評論とかで評判になったりして。アクションの編集も「次は何でもいいよ」って話になったから、じゃあ次は『童夢』だと」(『彼女の想いで／大友克洋短編集1』90年講談社刊あとがきより)

大友が見せてくれた脚本と絵コンテ

ところでこの『童夢』の連載開始と前後して、じつはぼくも大友の単行本の編集を手伝っている。75ページの『ガンダム』の項にも出てきた綺譚社の秋山協一郎さんが大友の3冊目の単行本を自社で出版することになったのだ。

その打ち合わせのためにぼくは秋山さんに連れられて初めて吉祥寺の大友の自宅兼仕事場へ行った。大きな一戸建ての家の半地下には大スクリーンとプロジェクターの設置されたホームシアターがあり、壁面には当時まだ1本1万円以上もした映画のビデオソフトがずらりと並んでいた。

そこで秋山さんがぼくを「自主映画を撮っている学生だ」と紹介すると、大友の目がキラーンと光った。

「じつはぼくも映画を撮ろうと思って準備してるんだ！」

大友はそう言って単行本の打ち合わせもそこそこに脚本と手描きの絵コンテの束《たば》をぼくに見せてくれた。

きちんと製本された脚本の表紙には『DON'T SHOT THE FREAKS(仮題)』と書かれている。

「読んで感想を聞かせてよ！」

大友はそう言って身を乗り出した。

お話は、モデルガンマニアの6人の若者がふとしたことから仲間割れを起こし、互いに実弾の発射できる改造モデルガンで決闘することになる、というもの。まるで『宇宙パトロール・シゲマ』のようにボロアパートの日常から始まり、それが〝決闘〟という非日常に突き進んでいく。まさに大友ならではの異世界表現といった内容だった。

この脚本はこの2年後、大友自身の監督で16ミリ映画として完成し、82年12月『じゆうを我等に』というタイトルでインディーズ公開された。

一方、ぼくが編集を手伝った綺譚社の単行本『GOOD WEATHER』も81年春に無事刊行された。この本は一般の本のように取次を通した流通はしておらず直接注文のみの販売だったので、綺譚社には現金書留と書店からの注文書が連日山のように届いた。

そんな中、大友が綺譚社へ遊びに来ると、その場で封筒の宛て名書きを手伝うこともあった。中には気まぐれで封筒の片隅にちょこちょこっとイラストを描き添えたこともある。

まさか大友本人が封筒の宛て名書きをしていたなんて読者は思いもしなかっただろう。当時直販でこの本を買われた方は今すぐ封筒を確かめていただきたい(あればだけど)。もしかしたらその筆跡は大友克洋本人によるものかもしれませんよ。

1984年

『プロジェクトA』パンフレット。日本ではいまだ新進俳優と見られていたジャッキーだが、この映画は79年の『廣東小老虎』（日本劇場未公開）以来、主演10年目の記念作だった。

『プロジェクトA』より。警察隊のドラゴン（ジャッキー）が追っ手の海賊から逃れるために自転車で路地裏を駆け抜ける。こうしたアクション演出もすべてジャッキー自身が担当。

ジャッキー・チェンの出世作『プロジェクトA』が公開！

『プロジェクトA2 史上最大の標的』パンフレット。『プロジェクトA』から4年後に作られた続編で、1億HKドルという香港映画としては空前の予算をかけて作られた超大作。

『プロテクター』（85年）パンフレット。『バトルクリーク・ブロー』（80年）に続くアメリカ進出第2作。ジャッキーはニューヨーク市警の刑事に扮して米国と香港で大活躍。

ジャッキーがアクションスターではなく、いまだカンフー・スターと見られていた82年に刊行されたムック。グラビアでもジャッキーのコミカルなカンフー技がフィーチャーされている。

「ポリス・ストーリー」シリーズ3部作パンフ。左から85年、88年、92年。続編を好まないというジャッキーだが『プロジェクトA』とこのシリーズには特別な思いがあったようだ。

3冊とも83年刊行のムック。どのページもジャッキーの顔アップだらけ。それまでアラン・ドロンなど西洋の俳優が占めていたアイドルスターの地位をアジア人俳優が獲得！

84年に集英社から出版されたジャッキーの自伝。「ポーポー」というのは父親が付けたジャッキーの愛称。「ポー」は砲丸の「砲」で、砲丸のように丸々と太っていたからだという。

ジャッキー映画の日本公開第1作から3作目までのパンフレット。モンキー・パンチによるコミカルでアジアンチックなイラストが作品のテイストを見事に表現している。

ユン・ピョウ、サモ・ハン・キンポーとのトリオによる「◯福星」シリーズパンフ。85年の『大福星』公開時には来日したジャッキーがつくば博でイベントを開き、8000人を沸かせた。

学生時代に8ミリフィルムで自主製作映画を撮っていたころ、多くの映画仲間と知り合った。その中のひとりにT代くん＝通称〝タッシー〟という男がいた。タッシーはジャッキー・チェン映画の熱烈なファンで髪型をジャッキーそっくりに真似、日常の仕草もまるでジャッキーそのものだった。

当時の彼はごく普通の会社員だったがジャッキー映画の影響で拳法にのめり込み、ついに会社をやめて合気道の師範となった。さらに後年、自ら道場を開くまでになったのだ。

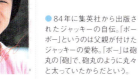

そんなタッシーの人生まで変えたジャッキー・チェンの映画が日本で初めて公開されたのは1979年7月、『ドランクモンキー 酔拳《すいけん》』からだった。当時、東映の取締役でこの映画の配給を決めた鈴木常承《しょうしょう》が、その時のいきさつを後年のインタビューで回顧している。その内容を要約すると――

ある日、鈴木が安く買える面白い洋画作品はないかと探していたところ、

「香港で酔っぱらったら強くなるという映画が当たっている」というウワサを耳にした。そこですぐに香港の営業所に問い合わせたところ、たしかに『酔拳』という映画が当たっているという。

「バカ！　そんなこと、すぐ本社に連絡せい」

　そう叫んだ鈴木はただちにその映画のプロデューサー兼監督である呉思遠《ウー・スー・ユエン》にコンタクトを取り、実際の映画も見ずにその場で配給契約を交わしたのだった。

（2017年辰巳出版刊『ジャッキー・チェン 成龍讃歌』所収「ジャッキー映画、日本公開の夜明け」野村正昭／取材・文より）

ハードなアクションをコミカルに

　この『酔拳』が当たったことで東映洋画部はジャッキーの過去作を次々と買い付けて公開する。

『スネーキーモンキー蛇拳』（79年11月）、『クレージーモンキー笑拳』（80年4月）、『拳精』（80年6月）、『少林寺木人拳』（81年2月）。

　このころぼくはタッシーからジャッキー映画の魅力をしつこく吹き込まれてはいたものの、実際にはいまだ1本も見たことがなかった。せいぜいブルース・リーのパロディだろうくらいにしか思っていなかったからだ。

　それがたまたま通りかかった名画座で3本立てがかかっていたので立ち寄ってみたところ、ぼくの思い込みは完全に吹き飛ばされた。絶え間なく繰り出されるアクションはブルース・リーとくらべてもまったく遜色《そんしょく》がない。そればかりかハードなアクションをコミカルな演技で一気にギャグシーンへと変えてしまう演出の妙。小道具の使い方も巧みで椅子、テーブル、シャンデリア、窓枠など、そこらにあるものを手当たり次第に使いこなす格闘場面は一瞬たりとも目が離せないものだった。

「ジャッキー映画を舐《な》めててゴメン！」

ぼくは密かにタッシーに謝罪した。

　時が過ぎて83年暮れ、『週刊TVガイド』の姉妹誌『月刊ビデオコレクション』でぼくがジャッキー映画特集の記事と編集を担当することになった。

　スティル写真と資料を借りるため、すぐに配給元の東映と東宝東和に連絡を取った。前述した通りジャッキー映画を最初に配給したのは東映だが、80年9月公開の『バトルクリーク・ブロー』からは東宝東和も配給に乗り出していたのだ。

　東宝東和の宣伝部を訪ねると肩幅の広い丸顔の男性が現れた。その男性は旧作の写真を借りたいというぼくに対し、旧作の写真の話もそこそこに、近く東和から配給される予定だというジャッキーの新作映画について熱く語り出した。男性は今度のジャッキーの新作は旧作をはるかにしのぐ傑作なのだと息まいた。

「ただし日本での正式タイトルがまだ決まっていないんです」

そう言って、彼はその映画のことを「ぷろじぇくとえー」「ぷろじぇくとえー」と仮タイトルで呼んでいた。

エンディングのNG集もこの映画から

それから3か月後の84年2月25日、このジャッキーの新作映画がついに公開された。タイトルは『プロジェクトA』。あのときの仮タイトルがそのまま本タイトルとなっていたのだ。そしてこの映画、東宝東和の男性が熱弁していた通りの大傑作だった。

舞台は20世紀初頭の香港。水上警察の隊長ドラゴン（ジャッキー）が、ライバルである陸上警察の生意気士官ジャガー（ユン・ピョウ）といがみ合いながらも協力し、海賊を退治するという冒険活劇だ。物語はジャッキー人気だけに頼るのではなく、脚本がしっかりと練られており物語や伏線に破綻《はたん》がない。ユン・ピョウや小ずるい盗賊役のサモ・ハン・キンポーなど脇役の魅力も存分に生きている。結果、ジャッキー・チェンはこの映画を足がかりとし、香港のローカルスターから世界的なアクションスターへと大きく羽ばたいていったのである。

後にジャッキー映画の名物となる映画のエンディングに流れるNG集もこの映画から始まった。日本での配給収入は16億２０００万円。これはこの年の洋画配給収入第3位の記録だった（1位『インディ・ジョーンズ／魔宮の伝説』32億円、2位『キャノンボール2』21億円）。

ところでこの原稿を書くに当たってネットで検索をしていたところ、このNG集を発案したのが当時東宝東和宣伝部に在籍していた菅野陽介氏という方だったという本人のインタビュー記事が見つかった。

その記事によれば菅野氏は当時『プロジェクトA』の宣伝用に使いたいと思って香港から本編のNGフィルムを取り寄せたところ、それがあまりにも面白く量も膨大だったので、エンディングに使おうと発案したのだという。

その記事に掲載されていた菅野氏の写真を見て驚いた。40年前のあの日、駆け出しの一ライターであるぼくに「ぷろじぇくとえー」と連呼しながらジャッキーの新作映画の魅力を熱く語った宣伝部の男性――あの彼こそがたしかに菅野氏だったのだ。

70年代末、ジャッキー映画を本国の評判だけで買い付けて日本で公開した東映の取締役がいた。新作映画の魅力を初対面の一ライターにまで熱く語った東宝東和の宣伝部員がいた。そして何よりいち早くジャッキーのファンとなってひたすら啓蒙活動を続けたタッシーのような映画ファンたちがいた。

ジャッキーの周りにはこのように映画を愛する人たちがいつも多く集まっていた。それは恐らく日本だけでなく香港でも、そして他の国でも同じだったのだろう。そんな映画好きな人々に支えられてジャッキーは世界的なアクション映画スターになったのである。

1984年

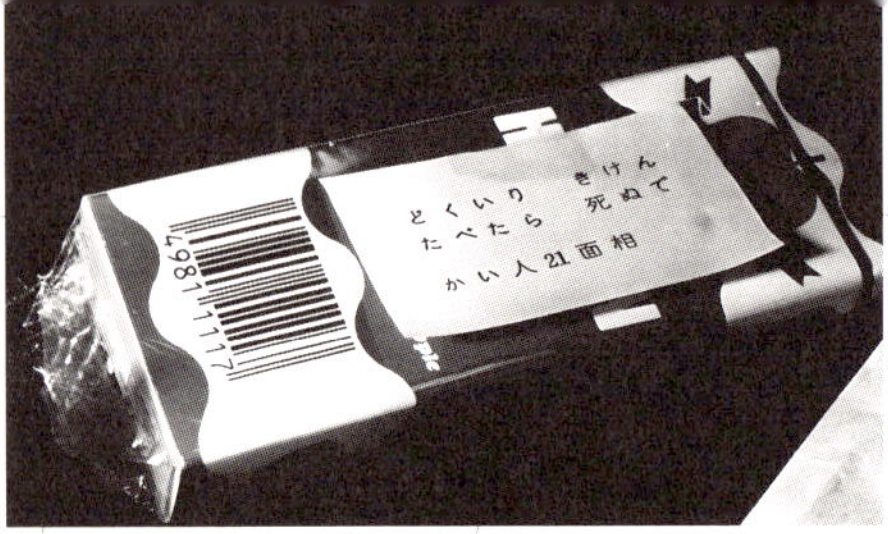

上●大阪周辺に青酸ソーダ入りの菓子がばらまかれた翌日の84年10月9日、NHK大阪放送局にも、「かい人21面相」から同様の脅迫文が貼られた森永のお菓子が届いた（写真／共同通信社）。

下●84年11月3日から、森永の社員2000人が連休を返上し、全国80か所でお菓子の直接販売を開始した。写真ではお客さんの行列が出来ているが、ぼくが買った駅では客はまばらだった（写真／産経新聞社）。

●84年10月7日、兵庫県西宮市のファミリーマート甲子園口店の防犯カメラ映像。青酸入り菓子の見つかった商品棚付近をうろつく不審な男の姿が録画されていた（写真／共同通信社）。

まさに「劇場型犯罪」。グリコ・森永事件が日本中を震撼させた

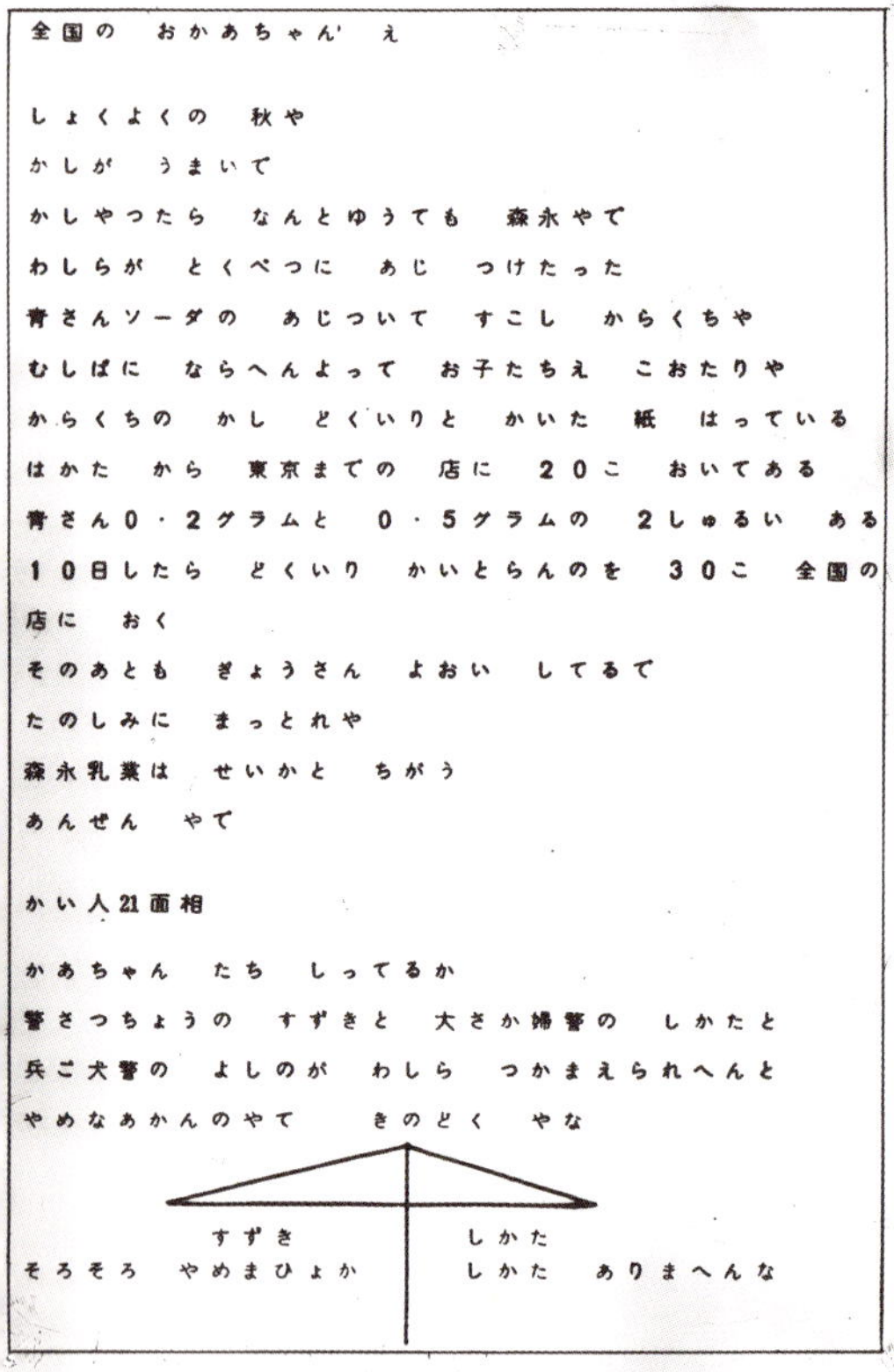

全国の　おかあちゃん'え

しょくよくの　秋や
かしが　うまいで
かしやつたら　なんとゆうても　森永やで
わしらが　とくべつに　あじ　つけたった
青さんソーダの　あじついて　すこし　からくちや
むしばに　ならへんよって　お子たちえ　こおたりや
からくちの　かし　どくいりと　かいた　紙　はっている
はかた　から　東京までの　店に　２０こ　おいてある
青さん０・２グラムと　０・５グラムの　２しゅるい　ある
１０日したら　どくいり　かいとらんのを　３０こ　全国の
店に　おく
そのあとも　ぎょうさん　よおい　してるで
たのしみに　まっとれや
森永乳業は　せいかと　ちがう
あんぜん　やで

かい人21面相

かあちゃん　たち　しってるか
警さつちょうの　すずきと　大さか帰警の　しかたと
兵ご犬警の　よしのが　わしら　つかまえられへんと
やめなあかんのやて　　きのどく　やな

すずき　　しかた
そろそろ　やめまひょか　　しかた　ありまへんな

●84年10月の脅迫状。脅迫状には日本タイプライター社製「パンライター」という和文タイプライターが使われたことが判明し、有力な手がかりと見られたが、結果は得られなかった。（写真／産経新聞社）

●ジャーナリストの岩瀬達哉が21年に出版したノンフィクション。事件当時の被害者や警察幹部、脅迫された企業の幹部などに取材し、犯行グループの実像に迫る。

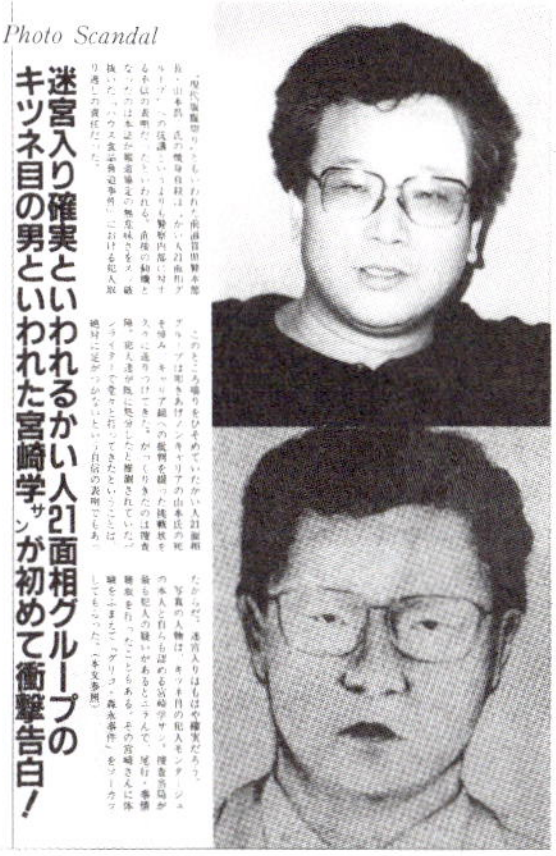
Photo Scandal

迷宮入り確実といわれるかい人21面相グループのキツネ目の男といわれた宮崎学《サン》が初めて衝撃告白！

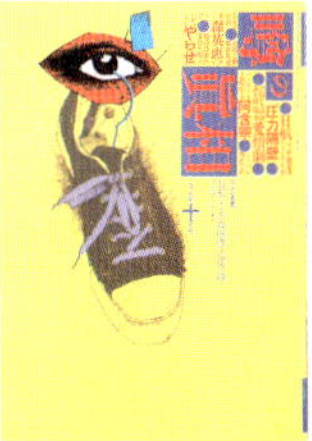

●『噂の真相』85年10月号。作家の宮崎学は警察から「キツネ目の男」と疑われ、尾行や事情聴取を繰り返された。同年8月、犯人の“犯行終結宣言”を受けて宮崎本人が事件を総括。

●警察が捜査に協力してくれた人に配布したテレホンカード。当時我が家にもこの事件の捜査で刑事さんがやってきたけど名刺しかくれなかったぞ。

●84年5月、犯人からの脅迫を受けて店頭からグリコ製品が続々と撤去されていった。当時、異常な不安と恐怖を感じながらこのニュース映像を見ていた記憶がある(写真 産経新聞社)。

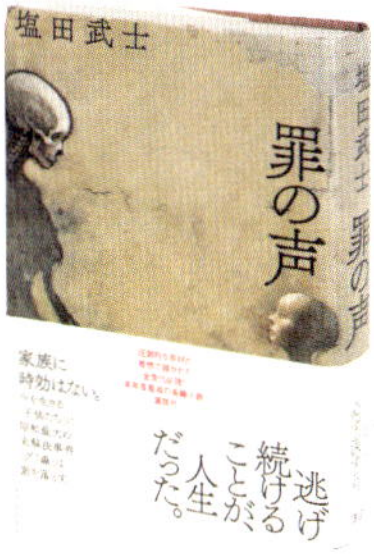

●塩田武士の小説『罪の声』(16年、講談社刊)。グリコ・森永事件を下敷きに、犯人グループが脅迫電話の「声」として利用した少年のその後の人生を描いている。

●事件当時に出版された関連本2冊。左は85年3月、右は84年12月の発売で、事件がまさに現在進行中だったため、どちらの本も本全体からにじみ出る緊張感がすさまじく生々しい。

「どくいり　きけん　たべたら　しぬで　かい人21面相」

1984年10月8日、タイプライターで打たれたこの不気味なメッセージとともに、大阪周辺のスーパーやコンビニに、致死性の猛毒である青酸ソーダが入った森永製菓のソフトキャンディやチョコボールがばらまかれた。

この年の春以降、食品メーカーを標的に相次いで脅迫事件を起こしていた犯人グループが、ついに一般市民を巻き込む無差別テロに及んだ瞬間だった。

事の始まりは84年3月18日、江崎グリコの社長が3人組の男に誘拐されたことだった。犯人はグリコに対して現金10億円と金塊100キロを要求した。

その3日後、社長は監禁場所から自力で脱出し無事に生還したが、その後もグリコへの脅迫は止まなかった。今度はグリコ製品に青酸を入れたという手紙が新聞各社に送られ、その結果グリコのお菓子が店頭から一斉に撤去されるという騒動になる。

犯人グループはこのころから「かい人21面相」と名乗り始めた。言わずとしれた江戸川乱歩の小説『少年探偵団』シリーズに登場する「怪人二十面相」の名前をもじったものだ。

評論家の赤塚行雄は『読売新聞』5月14日号朝刊でこの事件についてこうコメントした。

「これは劇場型とでもいうべき新しいタイプの犯罪ではないか」

赤塚の言う「劇場型犯罪」とは、舞台で演じられる芝居のように犯人が主役か演出家となり、一般大衆を観客に見立てて行われる公開型犯罪行為のことである。『読売新聞』はさっそくこの赤塚のコメントを拾って「劇場型犯罪」という言葉を使い始め、やがてそれが他メディアにも広まっていった。

警察の度重なる失態

「かい人21面相」はその後、標的を他の食品メーカーへも広げる。6月には丸大食品を脅迫、9月には森永製菓にも脅迫状が届いた。そしてその翌月、冒頭に書いた「どくいり」菓子のばらまき事件が起きたのだ。こんどは森永の菓子が店頭から一斉に姿を消した。

相次いで送られてくる脅迫状、子どもの声で録音された脅迫テープ。警察とマスコミがそれらに振り回される中、いつしか季節は秋になっていた。間もなく一年でもっともお菓子が売れるクリスマスが近い。

経営危機に陥った森永製菓は窮余の策として自社のお菓子を詰め合わせた1袋1000円のパックを社員自ら駅や街頭で手売りし始めた。

駅でそれを見かけたぼくは応援の気持ちで1000円パックを2袋購入し、その日の仕事の打ち合わせに持っていった。その場でパックを広げると全員が「ああ、ニュースでやってたやつね」という感じで興味を示し、ひとしきり話題にはなったものの、そのお菓子に手を付ける人はひとりもいなかった。

この一連の事件では、警察が犯人の後ろ髪をつかむまさに寸前まで迫ったことが何度かあった。

丸大食品への脅迫では、6月28日に犯人が現金を持って乗れと指示した国鉄京都線の車内で、張り込み中の刑事が不審なキツネ目の男を目撃した。

さらにこのキツネ目の男は11月14日のハウス食品への脅迫の際にも現場に姿を見せた。現場の刑事は捜査本部に男への職務質問を願い出たが、犯人グループの一斉検挙を目論む本部からは許可が出ず、キツネ目の男はまたしても姿を消してしまった。

この日の捜査では警察内部の連携ミスがもうひとつ重なる。犯人が現金受け渡し場所として指定したすぐ近くで滋賀県警のパトカーが不審車両を発見、職務質問しようとしたところ車は猛ダッシュで逃走した。この日、犯人と取り引きがあることは所轄の警察署には共有されていなかったため、パトカーは逃走車をそのまま見失ってしまう。その後見つかった車は盗難車であり、車内には警察無線を傍受できる受信機などが残されていた。車は明らかに犯人グループのものだったのだ。

この大失態に世間から厳しい批判が寄せられた。警察からの要請で報道協定を敷き、報道を控えていたマスコミも警察に猛抗議した。

正義のヒーローあらわる

世間が騒然とする中、ある著名人も名乗りを挙げた。正義のヒーロー『月光仮面』の生みの親である作家の川内康範だ。川内は『週刊読売』誌上で犯人グループに、自腹で1億2000万円を提供するから犯行をやめてほしいと提案した。すると後日、何と犯行グループから『週刊読売』に返事が届いた。

「川内はん　え
わしらも　月光仮面　見たで
おもしろかった」

しかし手紙の中で犯行グループは、「わしら　こじきや　ない」と書き、川内の申し出をきっぱりと断った。

こうして1年以上にわたって日本中を震撼させた事件にいきなり終止符が打たれたのは85年8月12日のことだった。その日、犯人グループからマスコミ各社へこんな手紙が届いたのだ。

「くいもんの　会社　いびるの　もおやめや」

じつはこの5日前の8月7日、滋賀県警の本部長が辞任直後に本部公舎で焼身自殺をしていた。あの日、犯人の車を取り逃してしまったことに責任を感じての自殺だったと見られている。

この手紙の中で犯人は、犯行の終結は本部長への香典代わりだとうそぶいていた。そしてその言葉通り犯人グループの行動はぷっつりと途絶えたのだ。

後日、様々な〝専門家〟が様々な観点から事件を推理した。中でも有力な証拠とされた「脅迫テープ」。そこに録音されていた声が若い女性や子どもの声だったことから、犯人は身内の女性や子どもに協力させていると見る者が多くいた。この事件を下敷きとした塩田武士の小説で、2020年に小栗旬の主演で映画化もされた『罪の声』の中にも犯行グループが近親者の声を録音する様子が描かれている。

だけどミステリクラブOBのぼくから言わせると、この声は犯人の身内などではなかったと断言したい。80年代当時は現代とは違って見知らぬ大人が通りすがりの子どもに声をかけても誰も不審に思うことなんてなかったからだ。たとえば犯人が公園などで見知らぬ子どもに声をかけて「おっちゃん、目ぇ悪いさかい、これ読んでもらえんか」などと適当なことを言えば、子どもの声で録音なんて簡単にできてしまうのだ。子どもがそんな些細なことを覚えているはずもなく、家に帰って話題にすることもないだろう。

その後、最初の江崎グリコ社長誘拐事件から16年が過ぎた2000年2月12日、グリコ・森永事件はすべての事件の完全時効が成立したのである。

1984年
「マイコン」と呼ばれていた時代、ぼくもパソコンを買ってみた

●NEC「PC8001」初代（79年9月発売）。定価16万8000円。それまで組み立てキットマイコンが中心だった時代に終止符を打ち、マイコン実用化の時代を切り開いた。

●NEC「PC8801」初代（81年12月発売）。PC8001シリーズの上位互換機。ビジネス用途向け機能を強化した結果、ゲームも快適に。シリーズが進むとホビーマシンの標準機となった。

●富士通「FM-NEW7」チラシ。タモリは“NEW”が付く前の旧「FM-7」のころから富士通のテレビCMに出演。ホビーユースを意識したキャッチコピーは「タモリの興奮パソコン」！

●ぼくのパソコンデビュー機「FM-NEW7」。写真に写っているデモプログラムテープのほかに分厚いマニュアルが5～6冊付いていたが、素人にはどれもチンプンカンプンだった。

●ゲームユーザーを世界的に誕生させた名機「AppleⅡ」（77年6月発売）。「Ⅱ」をカギカッコを背中合わせにして「Apple][」と書くのがマニアックでかっこいいとされた。

●今をときめく堀井雄二が制作した『ポートピア連続殺人事件』（83年、エニックス）。プレイヤーが刑事となり神戸で起きた殺人事件を解決するアドベンチャーゲーム。

写真提供　NECパーソナルコンピュータ、FozzTexx

●すがやみつるのマイコン入門マンガ『こんにちはマイコン』(82年、小学館刊)。実機を持っていない読者も楽しめるよう、付録として実物大のキーボードポスターが付いていた。

●『こんにちはマイコン』第2巻(83年)はプログラミング入門編。当時のマイコンはまだソフトが充実していなかったので、使いこなすにはプログラミング知識が必須だった。

●84年に出版された堀井雄二の『いきなりパソコンがわかる本』。ドラクエでブレイクする前の堀井氏が書いたパソコンの入門書でありエッセイ本でもあるというユニークな1冊。

●現在はヤマダデンキのストアブランドとなっているツクモ(九十九電機)も80年代にはマイコン用ゲームを出していた。これはぼくがFM-NEW7と一緒に買った『タンクゲーム』。

●“堀井さん”の作った3作目のゲーム『軽井沢誘拐案内』(85年)。記録メディアはこのころからカセットテープよりも、写真の5インチフロッピーディスクが主流になっていく。

1980年代のパソコン黎明《れいめい》期、当時は「パソコン」という呼び名はあまり普及しておらず、マイクロコンピュータを略して「マイコン」と呼ぶのが一般的だった。

そんな84年ごろのこと、一部のSFマニアや新しもの好きの間で〝マイコンゲーム〟なるものが流行しているという噂《うわさ》が耳に入ってきた。

彼らがハマっているのはアップル社が77年に発売したマイコン「AppleⅡ」と、それで遊べる『ウィザードリィ』や『ウルティマ』などのゲームソフトだという。

「AppleⅡ」は当時の本体価格が31万円。それにモニターやディスクドライブを揃えると総額は50万円以上にもなる。20代で社会人になりたてのぼくらが簡単に買える金額ではない。

ところがこのころ秋葉原の電気街では台湾製や香港製のAppleⅡ互換機、すなわちAppleⅡのソフトが動く格安の互換マシンが、純正品の半額以下で大量に販売されていたのだ。

ぼくの仲間でそれをいち早く買ったのが、当時、雑誌『ＯＵＴ』でライターをしていたワセダミステリクラブ同期の宮岡寛だった。そこでぼくは宮岡に頼み込み、秋葉原のマイコンショップを案内してもらうことにした。

数日後、宮岡に連れられて秋葉原へ行って驚いた。数年前までアマチュア無線機やトラック野郎御用達《ごようたし》の違法無線機を売っていた店が、軒並みマイコン専門店に鞍替《くらが》えしていたのだ。しかもどの店も若者でごった返していた。

「こんな世界があったのか！」

カルチャーショックを受けたぼくはすぐに自分もマイコンを買うことを決めた。ただし宮岡の後追いでAppleⅡ互換機を買うのはしゃくなのでいろいろ調べた結果、日本製マイコンでゲームをするなら富士通の「ＦＭ-７」、もしくはその後継機の「ＦＭ-ＮＥＷ７」がいいらしいことが分かった。

ＦＭ-ＮＥＷ7は84年5月に発売されたばかりの新製品で本体定価９万８０００円。この他に4万円程度のモニターと2万円程度のデータレコーダー（カセットテープに保存されたプログラムを読み書きする装置）が必要だけど、モニターは高くて買えないので、代わりにマイコンをテレビにつなげてテレビをモニター代わりにするＲＦコンバーターという装置を購入した。しめて13万円ほど。AppleⅡ互換機とほぼ同等の価格である。

未来を予感させたゲームの面白さ

後日、宮岡にＦＭ-ＮＥＷ7を買ったことを報告（自慢）すると、彼はぼくにＦＭ-７専用のゲームソフトをくれた。

ウインドウズパソコンとＭａｃは今でも本体の仕様が異なっているが、当時のマイコンは同じ日本メーカーのマイコンでもメーカーごとに仕様が異なっていて、ソフトも各メーカーのマイコン専用に作られており、互換性はまったくなかったのだ。

「『ＯＵＴ』の仕事仲間の〝堀井さん〟という人が作ったゲームなんだ」

そう言って彼がくれたのは『ポートピア連続殺人事件』というゲームだった。聞けば宮岡がAppleⅡを買ったのも、その〝堀井さん〟の影響だったらしい。

帰宅して宮岡からもらったゲームをプレイしてみると、これがめちゃくちゃ面白い。登場人物が個性的で巧みに張られた伏線も見事。まるで良質なミステリ小説か映画を見ているような充実した感覚が味わえた。

「これはやがてマイコンゲームの時代がきっと来る」

〝堀井さん〟のゲームはぼくにそんな未来を予感させてくれた。そしてその予感は予想以上に早く現実となる。

80年代の初め、日本国内のマイコン市場でシェアを握っていたのはＮＥＣと富士通の2社だけだったが、ぼくがＦＭ-ＮＥＷ7を買った84年には、すでにさまざまなメーカーの個性的マシンがひしめく群雄割拠の時代がもうすでに始まっていたのである。

美少女ゲームのシナリオ

そしてさっそくぼくにもマイコンゲームの仕事が舞い込んできた。ある編集プロダクションの社長がぼくに「美少女ゲームのシナリオを書いてほしい」というのだ。

当時、パソコンゲーム市場では美少女ゲームが売り場を占拠していた。美少女ゲームといっても他愛ないもので、簡単なゲームやパズルなどをクリアすると、美少女のHなイラストが表示されるというものがほとんどだった。

「よし、ぼくが美少女ゲーム界に一石を投じてやろう」

さっそく張り切っていくつかのプロットを提出したところ、その中の『ミミちゃんのスター誕生』という企画が採用されることになった。内容はプレイヤーが芸能プロの社長になり、新人アイドルを育成するというもの。ライバルや悪徳芸能プロの妨害をはねのけて練習を重ねる中で、〝運〟というアイテムを獲得するとボーナスステージに突入し、オーディションで高得点を狙えるようになる。今なら誰でも考えつきそうな設定だけど、当時の美少女ゲームとしてはかなり凝った『ポートピア連続殺人事件』ばりのストーリーを考えたつもりだった。

ぼくはせっせとシナリオを書いては編プロに届けた。ところがプログラマーの作業が一向に進まない。プログラマーといっても編プロの社長が借りた飯田橋の安アパートの一室に大学生のような髪の毛がボサボサの若者がふたりいるだけ。いつ行ってもそのふたりが机に向かい、黙々とマイコンのキーを叩いている。

その後、半年たってもほとんど進展がなく、すっかり熱の冷めたぼくは途中でフェードアウトしてしまった。

さて、それから2年ほどたった86年ごろ、ぼくはパソコン（このころはもうこの呼び方が一般的になっていた）雑誌『POPCOM』でゲームレビュー記事を書いていた。

そこで編集者から次回のレビュー用に渡された数本のゲームのうちの1本のパッケージに手が止まった。タイトルは『ナナちゃんのスター誕生』。どこかで聞いたことがあるタイトルだと思い帰宅してプレイしてみると、果たしてぼくの企画した『ミミちゃんのスター誕生』そのものだった。

もちろんクレジットにぼくの名前はなく、ぼくに仕事を依頼した編プロの社名も入っていない。あの企画がどこへどう流れてこのゲームになったのかは不明だが、結果的に自分が企画したゲームをこうして第三者の立場でレビューすることになったのだ。

もちろん記事では「アイデアとシナリオが素晴らしい」とベタ褒《ぼ》めしておいたことは言うまでもない。

1985年

魔界都市・東京。荒俣宏の『帝都物語』がベストセラーに

●『帝都物語』全10巻(85〜87年)。第2巻までは雑誌『小説王』に連載された作品をまとめたもの。同誌休刊のため第3巻以降は書き下ろしとなった。カバーイラストは丸尾末広。

●各巻の巻頭にも丸尾の口絵イラストが付いた。これは『帝都物語』第1巻の口絵イラスト。物語は明治40年、日露戦争に勝利して戦勝記念に沸く帝都・東京から始まった……。

●荒俣宏の処女小説『帝都物語』第1話が掲載された、雑誌『月刊小説王』83年9月創刊号。『帝都物語』の扉ページには「神霊小説」という肩書が付けられていた。

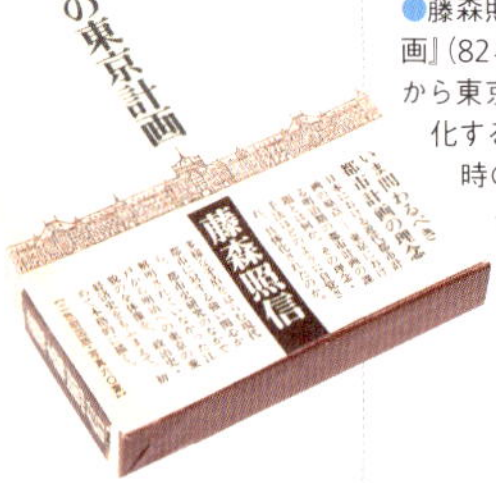

●藤森照信著『明治の東京計画』(82年、岩波書店刊)。江戸から東京へ、帝都を近代都市化するために構想された当時の計画を、実現しなかった幻の計画も含め詳細に調査した本。

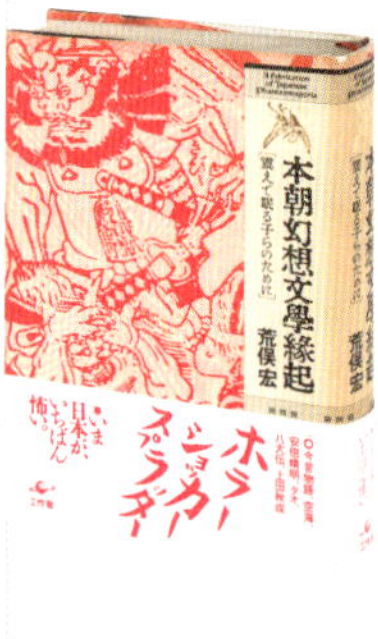

●日本の神話や説話に描かれたオカルト文学のルーツを読み解いた荒俣の労作。『帝都物語』へと続く発想の原点がここにある。荒俣本人が推薦する『帝都物語』の副読本だ。

●映画『帝都物語』パンフレットより。こうしたスティル写真からも、巨大なオープンセットや特撮、小道具などにふんだんに予算が注ぎ込まれていた様子がうかがえる。

●映画『帝都物語』チラシ。デフォルメされた加藤保憲のビジュアルが恐ろしい。しかし実際に映画本編でも彼はこれくらいの存在感で迫ってくるので誇大過ぎる表現とは言えない。

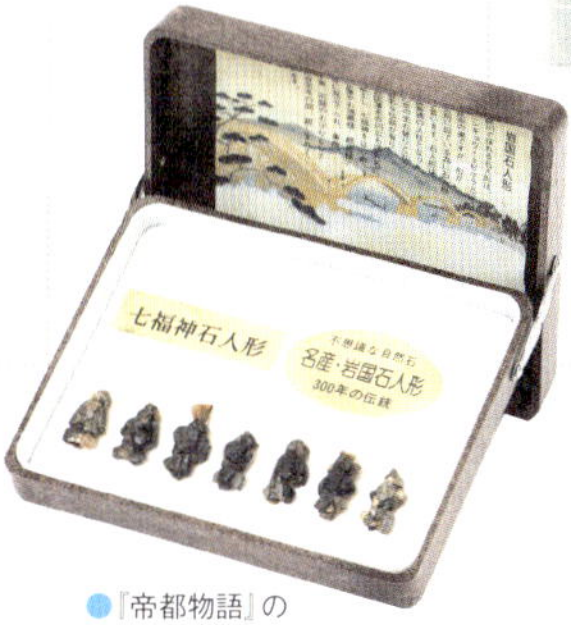

●『帝都物語』の中で超能力を持つ少女・辰宮雪子がその能力のよりどころとした石人形。これは昆虫が小石を集めて作った"巣"で、現在も山口県岩国市の土産品となっている。

●89年公開の続編映画『帝都大戦』パンフレット。監督は前作でプロデューサーを務めた一瀬隆重。原作のストーリーを離れ、昭和20年、戦時中の日本を舞台とした活劇映画となった。

●風水占いに使用される「羅盤」。年代不詳の香港土産だけど、なかなかていねいに作られている。直径75mm。もちろん映画ではもっと本格的なものが使われていた。

小説『帝都物語』は1983年に創刊された文庫サイズの雑誌『月刊小説王』で創刊号から連載が始まった。作者の荒俣宏《あらまたひろし》は博物学研究家としては知られた存在だったが、小説はこれが処女作だった。物語はこう始まる――。

明治40年春、実業家・渋沢栄一男爵を中心に、ある極秘計画が進行していた。それは帝都東京を災害に強く霊的にも強固な神霊都市に作り変えようという帝都改造計画だった。

大蔵省の官吏・辰宮洋一郎は、旧友の東京帝国大学理学士・鳴滝に対してこの計画をこう説明する。

「いま進行している東京市改造計画はな、いよいよ仕上げの段階にはいっている。この新しい市《まち》に霊魂を封じ、すべての凶相を払って吉相を盛りたてる段階にはいっている。奇門遁甲《きもんとんこう》や占星による霊的な都市相を調査し改善する最後の事業が始まったってわけだ。この秘密事業は、渋沢翁を責任者として、大蔵省と内務省、それに軍部が共同して当たっている。世間には極秘でな」
（『帝都物語1 神霊篇』より）

ところが渋沢邸で開かれたその秘密会議にはこの計画を覆《くつがえ》そうと企むある男が入り込んでいた。帝国陸軍の軍人・加藤保憲だ。加藤は東京の都心に祀《まつ》られている平将門の怨霊を目覚めさせ、その霊力によって東京を壊滅させようと企んでいたのだ。

寺田寅彦や幸田露伴なども登場

物語はこうして史実と伝説、伝承、風聞をごちゃ混ぜにミックスしながら近代都市として生まれ変わろうとしていた明治末期の東京の〝魔界都市〟というもうひとつの貌《かお》を浮かび上がらせる。これが小説デビュー作とは思えない巧みな筆致と物語の構成力にぼくは驚いた。

物語の中にひんぱんに登場する「風《ふう》水《すい》」や「奇門遁甲」などの東洋占術は、70年代末の怪奇・オカルトブームのころにも話題になったことはあったけど、この小説の中では、それらを魔物と戦う強力な武器として使っているのが新しかった。

風水と奇門遁甲とは何か。荒俣は作中でこう解説する。

「奇門遁甲とは、天文道による星の変化を読み方位の吉凶を考えに加えて、身体や軍や館、あるいは国家そのものを守り、吉を取り凶を避ける手段となる」

「東洋の兵法家はつねに大地の相と占いによって戦を開始する。土地と山、川と海、森と林の形状を読むこと――これが風水であり、軍事化すれば奇門遁甲となる」（前出『帝都物語1』より）

こうして虚実がないまぜとなったまま、物語の中の時代は大正、そして昭和へと流れていく。そこへ渋沢栄一を始め、寺田寅彦、幸田露伴、カール・ハウスホーファーなど歴史上の実在人物が次々と関わってくることで、さっきも書いたようにどこまでが真実でどこからが創作なのかがまるで分からなくなってくる。

『帝都物語』における〝魔都・東京〟は、知の巨人＝荒俣宏のこうした強引な力技によって構築されたのである。

『帝都物語』のもうひとつの読みどころは、これを読むと東京の街歩きが楽しくなることだ。

小説を読んだ後に東京の大手町界隈や皇居周辺、浅草の地下鉄通路などを歩くと、見慣れていたはずの風景が現実とはまるで違う異世界のように見えてくる。

都心のオフィス街・大手町にある平将門の首を祀ったとされる「将門塚《しょうもんづか》」、別名「平将門の首塚」は、移転しようとすると災いが起きるとして昔から知られてはいたが、この小説によってさらに注目されるようになった。実際、高層ビルを押しのけるようにして鎮座する首塚を見ると、単なる迷信とは思えない異様な存在感がある。もしもここに加藤保憲のような特異な能力を持った怪人が現れ、特別な呪文を唱えたら……将門の怨霊が蘇《よみがえ》ることもあるかもしれない。そんな気持ちにさえなってくる。

はまり役だった嶋田久作の加藤保憲

一遍の小説によって何気ない日常の風景のもうひとつの貌《かお》が見えてくる。そんな『帝都物語』の面白さは138ページで紹介した「超芸術トマソン」にも通じるものがある。

それもそのはずで、実は荒俣は路上観察学会のメンバーにも名を連ねており、建築史家の藤森照信とは以前から深い親交があったという。

『帝都物語』のあとがきで荒俣は参考図書として藤森の著書『明治の東京計画』を挙げ、さらに自伝『妖怪少年の日々』の中にも「『帝都物語』は藤森さんとの出会いから現実のものになった」と書いている。

その後、『帝都物語』は88年に制作費10億円の超大作として映画化された。監督は実相寺昭雄。東京・昭島市の昭和の森に昭和2年の銀座の街並みをオープンセットで建設。当時の最新技術だったビデオ合成を駆使した特撮映像にもかなり力を入れた作品だった。

またこの映画の最大の功績といえば、何といっても物語の主役である魔人・加藤保憲役に無名の舞台俳優だった嶋田久作を起用したことだろう。

身長180センチの長身でその長身をさらに強調する面長の威圧的な風貌。小説では加藤の風貌や体格についての描写はほとんどなく、いまひとつ漠然としていた加藤のイメージが、嶋田久作により初めて我々の目の前に具体的な姿となって現れたのである。

また、出番は少なかったもののこの映画に登場したロボット「学天則《がくてんそく》」も大きな見どころのひとつだった。学天則とは昭和3年に生物学者の西村真琴博士が作った東洋初のロボットである。映画ではこの西村真琴役を真琴の実子で俳優の西村晃《こう》が演じた。この配役は荒俣宏のたってのリクエストによるものだったという。

この映画の撮影後、荒俣は映画に使った学天則と二宮金次郎像をもらい受けたいと美術監督の木村威夫《たけお》に申し出たという。しかし木村から「ああしたセット類は素材が保存用でないからすぐにボロボロになる。おやめなさい」と言われて泣く泣くあきらめたのだと自伝の中で書いている。だが自伝の文章はそこでは終わらず、話は映画のセットや小道具の保存の話へと広がっていく。「映画に使われたセットや小道具を文化財として後世に残すべきだ」という夢を数ページにわたって延々と熱く語っているのだ。

『帝都物語』という作品や、この作品をめぐる荒俣の言動を見ていると、博覧強記の巨人・荒俣宏のゴールは決して小説や映画ではなかったことがよく分かる。そう、彼はきっと世界そのものを虚も実もないまぜにして〝すべて記録〟したかったに違いない——ぼくにはそう思えてならないのだった。

1985年

主役はフツーの女子高生。『おニャン子クラブ』の誕生だ！

●おニャン子クラブ初EP『セーラー服を脱がさないで』（85年7月）。新曲発表の場となった東京・池袋のサンシャイン60噴水広場には予想を超えて4000人が集まり、急遽中止に。

●おニャン子EP各種。右上の『おっとCHIKAN!』は朝の満員電車で近寄ってくる痴漢を「いじめちゃおう！」という歌詞。冤罪を匂わせる文言もあって、今なら大炎上必至だ。

●85年刊のおニャン子ファンブック。会員番号22番白石麻子までのおニャン子が出演。巻頭グラビアでは水着姿やパジャマ姿のオフショット（風）写真をたっぷり掲載。

●87年刊行のファンブック。メンバー増でページ数も『ぜ〜んぶおニャン子』より50ページ以上増の204ページ。カラーも増えてズッシリ重たく、人気上昇ぶりがうかがえる。

●こちらも『おニャン子白書』より。素人っぽさを売りにしていた初期から、ソロでレコードデビューするおニャン子も続々と誕生。本格アイドルへの道を突き進んでいった。

●会員番号29番、渡辺美奈代のソロEP2種（共に86年）。左の1st.EP『瞳に約束』は彼女のコンサート＆握手会の応募券付きでオリコン1位に！ ん？ この商法は……。

●立見里歌、樹原亜紀、名越美香に白石麻子が加わって結成された色物ユニット「ニャンギラス」のEP2種。白石は「自分は色物じゃない」と言って大泣きしたとかしないとか。

●会員番号25番、吉沢秋絵のソロEP2種。吉沢は『タニャン』番組内の『スケバン刑事』オーディションに応募して合格しメンバー入り。歌、ドラマ、映画と幅広く活躍する。

テレビの深夜枠で『オールナイトフジ』を手掛けたプロデューサーたちが次の開拓地として狙ったのは平日夕方の時間帯だった。

1985年4月1日月曜日午後5時、こんどは素人女子高生を主役にした生放送番組『夕やけニャンニャン』の放送が始まったのだ。放送時間は月曜から金曜までの午後5時から6時まで。ターゲットはズバリ学校から帰宅した男子中高生である。司会は『オールナイトフジ』に続いて片岡鶴太郎が務め、アシスタントに松本小雪。とんねるずも初回からレギュラー出演していた。

出演する女子高生たちは、『オールナイトフジ』の女子大生たちを「オールナイターズ」と呼んだ前例に倣《なら》って「おニャン子クラブ」と呼ばれた。

番組開始当初は『オールナイトフジ』の深夜のノリをそっくりそのまま平日午後に持ってきたような感じで、素人の女子高生がゲームをしてキャッキャとはしゃぐ姿を愛でたり、鶴太郎のエロトークに顔を赤らめたりオロオロと戸惑ったりする姿を楽しむ内容だった。

　ところが番組開始早々、この〝ピュアな女子高生〟という幻想を打ち砕く事件が起こる。放送開始から2週間後、喫茶店で喫煙する6人のおニャン子クラブメンバーが『週刊文春』にスクープされたのだ。その結果6人中5人が番組を降板することになった。

　番組はそのまま続いたものの、ぼくは「終わったな」と思った。ウブな素人女子高生という幻想を失った番組は恐らくジリ貧になるだろう、と。

清純なイメージとのギャップ

　ところがこの番組のその後の開き直りがすごかった。清純に見える女子高生もじつはエッチなことを考えたり、背伸びをして大人っぽいことをしたり、悪ぶってみたりしたいんだ、ということをむしろアピールする方向へ大きく舵《かじ》を切ったのだ。

　この大転換を象徴する歌が秋元康作詞によるおニャン子クラブ最初の曲『セーラー服を脱がさないで』である。

「友達より早く
　エッチをしたいけど
　キスから先に進めない」
「デートに誘われて
　バージンじゃつまらない」

　これ以前のアイドルの歌にも性的な意味を匂わせる歌詞は多々あったけど、この歌はソレを匂わせるどころかド直球にさらけ出し、〝素人の女子高生〟が〝集団〟で〝あっけらかん〟と歌ってしまう。むしろおニャン子クラブの快進撃はここから始まったのだった。

　初期のおニャン子メンバーで最初に人気を得たのは明朗キャラで後に作詞もこなした知性派の新田恵利（会員番号4）、陸上部出身のスポーツ少女ながらおっとりタイプで癒し系の国生さゆり（会員番号8）、大人びた風貌の福永恵規《さとみ》（会員番号11）、いつも自然体の高井麻巳子（会員番号16）など。

高井はその後、岩井由紀子（会員番号19）と共にうしろゆびさされ組というユニットを組み、テレビアニメ『ハイスクール！奇面組』の主題歌を歌ってこれまた大ヒットとなった。

わずか2年半で最終回に

　ところでこのころ、ぼくはとある仕事でひとりの女子高生と知り合いになった。その子を紹介してくれたのは、当時池袋駅近くの古いマンションに住んでいたS田T明さんという職業不詳の人物である。S田さんはどういうツテがあるのかは謎だが若い素人の女性に広いコネクションを持っており、仕事で素人モデルを探しているときにS田さんに相談すると条件に合う女の子をたちどころに紹介してくれるのだ。

　当時ぼくは『夕刊フジ』で女子大生インタビューという小さな囲み記事を連載しており、S田さんにスポーツをしている女子大生を紹介してほしいと依頼した。そして取材当日、待ち合わせ場所へやってきたのが短大1年でテニス部に所属するKちゃんだった。

ところがインタビュー中にKちゃんがいきなり「じつは私、高校生なんです」と言い出した。聞けばさすがのS田さんも急な依頼に対応しきれなくてKちゃんに「女子大生という設定で行ってきて」と言い含めていたのだった。

記事の方はそのまま女子大生というテイでKちゃんのことを書き、ぼくはその後もKちゃんに連絡を取って、何度かお茶をしたり映画に誘ったりした。Kちゃんはおっとりした女の子で話しているだけで心が癒やされた。

それから1年ほどが経ちKちゃんとも疎遠になったころ、不意に彼女の姿がテレビに映し出された。高校を卒業して本物の女子大生になったKちゃんがオールナイターズに加入し、『オールナイトフジ』に出演していたのだ。

しかもその数か月後、さらに驚くニュースが舞い込んだ。Kちゃんはオールナイターズとして活動する一方で新宿歌舞伎町裏のファッションヘルスで風俗嬢をしていたのだ。そしてこのニュースが報じられた翌週、Kちゃんは『オールナイトフジ』からひっそりと姿を消した。

Kちゃんの実家は東京でも社会的地位の高い人たちが多く暮らす町にあり父さんも一流企業の重役だと聞いていた。その彼女がなぜ風俗に走ったのか。その後、彼女について続報を聞くことは一切なかった。いずれにしてもぼくにとっては〝おニャン子クラブ喫煙事件〟を超える大事件ではあったのです。

87年8月31日、女子大生ブームに続く女子高生ブームを起こした『夕やけニャンニャン』は放送開始からわずか2年半で最終回を迎えた。

最終回は番組を卒業するおニャン子たちの卒業式という形で進行した。番組の最後、おニャン子クラブ卒業生の国生さゆりが、後輩とファンに向けてこんな言葉を贈った。

「テレビを見ているみなさんも、明日、夕ニャンの時間に8チャンネルをひねってみたら違う番組が始まってて、あぁ夕ニャンが終わったんだなって初めて実感すると思うし、みんなも一日一日が過ぎれば、ああおニャン子はもう終わったんだなっていうのをだんだんだんだん日が経つにつれて実感すると思います。

でも、おニャン子クラブは終わっても、みんなの中の友情の輪っていうのはずっと続くものだから、今までと同じようにいろいろなことを相談して、そして一緒に笑って遊べる友だちでいてください」

この最終回の時点でも『夕やけニャンニャン』の人気が落ちたわけでは決してなかったので番組の終了はかなり唐突に感じた。だけど無名の女子高生たちがアイドルへと成長していく姿を追ったノンフィクションとしては、彼女たちの高校生活と同じ3年以内に終了する必要があったのかもしれない。

1985年

テレホンカードが広まり、コレクションの対象に

街角の公衆電話機が、黄色や水色の硬貨専用電話機からテレホンカード対応の若草色の電話機へ、急速に入れ替わり始めたのは、1983年の夏ごろからだった。

日本電信電話公社（電電公社）から日本初のプリペイドカードである「テレホンカード」が発売されたのは、そのおよそ半年前の82年12月23日。同時にカード対応の公衆電話機が銀座や新宿など都内70か所と羽田・成田の各空港に設置され、稼働を開始した。しかしこの時点でその便利さを認識していた人はほとんどおらず、普及の出足は鈍かった。

そんな中、ぼくの周りでいち早くテレカを買ったのは当時勤めていた出版社の同僚の女性編集者だった。

「実家のお母さんに電話するのに便利だからサ。家からだとついつい長電話しちゃうじゃない」

新しもの好きのぼくとしては彼女に先を越されたのが悔しくてその日のうちに電話局で同じものを買い求めた。

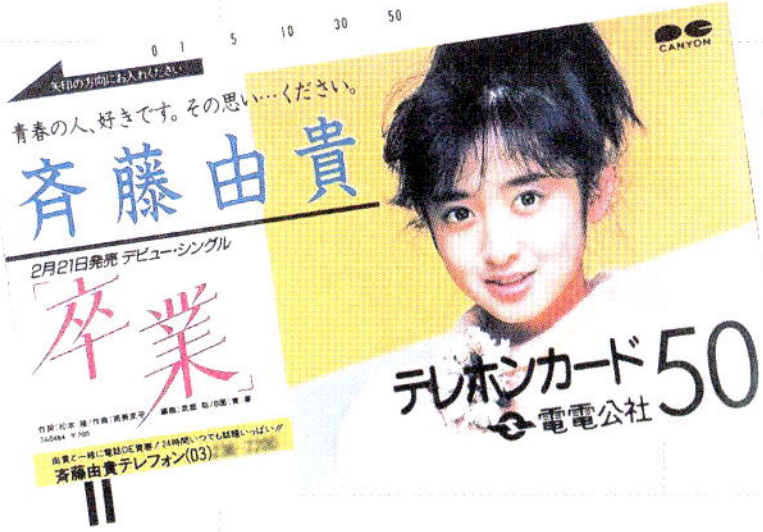

●テレカブームの先駆けとなった斉藤由貴の「卒業」プロモーションテレカ。当初10万円ほどと言われたその価格はブームの盛り上がりとともにどんどんと上昇していった。

●ぼくのテレカコレクション。仕事をしてたから『サンデー』関連が多め。アイドルでは南野陽子、斉藤由貴、後藤久美子、原田知世、高岡早紀など。とんねるずのテレカも懐かしい。

すると対応電話機の数はいまだ少ないものの、その便利さに驚いた。

当時は出先から仕事の電話をかけようと思ったら公衆電話に頼るしかなかったため、ぼくはいつも大量の10円玉を持ち歩いていた。100円玉を使える電話機もあったがお釣りが出ないので、100円を投入した直後に通話を終えると残額は丸々電電公社の儲けになってしまう。当時の技術でもお釣りの出る電話機くらい簡単に作れそうなもんだけど、万事において「嫌なら使うな」という勢いだった当時の電電公社がそんな気の利いたことをするはずもなく、お釣りの出る公衆電話機はついに登場することはなかったのだ。

そこに登場したのがテレカである。まあ考えてみればこれも電電公社にとっては取りっぱぐれのない完全前金システムであり、ぼくらはまたしても彼らの手の上でコロコロと転がされているだけだったのではあるが。

それはともかくテレカが普及するとこんどは別の問題も起こるようになった。公衆電話で長電話をする人が急増し始めたのだ。平日夕方の駅前の公衆電話機にはいつも長い列ができていたが、あまりにも列が進まないのでボックスの中を覗き見てみると、若い女性が体をクネクネとよじらせながら会話中である。相手はカレシだろうか。そこで通話中の電話機を見てみると、カードの残り度数表示は「80」！　ぼくはガックリと肩を落とし、別の電話機の列に並び直すのだった。

斉藤由貴のテレカがプレミアに

テレカがコレクション対象として注目されたのは、電電公社が民営化されNTTになった85年ごろからだ。最初に話題となったのは、電電公社時代最後の85年2月に発行された斉藤由貴の「卒業」のプロモーションテレカである。非売品のこのテレカに最高で30万円というプレミア価格がついたことがメディアで報じられると、一般人もテレカの価値に注目するようになった。

ちなみにテレカには大きく分けて3種類ある。ひとつ目がNTTが発行する既成の図柄の、いわば官製テレカ。2種類目が「フリーデザインカード」といって企業などがNTTに発注して製作するオリジナルデザインのテレカ。そして3種類目が白無地のカードで、これを印刷業者に持ち込んで自由な図柄を印刷してもらう「ホワイト加刷カード」である。

この3種類の中でも特に高いプレミアが付いたのが「フリーデザインカード」だった。人気アニメやアイドルの図柄でかつ非売品のフリーカードには数万円から数十万円の値が付いた。

フリーの方がホワイト加刷より価値が高いのは、最小ロット数が600枚以上と大量発注が必要なことと、フリーにはNTTが発行するため固有のコード番号が振られていたからだ。一方のホワイト加刷だと町の印刷屋さんに持ち込めば50枚や100枚という小ロットから作ることができるので、この敷居の高さの違いがそのまま価値の違いとなっていたわけだ。

フリーデザインカードとホワイト加刷はカード裏面を見ればすぐ分かる。フリーの場合「フリー」という文字に続いて固有のコード番号が記載されているのに対し、ホワイト加刷はどれも「110-011」または「110-016」となっている。

登場したテレカ鑑定家

ところでこうしたテレカの価値は誰が決めていたのか。そのひとりが当時テレカ鑑定家としてにわかに表舞台に登場した松田英孝氏だ。

松田氏はもともと切手の収集家でいち早くテレカコレクションにも乗り出した。そしてブームが来たときには日本有数のテレカ専門家となっていたのだ。その松田氏がテレビや雑誌に出ては、さまざまなカードに「2万円」「5万円」と高値をつけていったのだ。

そんなブームの中、『週刊少年サンデー』でもテレカ紹介ページを作ろうということになり、その仕事の依頼がぼくに来た。そして作ったのが『テレカ1本勝負』という毎週1ページのコーナーで、毎回テレカを10枚ほど紹介して目玉テレカを読者にプレゼントする。特に珍しいテレカを紹介したときにはハガキが詰まった段ボール箱が編集部に2～3箱も届いたことがあった。

またこうしたテレカ人気にあおられて巷《ちまた》には様々なプリペイドカードが続々と誕生した。国鉄のオレンジカード(85年)、高速道路公団のハイウェイカード(87年)など。

ところが90年代半ばにある事件が頻発した結果、プリペイドカードのブームは一気に終焉《しゅうえん》を迎えることになる。それは、バブルの崩壊によって仕事を失った一部の不良外国人たちが、使用済みテレカの磁気データを書き換えて再び使えるようにした「変造テレカ」を街角で大量に売り始めたことだった。

当時、上野公園の西郷さんの裏手が売人たちの有名な売り場になっていて、公園内を歩くと東南アジア系の外国人がテレカの束をトランプのようにシャッフルしながらすり寄ってきて、カタコトの日本語でこう話しかけてくる。

「ナニホシイノ？　テレホンカード？　ジュウマイセンエン」

彼らの売っているカードの中には、電話機に差し込むとデジタル表示の残度数が999とか000と表示され、ほとんど無限に使用できる「無限テレカ」なんてものもあった。

そんなこんなでテレカを含むプリペイドカードは一気に普及して一気に廃《すた》れていった。ところが今回調べてみたところ、何と熱心なテレカコレクターは現在もいてレアなカードは今も高値で取引されていることが分かった。あなたの家の引き出しに、あのころの貴重なテレカ、眠っていませんか？

無用の長物にこそ価値あり。〃超芸術トマソン〃が大流行！

1985年

●トマソンブーム開幕を告げる記念碑的名著（85年）。表紙の写真は、再開発の進む東京港区の谷町で、カメラマンの飯村昭彦が取り壊し寸前の風呂屋の煙突に登って撮った写真。

●赤瀬川原平が後に「トマソン」という概念に至る最初のきっかけとなった物件、東京・四谷の旅館の外壁に設けられた「無用階段」（『超芸術トマソン』より）。

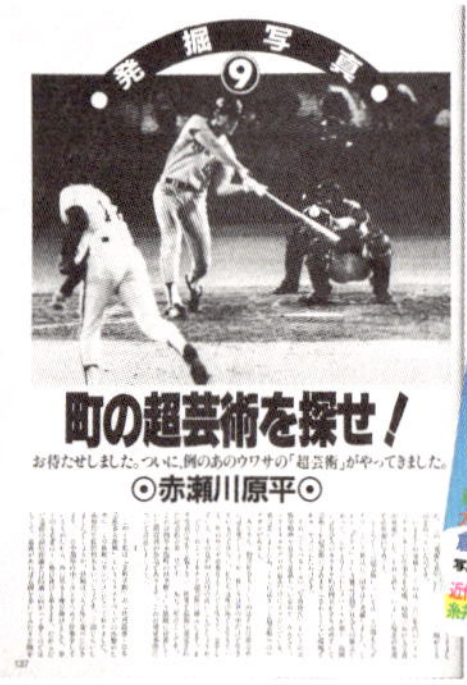

●『写真時代』83年1月号とそこに掲載された赤瀬川原平の連載記事。赤瀬川が「超芸術トマソン」の概念を初めて広く一般に紹介し、情報を募った。すべてはここから始まったのだ。

●極端な無用階段の例（ウィキペディアより）。07年の撮影のようだが撮影場所は不明。この階段がどこからどこへ続いていたのか、想像すら拒否するような見事なトマソン物件だ。

●作家の尾辻克彦がトマソンを巡りつつ東京の街を逍遥した散歩エッセイに赤瀬川原平（尾辻の別名）がイラストを添えた本（86年）。尾辻曰く「この本は東京の深宇宙探検記」。

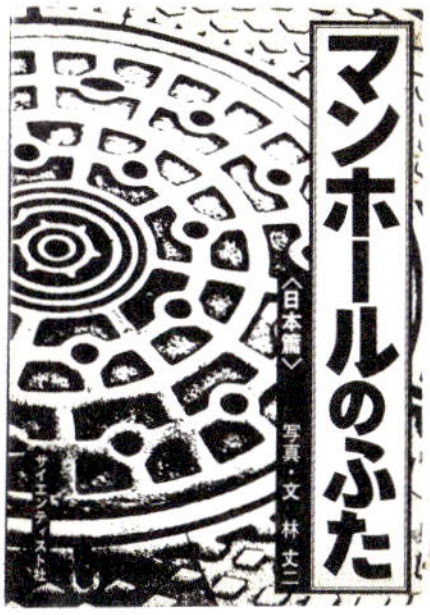

●林丈二の写真集『マンホールのふた 日本篇』（左・84年）と、同『ヨーロッパ篇』（86年）。購入当時のぼくの感想「ホントにマンホールのフタしか載っていないんだ……」。

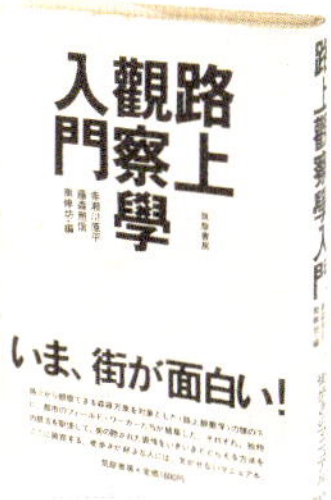

●86年、路上観察学会誕生の年に出版された路上観察の入門書。今和次郎の『考現学』に倣いつつも「路上観察」なる新語を提唱。その心は「通り過ぎる感覚」がニクイから、とのこと。

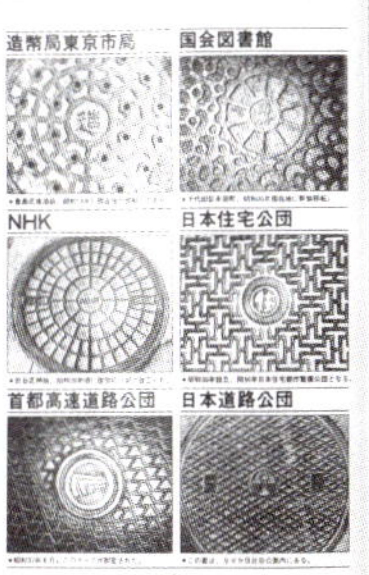

●『マンホールのふた 日本篇』より。今でこそアニメのキャラクターマンホールやご当地マンホールが人気だが、当時は林氏を紹介した記事でも完全に「奇特な人」扱いだった。

●87年出版。路上観察の対象を銅像、富士塚、動植物園などにまで広げ、街のあらゆる表象について考察する。戦前の奇書のようなコテコテの装丁は恐らく荒俣宏のこだわりだろう。

●とり・みき『愛のさかあがり［地の巻］』（88年）。元は『平凡パンチ』連載のエッセイマンガ。「オジギビト」を紹介したのが赤瀬川原平の目に留まり、路上観察学会に招かれた。

1982年末に刊行された雑誌『写真時代』（白夜書房）83年1月号に「町の超芸術を探せ！」という奇妙な見出しの記事が掲載された。書いたのは前衛芸術家の赤瀬川原平だ。そしてこれが80年代後半に巻き起こった〝超芸術トマソン〟ブームの始まりだった。

そもそも超芸術トマソンとは何か。赤瀬川によれば「街角に存在する、不動産に隣接した無用の長物」ということになる。

たとえば前述の『写真時代』83年1月号にはトマソン物件の例として東京・四谷の旅館の外壁に設けられたわずか7段の階段が紹介されている。階段というのは本来ならば上がった先に出入り口があるなど何らかの用途があって設置されるものだ。ところがその階段を上がった先には窓があるだけで入り口はない。せっかく上がっても何もできずに虚《むな》しくまた下りてくるしかないのだ。階段なのに階段としての用を成していないということで赤瀬川はこの物件をこう命名した。

「無用階段」

街角でこうした意味不明でシュールな物件を見つけ出し、それを考現学的に考察して楽しもうというのが赤瀬川の提唱する超芸術トマソンなのだった。

この記事の反響は大きかった。『写真時代』の読者や、当時赤瀬川が講師を務めていた「美学校」の生徒から同様の物件の報告が続々と寄せられた。

御茶ノ水のある病院の通用門がセメントで塞《ふさ》がれていた。恐らくその門はもう不要になったのだろう。だがその門の上に突き出た庇《ひさし》や門を囲う外壁は撤去されるどころか補修までされてなぜか昔のままの状態で保存されている。すでに必要のない門が門としての威厳を保ちつつ保護されている。赤瀬川はこれを「無用門」と命名した。

またあるビルの2階と3階の外壁にドアがあった。かつてはそこに外階段があったのかもしれないが、現在はそのドアにつながる階段はない。ドアを開けても数メートル下の地面が見えるだけなのだ。この物件は「高所ドア」と名付けられた。

これら〝超〟芸術の定義について赤瀬川はこう書いている。

「芸術とは芸術家が芸術だと思って作るものですが、この超芸術というものは、超芸術家が、超芸術だとも何とも知らずに無意識に作るものであります。だから超芸術にはアシスタントはいても作者はいない。ただそこに超芸術を発見するものだけがいるのです」（赤瀬川原平著『超芸術トマソン』85年、白夜書房刊より）

さらにこの超芸術を「トマソン」と呼んだのは元メジャーリーガーで81年から82年にかけて読売ジャイアンツに在籍したゲーリー・トマソン選手に由来する。当時4番打者だったトマソンは成績が振るわず三振を量産し続けていた。にもかかわらずジャイアンツはトマソンをずっと4番打者として起用し続けていたのだった。

「ちゃんとしたボディがありながら、世の中の役に立つ機能というものがない。それをジャイアンツではちゃんと金をかけてテイネイに保存している。素晴らしいことです。いや皮肉ではない。真面目な話、これはもう生きた超芸術というほかに解釈のしようがないではありませんか」（前出『超芸術トマソン』より）

「路上観察学会」の結成

こうして超芸術トマソンが認知されて世間に広まると、それにつれて街角や道端に点在する〝その他の変なもの〟にも注目が集まり出した。

たとえば建築史家の藤森照信は日本の近代建築を調査する過程で、昭和初期に都市部に数多く建てられた特殊な構造の店舗兼住宅を「看板建築」と名付けた。看板建築とは、建物自体はごく一般的な木造の日本家屋なのだが、道路に面した店舗側の外壁だけを看板のように洋風にしつらえたもののことだ。

小学館、集英社を始め出版社が多く集まる東京の千代田区神田神保町界隈にはこの看板建築が数多く残っていたため、看板建築ウオッチャーの間では定番の巡礼コースとなった。

また著述家でイラストレーターの林丈二は70年代からマンホールのフタに様々な意匠を凝らしたものが多くあることに興味を抱き、それらを丹念に撮影、84年と86年に写真集を出版した。

マンガ家のとり・みきは建築現場の外壁に掲げられた「ご迷惑をおかけします」などと書かれた看板の中でお辞儀をする人物イラストに着目、これを「オジギビト」と名付け、そのユニークさをマンガにして紹介した。

これらの人々に共通しているのは、いずれも街角を徘徊《はいかい》していて目に入る路上のユニークな物件に注目しているということだ。そこで86年、彼らがゆる～く集まって「路上観察学会」が結成された。『写真時代』には路上観察学会の活動が逐一掲載され、まるで彼らの会報のようになった。

トマソン物件に秘められていたドラマ

当時『写真時代』を愛読し、赤瀬川の記事を毎月楽しみにしていたぼくに、ある日、高校時代の友人Nが「俺の実家にもトマソンがある」と言い出した。

Nの実家は国鉄常磐線綾瀬駅から徒歩2分のところにある敷地面積250坪の豪邸だ。さっそく行ってみるとNはぼくを2階へ案内してくれた。幅の広いゆったりした階段を上ると、廊下の突き当りに1枚のドアがある。Nの家へは何度も遊びに来ているが、そのドアを気にしたことは一度もなかった。

そのドアを初めて開けてもらって驚いた。ドアの外には部屋も階段もなく、地面から数メートルの高さの外壁にそのドアだけがパカッと開いていたのだ。夜中に寝ぼけてここを開けようものなら裏庭へ真っ逆さまに転落してしまう。これはまさしく赤瀬川の定義した「高所ドア」物件である。

無粋《ぶすい》とは知りつつもこの高所ドアが出来た理由をNに聞いてみた。するとNはこう答えた。

母子家庭のNは姉とともに保険外交員の母親の細腕ひとつで育てられた。その母親が70年代半ばに家を新築した際、万が一経済的に困窮した場合の保険として2階を他人に貸せるように外階段を付けられる構造とした。しかし幸いなことに2階を他人に貸す必要はなく、子どもたちはすくすくと成長し大人になった。その結果、ここに無用な高所ドアだけが残されたのだった。

80年代末の空前のバブル景気の中、日々変貌を遂げていった大都会東京の風景――。その狭間であたかも過去の〝染み〟のように、ほんのわずかな時間だけ存在していたトマソン物件。もしかしたら、それらのひとつひとつにも、Nの家と同じようなドラマが潜んでいたのかもしれない。

1985年

『スーパーマリオブラザーズ』発売。ファミコンが社会現象に！

●ファミコン本体とゲームカセット。本体は初期型と後期型でわずかな違いがあるだけで、基本的な色と形はそのまま。この本体は後年中古で入手したものだが随所に歴戦の傷跡が……。

●『スーパーマリオ』のパッケージ。一時期、品切れでまったく買えず、ファミコン記事を書いているぼくのところへ友人知人が「何とか手に入らないか」と続々と泣きついてきた。

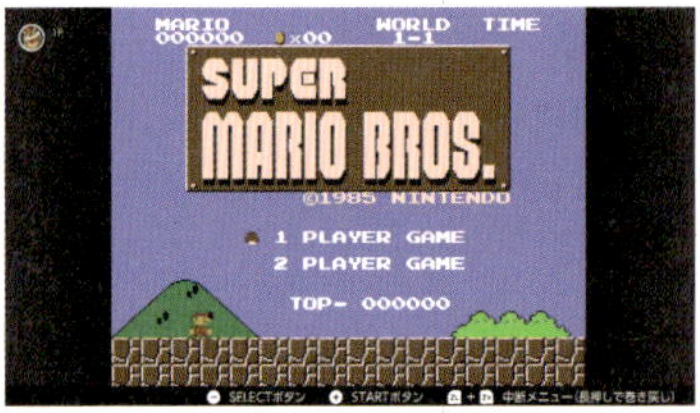

●『スーパーマリオ』のオープニング画面。ここで1Pか2Pかを選ぶ。シンプルな色使いながら見やすく立体的。マリオのキャラはわずか17×14ドット以内で表現されている。

●ワールド1の地上ステージ。画像はマリオが悪のキノコ「クリボー」を踏んづけてやっつけたところ。「?」ブロックは下から突き上げるなどするとコインやアイテムが手に入る。

●ワールド1の最終ステージは画面右にいる大魔王クッパを倒せばクリア。ファイアボールを5発命中させて倒すか、画面右奥のオノを手に入れて橋を落としても倒すことができる。

写真提供／任天堂 『スーパーマリオ』の画面はNintendo Switch Onlineのもの

『ドラゴンクエスト』第1作（86年）から第4作（90年）までのカセット。ゲームを途中でやめる場合、第2作までは「復活の呪文」というパスワードをメモっておく必要があった。

無数に出た『スーパーマリオ』攻略本のうちの1冊。85年、徳間書店刊。自分で努力して攻略するのもいいが、どうしてもクリアできない場合はこうしたアンチョコが必須となる。

『ドラゴンクエスト』第1作チラシ。パッケージアートとモンスターデザインは鳥山明。タイトルロゴの上で火を吐いているドラゴンのシルエットも鳥山明の手によるものだ。

『裏ワザ大全集』第4巻（85年）。ぼくが初めてファミコン記事を書いた本。右の箱に小冊子5冊入り。攻略本は鮮度が命なので入稿翌月にはもう店頭に並ぶ！

ファミコン全盛期のゲームチラシ各種。中央の『謎の村雨城』は任天堂が86年4月に発売。同年2月に出たばかりの「ディスクシステム」専用に開発された2本目のゲームだ。

「黒沢、ファミコン買った？」

高田馬場の喫茶店でそう聞いてきたのはワセダミステリクラブの同期でフリーライターの宮岡寛だった。1985年5月ごろのことだ。宮岡はぼくが人生初のパソコンを買うきっかけを作った人物である（124ページ参照）。

「いいや、買う予定もないけど」

ぼくがそう答えると宮岡はしつこくこう続けた。

「ファミコンは面白いぞ。買った方がいいぞ。仕事にもなるからすぐに元が取れるし、買わないと損するぞ」

「ファミリーコンピュータ」＝通称「ファミコン」は83年7月に任天堂から発売された家庭用ゲーム機だ。定価は1万4800円。本体にゲームソフトは内蔵されておらず、別売のゲームカセットを本体にセットしてプレイする。任天堂から最初に発売されたゲームは『ドンキーコング』、『ドンキーコングJR.』、『ポパイ』の3本で定価は各3800円だった。

その後1年ほどの間は任天堂が自社開発したゲームしか発売されていなかったが、84年になると新たにハドソンとナムコが参入、ハドソンの『ロードランナー』やナムコの『パックマン』、『ゼビウス』などはいずれもヒットして大きな話題となった。

そして宮岡がぼくにファミコンを勧めてくれた85年にはジャレコ、タイトー、コナミ、エニックス、アスキーなどのゲームソフトメーカーも続々と参入し、毎月5本以上のファミコンソフトが発売されるようになっていたのだ。それに伴ってファミコン本体も品薄となりなかなか買えない状況となった。

またこのころになるとファミコンゲームの攻略法が書かれた本、いわゆる「攻略本」も様々な出版社から続々と刊行されるようになっていた。ゲームを買うと遊び方の説明書は付いているがそこに攻略法は書かれていない。ゲームを極めようとするとこうした攻略本はほぼ必須の参考書だったのである。

「じゃあ……買ってみようかな、売り切れてたらしょうがないけど」

根負けしたぼくがそう言うと宮岡は火をつけたばかりのタバコを灰皿でもみ消して立ち上がった。

「じゃあ買いに行こう。大丈夫、俺が売ってる店を知ってるから」

ぼくはそのまま秋葉原まで連れて行かれ、雑居ビルの奥の小さなパソコンショップでファミコン本体と『スペースインベーダー』、『チャンピオンシップロードランナー』の2本のカセットを買った(買わされた)。

初期の攻略本の作り方

家に帰ってさっそくプレイしてみると確かに面白い。家庭用ビデオゲーム機はこれ以前にもいくつか遊んだことがあったが、音と映像のリアルさが過去のゲーム機とは雲泥《うんでい》の差だった。何より操作性が素晴らしい。カセットを挿してスイッチを入れればすぐにタイトル画面が表示され、アクションゲームもパズルゲームもすべてコントローラーの十字ボタンとABボタンだけで操作できる。今にして思えばこの操作のシンプルさがファミコンの中毒性の最大の要因だったのではないだろうか。

そして「仕事になる」と宮岡が言っていた通り、間もなくぼくにもファミコン記事の依頼がぽつぽつと舞い込むようになった。ファミコンを買ったばかりでちょろっと遊んだだけのぼくにである。この時代はゲームライターという職業はいまだ存在しておらず、ファミコンを持っていて記事が書けるというだけで見ず知らずの編集者がぼくにすがるように電話をかけてくるのだ。

宮岡の紹介で攻略本の仕事もやることになった。

「ファミコンを買ったばかりで、攻略法なんてまったく知らないけど……」

ぼくがこう言っても宮岡は「大丈夫大丈夫」と言うだけで連れて行かれたのは二見書房という出版社だった。『ファミリーコンピュータ 人気ゲーム 裏技大全集』という攻略本のシリーズがすでに3巻まで発売されていて各巻10万部以上売れているという。

編集者に案内された会議室には、見たこともないような光景が広がっていた。ファミコンのつながれたテレビが10台以上並んでいて、そこにどう見ても未成年の少年たちが座って黙々とゲームをやっているのだ。中には学校の制服を着たままの少年もいる。聞けば彼らはゲームセンターなどでスカウトしてきた一般人の少年で、彼らにゲームをプレイしてもらい、その中で発見した攻略法や裏技をライターが記事にしていたのだ。

プロというものがいまだ存在しない時代、ライターが素人ならゲーマーもただのマニアという中で作られていたのが初期の攻略本だったのだ。

ぼくはこの編集部で『ドアドア』と『シティコネクション』という2本のファミコンゲームの攻略本を、少年たちから得た情報を元に書いた。

ファミコンオリジナルのゲーム

そして85年9月、ファミコンを社会現象にまで押し上げる1本のソフトが発売された。任天堂の『スーパーマリオブラザーズ』である。

これ以前のファミコンゲームのヒット作は多くがゲームセンターで人気のアーケードゲームをファミコンに移植したものだった。だが『スーパーマリオ』はファミコンオリジナルのゲームだったため、『スーパーマリオ』のカセットはどこへ行っても売り切れで、海賊版カセットが出回るほどの人気となった。

『週刊少年サンデー』からぼくにファミコン記事の連載依頼が来たのもこのころだ。これも宮岡の紹介である。このころ宮岡は自分のところに来るゲーム関係の記事の仕事をこうしてぼくに片っ端から振ってくれていた。大事な仕事をホイホイと他人に渡していいのかと聞くと宮岡はこう答えた。

「俺はいま堀井さんという人が作っているファミコンゲームを手伝っていてね、それが忙しくて雑誌の記事にまで手が回らないんだ」

この〝堀井さん〟とは言うまでもなくゲームデザイナーの堀井雄二さんである。堀井氏とはぼくもこの数年後に『少年ジャンプ』で一緒に仕事をすることになる（171ページ参照）が、この時点ではいまだ面識がなかった。

宮岡はその〝堀井さん〟と製作中のゲームに大きな手応えを感じているようで、「このゲームが世に出たらきっと大騒ぎになるぞ」と目を輝かせてぼくに言っていた。

ぼくはそれを半信半疑で聞いていたのだが、後にそれが真実だったことを知る。86年5月、エニックス（現・スクウェア・エニックス）から発売されたそのゲームのタイトルは、今では誰もが知るあの『ドラゴンクエスト』だったのである。

1986年

沢木耕太郎の『深夜特急』発売、旅人のバイブルに——

94年に文庫化された『深夜特急』。96〜98年には大沢たかお主演のセミノンフィクションドラマ『劇的紀行 深夜特急』全3作（テレビ朝日系）が放送されて再び注目を集めた。

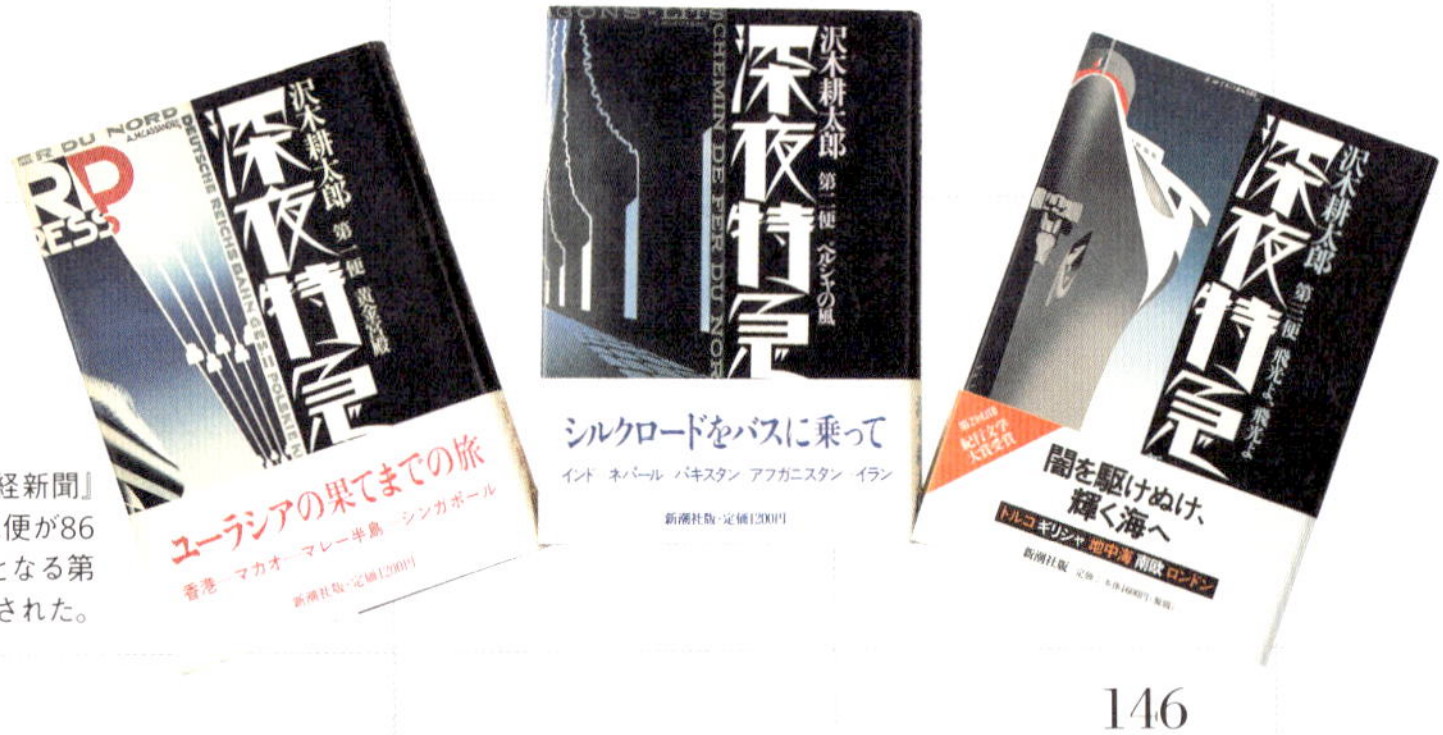

『深夜特急』初出単行本。『産経新聞』夕刊に連載された第一便と第二便が86年に2冊同時刊行され、完結編となる第三便は92年に書き下ろしで刊行された。

●沢木の3冊目の著書（77年）を80年に文庫化。沢木が20代の最後に、まるで人の砂漠を歩くように孤独死した老女、廃品の仕切り場で生きる人々などを訪ね歩いた人生の旅の記録。

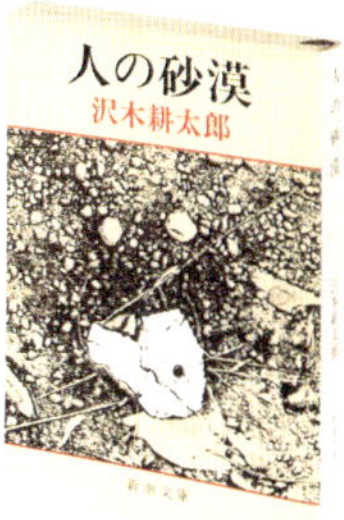

●沢木が22〜23歳のころ（70年10月〜72年3月）に書いた文章をまとめた1冊。自衛隊、アングラ演劇、ピンク映画の世界などを静かな眼差しで見つめる。79年、文春文庫。

●最初の単行本は76年刊。沢木の2冊目の著書で、カシアス内藤のほか、悲運の競走馬イシノヒカル、勝利の重圧と戦ったマラソンランナー円谷幸吉などを追う。79年、文春文庫。

●最初の単行本は73年刊で、沢木が25歳のころに各界の著名人12人を取材したもの。取材対象は本文で触れた堀江謙一のほか、将棋の中原誠、劇作家の唐十郎など。79年、文春文庫。

●沢木の『小説新潮』の連載をまとめたエッセイ集。酒を呑みながらのよもやま話は古本の話から人間の狩猟本能の話まで。平野甲賀の装丁と小島武の装画も粋だ。84年、新潮社刊。

●二段組508ページの大冊エッセイ集。文章作成術にも多く触れ、沢木流ノンフィクションの極意が学べる。表題は「自分はいつも路上（取材現場）にいた」との意から。82年刊。

●引退した元プロボクサー・カシアス内藤がもう一度リングに立ちたいと再起を決意。そんな彼の第二の青春に沢木がとことんつきあった一部始終を記録した1冊。81年、新潮社刊。

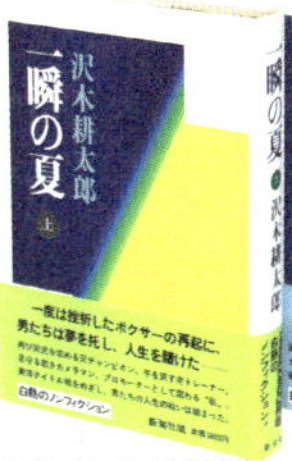

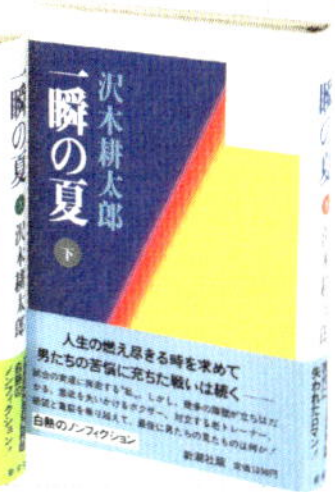

●79年に第10回大宅壮一ノンフィクション賞を受賞した沢木の出世作。60年10月に起きた社会党委員長・浅沼稲次郎刺殺事件を、浅沼と加害者の当時17歳の少年の双方から描いた。

人は誰でも旅人だと言うが、20代の半ばまで極端に出不精で自分の部屋が大好きだったぼくにとって、旅は本や映画の中でするものだった。

そんなぼくを部屋から引っぱり出し、本物の旅へと誘《いざな》ってくれた本がある。沢木耕太郎の『深夜特急』である。

1970年代の半ば、沢木は26歳の時に、当時のイギリス領香港からインドのデリーへ行き、そこからイギリスのロンドンまで寄り道だらけのバス旅行をした。『深夜特急』はその思い出をおよそ10年後に綴ったものだ。

沢木の旅はのっけから寄り道で始まる。デリーへ向かうインド航空の格安航空券を入手したところ、経由地でストップ・オーバー（途中降機）できることが分かり、急ぐ旅でもないからと香港に立ち寄ることにしたところ、この街がすっかり気に入り、思いがけず長居をすることになったのだ。

ぼくはもうこの冒頭の香港のくだりだけで完全にやられた。この本を読む数年前、大学時代の友人に半ば無理矢理誘われて香港へ旅行をしたことがあった。もちろん初めての海外旅行だ。そのとき受けた香港という街の熱気と喧騒とそこで暮らす人々のエネルギー。あらゆる食べ物と生活の匂いが入り混じった裏路地の空気。『深夜特急』に書かれていたのは、あのときぼくが香港で感じた空気感そのものだった。

邪道と見なされていた沢木の手法

そもそもぼくは『深夜特急』以前から沢木の本には強い影響を受けていた。『テロルの決算』もよかったが、『若き実力者たち』、『敗れざる者たち』、『地の漂流者たち』の3冊は文庫本を持ち歩き何度も読み返した。

そんなある日、編集プロダクションを経営する先輩から「お前(ライターとして)どんな仕事がしたいの?」と聞かれたことがあった。ぼくは即座に「沢木耕太郎みたいな文章が書きたいです」と答えた。するとその先輩は顔をしかめてぼくにこう言い返した。

「お前ね、本当にノンフィクションが書きたいなら一流のノンフィクションを読めよ。沢木みたいな〝俺が、俺が〟とか言ってる小説まがいの本を読んでたら三流にしかなれないぞ」

先輩のこの言葉にも理はあった。沢木の文章は70年代にアメリカで流行し、当時日本のメディアがもてはやしていた「ニュージャーナリズム」の影響を強く受けていたからだ。

ニュージャーナリズムとは、記者が事件の関係者から取材した内容を、まるでその場に居合わせたように文学的あるいは小説的な表現を使って描く手法のことだ。つまり取材した内容を物語風に再構築した再現ドラマのような手法なのである。

この手法は確かに臨場感があって読みやすいのだが、著者が創作に走る危険性を常にはらんでいる。そのため旧来のノンフィクションを是とする人々からは邪道と見なされていたのだ。

だが沢木はそんな旧来の常識にはとらわれず、ニュージャーナリズムのさらにその先へ進もうとしていた。81年に発表した『一瞬の夏』は、かつて『敗れざる者たち』に収録した「クレイになれなかった男」の続編的な内容だ。

前作で挫折しリングを降りた元プロボクサーのカシアス内藤が復帰を決意し、もう一度世界チャンピオンを目指す姿を追っている。ここで沢木は内藤をただ取材対象とするだけでなく、内藤の復帰計画を率先して練り、弱気になる内藤の心に寄り添って励ますなど積極的に関わっていくのだ。沢木はこれを〝私ノンフィクション〟と称した。

「単に取材してそれを書いていくというんじゃなく、大袈裟《おおげさ》にいうと、僕が生きていくプロセスみたいなものが、ある対象とぶつかって、それと共に生きていくことでノンフィクションにならないか、ルポルタージュにならないか、という思いが芽生えてきたんです。私小説に対して私ルポルタージュとい

うか、私ノンフィクションというか(後略)」(『路上の視野』所収「方法への冒険」より)

敗者の人生に向き合う姿勢

また沢木の著書には〝私ノンフィクション〟以外にも従来のノンフィクションと大きく異なる部分がある。それは彼が取材対象とするテーマが、いつも彼の身近なところに存在するごくごく個人的な対象であるということだ。

一般的に〝ノンフィクションの使命〟といえば、戦場の悲惨さとか政界の闇、公害問題など、社会への告発や問題提起が想起されるだろう。しかし沢木が興味を持って取材する対象は常にごくごく身近なところに存在するものたちである。誰もが目にしていながらほとんどの人の目には留まらないささやかな出来事、あるいはそうした出来事に真摯《しんし》に向き合う人々の苦しみや葛藤、弱さや哀しさなのだ。

たとえば『敗れざる者たち』には、華やかに報道される勝者の影でひっそりと消えていった敗者たちの素顔を追った6つのドラマが収められていた。

『若き実力者たち』所収の「人魚は死んだ」は、かつて小さなヨットで太平洋単独横断を成し遂げて一躍時の人となった冒険家・堀江謙一のその後を追ったルポである。そこには世の中から忘れ去られ、生活に困窮して半ばホームレスのような生活を送っている堀江の姿が淡々と綴られていた。

しかも沢木はそうした人々をただ取材するだけでなく、相手の人生と真正面から向き合い、さらにそこに自分自身の人生を重ねて素直な思いを率直な文章で綴っていくのだ。

結局、ぼくは先輩から何と言われても沢木のこの姿勢やテーマの選び方が好きだった。そして２０１７年、ぼくもその憧れをついに本にすることができた。タイトルは『全国版 あの日のエロ本自販機探訪記』。

アダルト雑誌を売る雑誌自動販売機、いわゆるエロ本自販機は80年代に日本全国の街角に氾濫した。しかし青少年が簡単にエロ本を買えるとして社会問題となり90年代にはほぼ絶滅した……はずだった。だがじつは21世紀の現代にも、エロ本自販機は日本各地の僻地《へきち》でひっそり生き残っていたのだ。

だとしたらそこで本を買う人はどんな人なのか、誰がそこに商品を補充しているのか。それを知りたくなったぼくは3年半かけて日本中のエロ本自販機５００か所を巡りそれに関わる人々を取材して一冊の本にまとめた。つまりこれはぼくにとっての『深夜特急』であり『敗れざる者たち』だったのだ。

この本が出版されたとき、元小学館編集者のある先輩はぼくにこう言った。

「黒沢くんの情熱は評価するけど、エロ本自販機のどこにそれほどの魅力があるのか、ぼくには分からない」

たとえそう言われても、ぼくがこの本に込めた思いはきっと誰かの心に届いているはずだ。

すかいらーく79年の前期メニュー。定番のハンバーグステーキは530円。ウェイター「ライス、パンは別になりますが」ぼく「じゃあスパゲティ・ナポリタン（380円）で！」

1986年

コンビニにファミレス。ぼくらの夜を支えてくれた二大インフラ

75年6月、大阪府豊中市にオープンしたローソン1号店「桜塚店」の外観と店内。外国かと思うほど英語だらけ。巨大な冷蔵ショーケースも今では珍しい。

74年5月、東京都江東区のセブン-イレブン1号店「豊洲店」開店当時の写真。関係者らしき人が入り口前でかしこまっている。たばこ売り場が別窓口なのも興味深い。

日本発祥のコンビニ、ファミリーマート1号店「狭山店」は73年9月開店。ミニスーパーマーケットといった感じのカジュアルな外観が特徴的だ。

コンビニでの販売に活路を見出し大ヒットしたのが、赤城乳業の棒アイス「ガリガリ君」（81年発売）。食べ終えて棒に“当り”とあればもう1本もらえる。イガグリ頭のマスコットキャラは永遠の小学生ガリガリ君だ。

写真提供／セブン＆アイ・ホールディングス、ファミリーマート、ローソン、すかいらーくホールディングス、ロイヤルホールディングス、共同通信社、赤城乳業

すかいらーく藤沢店の外観(80年ごろ)。深夜に灯りの点いたこの看板を見るとついつい引き寄せられた。看板で羽ばたくひばりは2000年に一度引退したが現在は再び復活。

初期「ガスト」のドリンクバー。ファミレスのドリンクバーは「ガスト」から始まった。当初はコーヒーと紅茶くらいしか選べなかったけど、紅茶の種類の多さには驚いた。

郊外型ファミリーレストランの先駆けとして70年7月、東京国立市にオープンした「すかいらーく国立店」の外観と店内。天井が高く、内装も外装も今よりずっと高級感がある。

71年、北九州市八幡区にオープンしたロイヤルホスト1号店「黒崎店」。ロイホはルーツがフレンチレストランだからかファミレスの中でも少しだけ高級感がある。

78年10月撮影「すかいらーく西国分寺店」の店内。ウェイターの蝶ネクタイといかにもアメリカ〜ンなダブルピンのギャリソンベルトがオシャレ感を演出しています。

20代で現在の仕事を始めて以後およそ40年間、ずっと昼夜が逆転した生活を続けていた。午前6時ごろに原稿を書き終えて眠りに就き、お昼の12時ごろにモゾモゾと起き出す。

そのころ、この夜型生活を支えてくれた重要なインフラがコンビニとファミレスだった。「セブン-イレブン」1号店誕生は1974年、ファミレス「すかいらーく」創業は70年、「ロイヤルホスト」開業が71年。いずれも70年代だけど、全国的に普及したのはコンビニもファミレスも80年代の半ばごろからだろう。ある日、わが町東京の葛飾柴又にセブン-イレブンがオープンしたときは「ついにきたか!」と小躍りして喜んだ。

当時はコンビニ側も試行錯誤の段階で商品ラインナップも固まっておらず、テスト販売されているらしき無名メーカーの珍しい商品が数多く並んでいた。

そのころコンビニで運命的な出会い

をして今も個人的な定番商品となっているのが三重県のヤマモリという会社が出しているレトルトの「タイカレー」シリーズだ。今ではレトルトのエスニックカレーも珍しくないが、当時はほかのどのレトルトカレーとも違うアジアンな味と香りが衝撃的で、一時は店頭での売り切れに備えて買いだめをしていたほどだった。

ちなみに埼玉の赤城乳業から発売されている棒アイス「ガリガリ君」もいち早くコンビニでの販売に注力したことで売り上げを大きく伸ばしたという。

山田太一によるコンビニ舞台のドラマ

そんな86年6月、TBSで山田太一の脚本によるコンビニを舞台としたテレビドラマ『深夜にようこそ』が放送された(全4話)。

松田洋治演じる大学生の省一とワケアリらしき謎の中年男・村田(千葉真一)がアルバイトをする深夜のコンビニに、夜ごと様々な客がやってくる。店員との短い会話を楽しみに訪れるひとり暮らしの老女。逆に無言で商品を買って帰るだけの謎の美女(名取裕子)。さらに生活に追われて強盗をやろうと押しかけてくる青年もいる。

村田はそのひとりひとりと真剣に向き合おうとするが、省一は反対する。

「そんな余計なことはしなくていいんです。監視カメラがあるんだから、店長にばれたらぼくたちクビですよ」

だがそれでも村田はお節介をやめようとしないどころか、人恋しくてこの店へやってくる人たちを集めて店内でパーティをやろうと言い出すのだ。

「俺はね、夜のこういう店見ると、よく思ったんだよ。こんな店が灯りをつけているだけで、ずいぶんホッとする人がいるんじゃないかってね。

真夜中だから飲み屋はぜんぶ閉まってる。街の戸もぜんぶ閉まってるんだ。ただもう誰もいないアパートへ帰るだけだ。でもそんなときこんな店がポッと一軒開いてるんだ。ちょっと入ってみる。雑誌かなんかをめくってみるんだ。歯ブラシを一本、それから……そう、石鹸《せっけん》を一個買ってみる。そんなことでフーッと気持ちが救われるんだな。

でもね、これは一時のごまかしだ。アパートに帰って電気を点けるころ、孤独はやってくる。こんな店に寄ったことなんか何にもならなかったことに気がつくんだよ。

でもさ、もしこういう店で口がきけたらどうだ。ちょっとおしゃべりができたらどうだい。自動ドアが開いて入ってきてレジで172円いただきます。28円のおつりです、ありがとうございました。そういってまた表の道へ出て行ってしまう。そんな店じゃなくてさ、こういう腰掛けに腰掛けてさ、コーヒーかなんか飲みながら夜中にちょっとおしゃべりできたらどうだい。俺たちは聞き手になるんだよ」

マニュアル化されシステム化されたコンビニを、あえて人間の心が交流する場所に見立てた心温まる掌編《しょうへん》だった。

ユーミンから聞いたファミレス秘話

コンビニと同じころ、ファミレスもまたぼくの生活にとって必要不可欠なものとなっていた。

深夜に仕事をしていて集中力が落ちてくると、気分を変えるため、資料と原稿用紙をカバンに詰めてファミレスへ向かう。

好きなドリンクを自分で注いで好きなだけ飲めるドリンクバーは92年にオープンした「ガスト」が最初だそうで、どこのファミレスもまだサービスを始めておらず、ホットコーヒーのみお代わり自由という店が多かった。コーヒーサーバーを持った店員が店内を回ってきて「お代わりいかがですか?」と聞いてきてくれるのも心地よかった。

飲み会の後に終電を逃し、仲間とファミレスで夜を明かしたことも数多い。酔いつぶれて眠ってしまうと店員に注意されるので、友人の頭が傾いてくるとそいつの肩を叩いて起こす。店側もこの客は眠りそうだというテーブルはマークしているから、眠った友人を少しでも放置しておくとすぐに男性スタッフが飛んでくる。

こんな風に若者のたまり場になっていた当時のファミレスでは、ユーミン(荒井由実=現・松任谷由実)が深夜に隣のテーブルのカップルの会話に聞き耳を立て、それを歌詞のネタにしていたという半ば伝説のような話がある。

今回、ネットを検索したところ、それを裏付ける音楽評論家・岩田由記夫氏の記事が見つかった。岩田氏は当時、世田谷のファミレスで深夜にユーミンとばったり会い、彼女からこんな話を聞いたという。

「〝ファミレスにいて、シートにぴたりと背中を付けて、後ろの席にいるカップルとかの話を訊いてみるの。そうすると、新しい詞のイメージが湧くこともある。前の席に座っているカップルを観察して、そこにいる彼女が自分だったら、どうなるんだろうと思ってみる。それも詞になることがあるわ〟」(『おとなの週末Web』2021年10月1日「恋の達人ユーミンが語った『初恋』」のこと 音楽の達人〝秘話〟・松任谷由実(2)」より)

確かにぼくも夜中にファミレスで仕事をしていると、隣の席の客が気になることがよくあった。こんな真夜中にここへ来ているのはいったいどんな人で何をしに来たのだろうかと。

あるときぼくと同じように4人がけのボックス席をひとり占めしてテーブルに白い紙を何枚も広げている青年がいた。トイレに行くふりをしてその青年の手元をさりげなく覗いてみると、それはマンガの下描きだった。プロのマンガ家か、それともマンガ家の卵だろうか。

いずれにしても、ぼくはその見知らぬ若者に言葉にならない共感を覚え、心のなかで「がんばれ」と、ひそかなエールを送ったのだった。

1986年
テレクラが大ブーム！電話早取りにしのぎを削った

●24年現在も東京でテレクラが営業中だと聞き数十年ぶりに行ってみた。1時間でかかってきた電話は3本。しかし世代差のためか会話が噛み合わず女の子からいろいろ説教された。

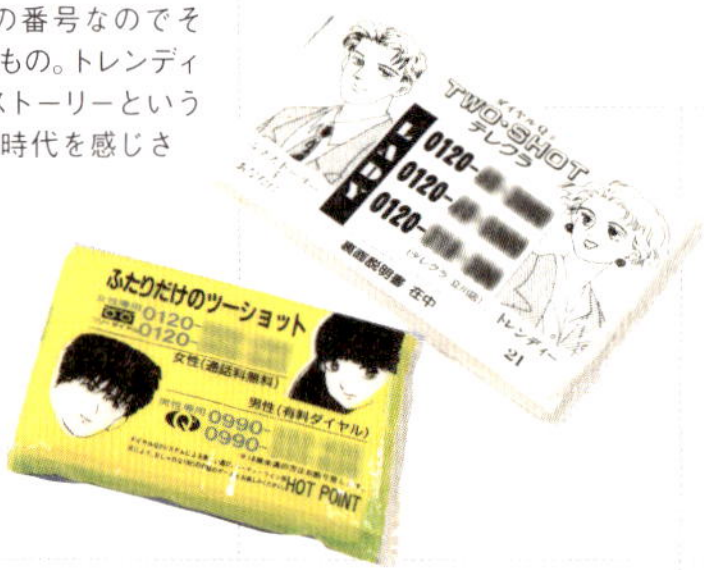

●街角で配布されたティッシュ。男性用の電話番号は89年から始まったダイヤルQ2の番号なのでそれ以降のもの。トレンディー、ラブストーリーというワードが時代を感じさせる。

●電話ボックスに貼られたり、ワンルームマンションのポストに投げ込まれたテレクラのチラシ。中には番号が同じで違う店名の店も（提供/荻原通弘）。

テレクラ全盛期の写真。歩道にある大量の自転車はこのお店の客か？ ちなみにぼくは女の子とアポが取れて葛飾区から北区まで車を飛ばしたのにすっぽかされたことがある。

昔のテレクラの店内。雑居ビルや店舗の内装を取っ払ってパネルで仕切っただけの小部屋が並ぶ。隣の部屋からはライバル野郎の猫なで声が漏れ聞こえてくるが、気にしたら負け。

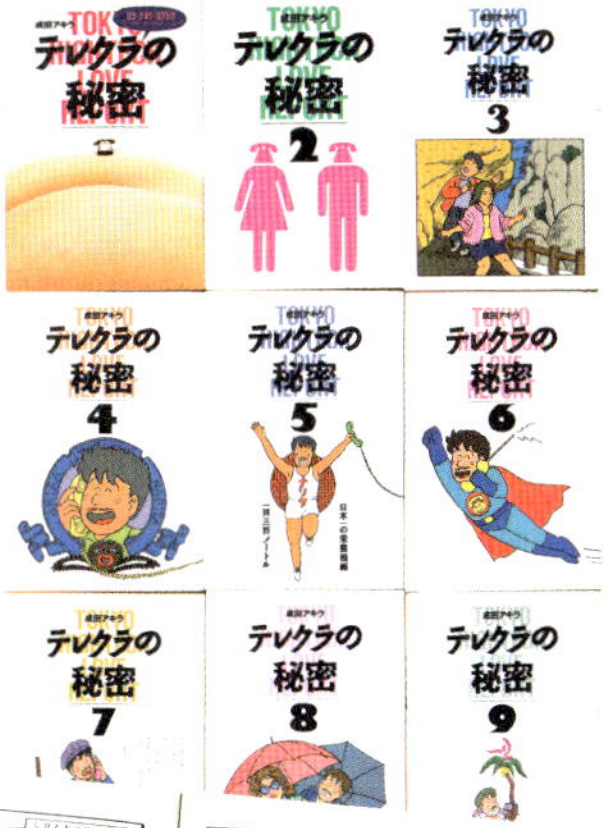

成田アキラ著『テレクラの秘密』(87〜90年、弓立社刊)は、成田本人がテレクラに行ってその出会いをルポした実録マンガ。基本潜入取材なので残念な結果に終わることも多々。

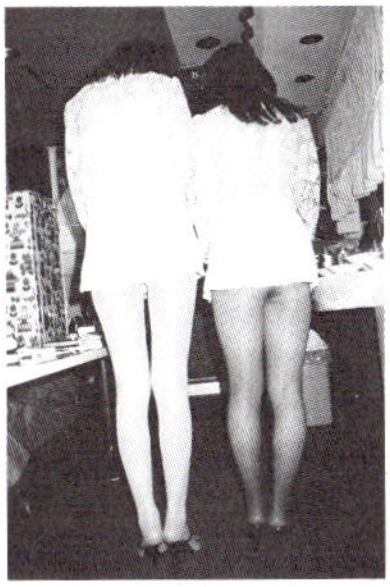

80年代初頭に流行したノーパン喫茶の店内。どんな営業許可が必要だったのか知らないが、繁華街の片隅のさびれた喫茶店やスナックがある日突然ノーパン喫茶に衣替えすることも。

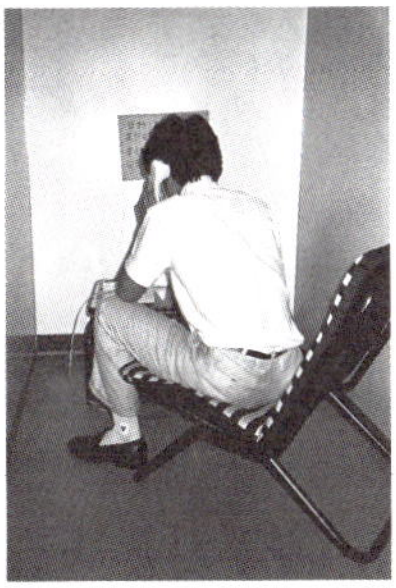

当時のテレクラの部屋。机も椅子も電話機も廃品置き場から拾ってきたような寄せ集め品。中には本当に壊れていて背もたれに体重をかけたらそのままひっくり返ったり……。

初のテレクラと言われる東京新宿の「アトリエキーホール」。風営法の改正があり85年7月に「のぞき部屋」から「テレフォン相談室」に鞍替えしたところ大ヒットとなった(左の写真も 伊藤裕作)。

「ねえ、千円くれる?」

電話がつながるなり、相手の女はそう言った。

「千円くれるなら会ってあげるけど、ねえ千円くれる?」

女は切羽詰まった様子で千円を連呼する。家出少女だろうか。

「いいよ、あげるよ、千円」

ぼくはそう言って〝店〟を出て、女と待ち合わせした池袋駅西口交番前へと向かった。

〝店〟とは「テレホンクラブ」＝通称「テレクラ」である。ベニヤ板で仕切られた畳半畳ほどの部屋に机と椅子が置かれ、机の上には使い古した中古のビジネスホンが1台。その部屋に男が入って椅子に座り、女性からかかってくる電話をひたすら待つのだ。

ぼくも好奇心から試しに入ってみたところ、本来ならば一生出会えるはずのないような、まったく別の世界に生きている女性と知り合えるのが面白くなり、ときどき通うようになった。

テレクラの発祥は1985年7月(12月とする資料もある)、新宿歌舞伎町に開店した「アトリエ・キーホール」が最初とされている。考えたのは元「のぞき部屋」の経営者だった。

85年といえば同年2月から施行された「風俗営業等の規制及び業務の適正化等に関する法律」、いわゆる「新風営法」によって既存の性風俗店の多くが廃業、もしくは業態の転換を迫られた年である。「のぞき部屋」も同様で、廃業を余儀なくされた経営者が思いついたのが新風営法の規制を受けないテレクラだったのだ。たちまち流行したテレクラは86年末には東京に400店、大阪に100店、全国では1000店もの店が営業するようになっていた。

電話を取るコツと相手の見極め方

東京の東の外れのわが町葛飾区にもターミナル駅周辺に何店かのテレクラが開業したと聞き、平日の午後、ぼくは隣町の金町に出来たテレクラへ恐る恐る行ってみることにした。

地上げが進行中で建物が歯抜け状態になった飲み屋街の一角。空き地にはさまれた古い雑居ビルの中にテレクラ「M」はあった。受付には無愛想な中年のおばちゃんがひとり。「新規?」とぶっきらぼうに聞かれて「はい」と答えると、入会金1000円と2時間分の料金2000円を払わされた。

平日の日中にもかかわらず先客が何人かいるようで、こうして受け付けをしている間にも電話のコール音やくぐもった男の会話の声が聞こえてくる。

電話の相手は素人の女性だ。お店の電話番号は電話ボックスに貼られたピンクチラシとか独身者が多く住むワンルームマンションへの投げ込みチラシ、街頭で配るポケットティッシュ、女性雑誌の広告などに掲載されている。それを見た女性が電話をかけてくるのだ。

電話は85年4月に民営化されたばかりのNTTが同年12月から始めた「フリーダイヤル」サービスを利用しており、女性はタダで電話がかけられる。

個室へ入ると姿の見えないライバルとの戦いが始まる。かかってきた電話を隣室のライバルより早く取らなければならないのだ。後年になるとかかってきた電話を順番に客に取り次ぐシステムも登場したが、このころは早取りだけだった。

ビジネスホンの受話ボタンに指を乗せてひたすら着信を待つ。プルル!コール音が鳴った瞬間に受話ボタンを押す。だが間に合わない。なぜだ!?

やがて理由が分かった。コール音が鳴るコンマ数秒前、受付近くの壁面に取り付けられた交換機のリレーがカシッという小さな音を立てていたのだ。それが分かってからはぼくも3回に1回は取れるようになった。こうした電話機の特徴は店によって違うので店ごとに手段を見つけなければならない。

電話がつながるとそこからは相手の

意図を見極める判断力と交渉力の勝負だ。ただのひまつぶしで電話をかけている女性はハナっから会う気はないからパス。また店によってはサクラを雇っている場合も少なくない。サクラの女性は男と何分会話をしたかでバイト代が決まるため、やたらと会話を引き延ばそうとする。プロ・アマ問わずお金だけが目的の売春も横行していてこうした女性も面白くないのでパス。

そんなある日、池袋のテレクラでつながったのが冒頭の「千円女」だったのだ。ぼくが交番前に着くと間もなくして女もターミナルの向こうからやってきた。20代前半の細身。容姿も悪くない。だが化粧気のない肌はボロボロで毛玉だらけのセーターが女の生活を想像させた。

テレクラから垣間見えた人生の一端

女は会うなり約束の千円をくれと言うので金を渡すとキオスクでタバコ2箱とライターを買い、その場でせわしなく吸い始めた。聞けば女には左官工の夫がいるが金の管理はすべて夫がしていて自分にはタバコ代すら自由になる金がないのだという。そんな女の体にはいくつものあざがあった。当時はそんな言葉はなかったが夫からDV（Domestic Violence＝家庭内暴力）を受けていることは明らかだった。

帰り際、2人で駅前へ戻ってくると女はもう一度「千円ちょうだい」と言った。女に金を渡すと彼女は買えるだけのタバコを買った。だがふと動きを止め、そのタバコをぼくに押し付けた。

「これ返すわ、持ってるのが（夫に）バレたら怒られるから……」

女はそう言ってバッグの底にタバコを1箱だけ押し込み、雑踏の中へ足早に消えていった。

その後、90年代に入るとテレクラは急速に衰退へと向かった。過当競争や悪徳業者の増加も理由のひとつだが、大きかったのはエイズの出現である。後天性免疫不全症候群、その英語の頭文字を取って「AIDS（エイズ）」と呼ばれたこの奇病は86年11月に日本で最初の症例が確認されるや、その後続々と感染者を増やしていった。

「素人が特に危ない」そう言われてテレクラが激減しつつあったころ、ぼくはふと思い立ち、数年ぶりに金町へ行ってみた。バブルが崩壊して地上げが止まったためか雑居ビルはあのころのまま空き地に挟まれて建っていた。そしてさびれてはいたものの「M」も営業中だった。

無愛想なおばちゃんにお金を払って個室に入る。ほかに客の気配はないので電話は取り放題だったけど、あいにく電話は待てど暮らせど1本もかかってこなかった。あきらめて帰ろうとしたとき、電話が鳴った。受話器を取ると相手の女がこう言った。

「ねえ、千円くれる？」

聞き覚えのある声だった。ぼくは無言で受話器を置き、肩を落として店を後にした。

1987年

右●87年、ホンダF1が2年連続でワールドチャンピオンを獲得した年に制作されたB4判の大型パンフレット。当時ホンダ車に乗っていたのでホンダディーラーでもらったものだ。

左●同パンフより。87年シーズン、ホンダはウイリアムズとロータスにエンジンを供給。ウイリアムズはピケとマンセル、ロータスはセナと中嶋がドライブ。両チームで優勝6回。圧倒的勝利だった。

日本人ドライバー・中嶋悟参戦。ここからF1ブームは始まった

●こちらも87年F1シーズン後にディーラーでもらったF1うちわ。87年、88年、89年とホンダF1の性能は右肩上がり。鈴鹿では本田宗一郎がドライバーを激励する姿も見られた。

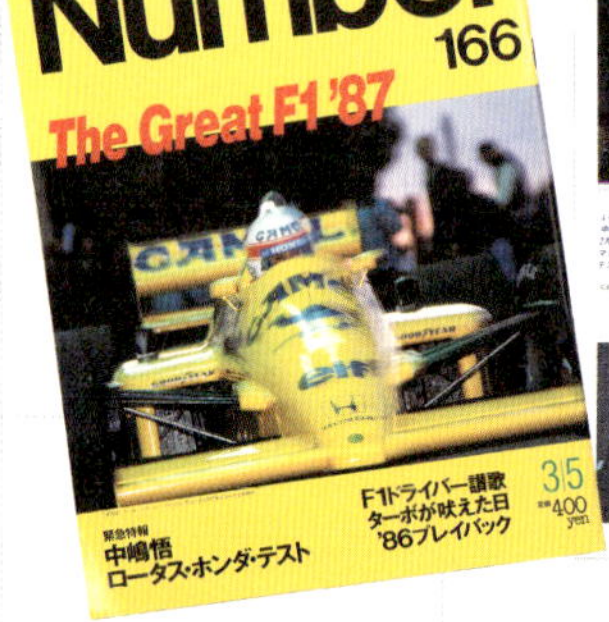

●87年のF1シーズン開幕直前に刊行された『ナンバー』87年3月5日号。日本人選手初のフル参戦となる中嶋悟のエンジンテストと初試走の模様をレポート。期待感が高まる!

81、83、87年と3度F1チャンピオンに輝いたネルソン・ピケ。奔放な性格からついたあだ名が「自由人」。プロスト、セナ、マンセルとともに日本で「F1四天王」と呼ばれた（写真　Zocchi Massimiliano）。

イングランド出身で鼻ヒゲがチャームなナイジェル・マンセル。激情家の彼はヒートアップしてしばしばライバル選手やマスコミとトラブルに。一方で愛妻家としても知られる（写真　Stuart Seeger）。

永遠のライバル、アラン・プロスト（左）とアイルトン・セナ。プロストはセナとの対比で冷徹な男と見られがちだが、ガス欠したマシンを手で押そうとするなどじつは情熱家（写真　Angelo Orsi）。

88年の鈴鹿F1公式プログラム。ここまで14戦13勝のマクラーレン・ホンダに乗るセナとプロスト。そのどちらがチャンピオンになるかが争われたが結果はセナの勝利で終わった。

90年のフジテレビF1公式ハンドブックより。鈴木亜久里は89年からF1にフル参戦したが全戦予備予選落ち。90年の鈴鹿に大きなドラマが待っているとは誰も予想していなかった。

サーキットを走るためだけに設計された「フォーミュラカー」は自動車レースの花形だ。クサビのような細身の車体と大きく突き出したむき出しのタイヤ。車体上部からは生身の体をさらして乗り込んでいる、ドライバーのヘルメットがはっきりと見えている。

このフォーミュラカーレースの最高峰がF1（フォーミュラ1）世界選手権である。ヨーロッパを中心に世界各国のサーキットを転戦し、各選手と各チームそれぞれが獲得ポイントを競って勝敗を争う。

このF1が1980年代後半から90年代にかけてにわかに日本中を沸かせるブームとなったのは、87年シーズンから日本人ドライバーが初のフル参戦を果たしたことが大きいだろう。83年からF1に参戦（第2期）していたホンダが87年シーズンからはF1の名門ロータスにもエンジンを供給することとなった。その時、同時にホンダでF1のテストドライバーをしていた中嶋悟がロータスに乗ることになったのだ。

87年のF1シーズンが始まると全戦の放映権を獲得したフジテレビで放送が始まった。深夜の時間帯ながら2時間以上の放送時間をたっぷりと取り、レース前のフリー走行から予選、決勝までつぶさに放送したのは、当時のテレビとしては異例の大きな扱いだった。

ただしフジテレビも最初はどのように番組を盛り上げたらいいか迷っていたようで、初期の放送では、主音声でアナウンサーの実況とモータージャーナリスト今宮純の解説を放送する一方で、副音声では音声解説なしのサーキットの環境音だけを流していた。つまりレースを競技として観戦するのではなく、環境ビデオのように楽しんでね、というわけだ。

だけどそんな見方もすぐに変わった。当初、上位に食い込むのは難しいと見られていた中嶋は開幕戦のブラジルGPで7位完走を果たし、第7戦イギリスGPでは何と4位に入賞した。

そこでフジテレビも第何戦からだったかは忘れたが環境ビデオ的な副音声の放送を早々にやめ、実況と解説でゲーム展開を盛り上げる方向にすぐに舵を切ったのである。

古舘伊知郎の名調子でブームが加速

そしてF1ブームの盛り上げに大きく寄与したのが89年シーズンから番組で実況を担当した古舘《ふるたち》伊知郎のあの名調子だった。古舘が各選手を形容した言葉の数々は選手それぞれの顔立ちとともにいまだに記憶している方も多いだろう。

いつも憂《うれ》いをたたえたような二枚目のアイルトン・セナに〝音速の貴公子〟という称号を与え、冷静で計算された走りのアラン・プロストを〝プロフェッサー〟と形容。そのプロストを凌《しの》ぐ精密機械のような走りを見せるミハエル・シューマッハに対しては〝ターミネーター〟という名前を贈った。他車とからんでクラッシュを繰り返すアンドレア・デ・チェザリスに対しては〝犬も歩けばチェザリスに当たる〟と言い、〝サーキットの通り魔〟と形容した。

成績が伸びない中でも粘りの走りをする中嶋悟には〝納豆走法〟という言葉を贈る。その納豆走法の中で中嶋がライバルと粘りの接戦を展開すると〝粘り納豆走法〟、その粘りの走りで1台、また1台と刻むように順位を上げていくのが〝刻み納豆走法〟だ。

真面目にモータースポーツを観戦するファンの中には、こうした古舘のエンタメ的な実況に拒否感を示す人もいた。だけど彼の実況なくしては、あのころのF1人気の盛り上がりもなかっただろうことに異論を挟む人はあまり多くないだろう。

90年鈴鹿GPでの熾烈な戦い

さて、ところでぼくの個人的なF1ブームのピークはというと、これはもう90年10月21日に鈴鹿サーキットで開かれた日本GPである。この年、小学館の『ビッグコミックスピリッツ』と『GORO』が共同で「F1日本GP観戦記者募集」という企画を立ち上げた。F1好きな読者15名を鈴鹿へ招待してF1GPを観戦してもらい、後日レポート記事を提出してもらうという企画だ。ぼくは『スピリッツ』でその募集記事とレポート記事を構成する仕事を請け負った。

この年の鈴鹿GPは始まる前から波乱含みの展開が予想されていた。マクラーレン・ホンダのアイルトン・セナとフェラーリのアラン・プロスト、ふたりのうちのどちらがシリーズチャンピオンに輝くか。その行方がかかっていたからだ。しかもそれだけではない。このふたりは前の年に同じマクラーレンチームに所属していたときに関係が悪化し、その年の鈴鹿GPではお互いに故意とも取れる疑惑の接触事故を起こしていたのだ。果たして今年は⁉

レース当日、予選1位はセナでプロストは2位。予想通りふたりの一騎打ちとなった。そして本レースが始まるやいなや、何と第1コーナーでこの2台が接触事故を起こし、早々にリタイアしてしまう。昨年の悪夢の再来だ。ぼくも読者記者たちも、

「ああ、今年の鈴鹿は終わった」

と思った。だけどドラマはここからが本番だった。レースはその後も大荒れの展開となり、マクラーレンのベルガーやフェラーリのマンセルなど有力選手が相次いでリタイアしていった。

そんな中、予選10位からスタートしたラルースの鈴木亜久里が3位でゴールして日本人初のF1表彰台に立った。ティレル・フォードの中嶋悟も納豆走法の粘りで6位入賞を果たした。

ワン・ツーフィニッシュを飾ったのは、今回のレースではほとんどノーマークだったベネトンのネルソン・ピケとロベルト・モレノ。特に2位のモレノは本来出場予定のアレッサンドロ・ナニーニがヘリコプター事故で負傷したために急きょ代役として出走したドライバーだった。そのため表彰台に立ったモレノは男泣きに泣いた。

さて、こうした鈴鹿の感動ドラマの裏で、じつはもうひとつの熾烈な戦いが始まっていた。読者記者の中にNちゃんという女子大生がいて、ぼくはその子に無謀なアタックをしかけていたのだ。しかも『スピリッツ』でこの記事を担当していた編集者のM氏もひそかに彼女に粉をかけていたことが後に判明する。

その瞬間からぼくとM氏の関係はライターと編集者からサーキットのライバルに変わった。Nちゃんをめぐり熾烈なレースバトルを展開するぼくとM氏。その決戦の場はクリスマスと目された。ところがだ。そのクリスマスを待たずにレースはあっけなく終わった。

早い話がぼくもM氏もNちゃんにあっさりとフラれたのである。それはまるであの日、鈴鹿の第1コーナーでクラッシュしてサーキットを去ったセナとプロストのようだった。

●スキーブーム絶頂期の白馬コルチナスキー場。リフト前にこの長蛇の列。見えている範囲だけでも乗るまでに30分以上かかるだろう。それでも君はなぜ滑るのか。ブームだからさ！

1987年

私をスキーに連れてって。空前のスキーブームが到来

●スキー場の有線放送で聞いた広瀬香美の『ロマンスの神様』(左・93年)と『ゲレンデがとけるほど恋したい』(95年)シングルCD。いずれもスキー専門店アルペンのCM曲。

●トヨタセリカリフトバック77年式のミニカー・トミカダンディ。スキーブームのころの練馬区周辺では、こうして屋根にスキーを積んだ車が関越道へ向かって行列を成していた。

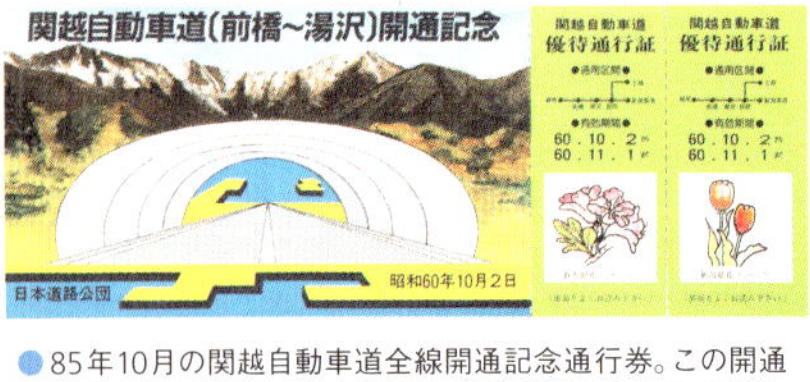

●85年10月の関越自動車道全線開通記念通行券。この開通で湯沢、石打、苗場、万座などが週末1泊圏内になった。雪山に向かって穿たれた関越トンネルの絵がぼくらをスキーに誘う。

●スキーブームに乗って国鉄(JR)も特別列車を運行。これはそのオレンジカード。中央は88年にJR東海のスキー列車「シュプール号」でイメージヒロインを務めた藤谷美紀。

写真提供／ホテルグリーンプラザ

同パンフより。志賀でオフを楽しむ三上博史たちが大先輩ピンチの報を聞き、冬季閉鎖中の林間コースを滑って万座スキー場へ。バックに流れる曲はユーミンの『BLIZZARD』。

80年リリースの松任谷由実10枚目のアルバム。『私をスキーに連れてって』の主題歌として使われた『サーフ天国、スキー天国』、挿入歌『恋人がサンタクロース』を収録。

映画『私をスキーに連れてって』パンフレット。監督はホイチョイ・プロダクションズ代表の馬場康夫。学生時代に自主映画を撮った経験があるだけで商業映画初監督だった。

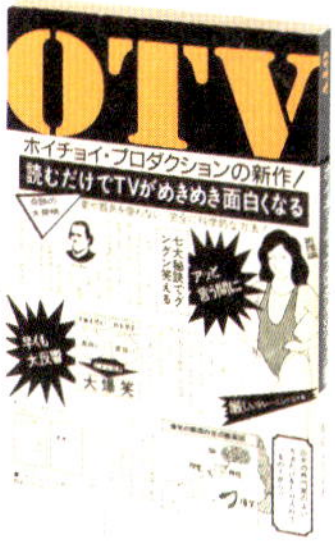

前作『見栄講座』に続いてホイチョイ・プロダクションズがテレビの楽しみ方を指南する。時代遅れのアナクロ番組を揶揄する一方、『ディズニーランド』を真面目に論評したり。

ホイチョイ・プロダクションズ映画のパンフ。第2作(左・89年)はスキューバーダイビングなどマリンスポーツがテーマ。第3作(右・91年)は趣向を変えてミニFM局が舞台。

ホイチョイ・プロダクションズの代表作。ファッションや遊びのトレンドに乗り遅れてしまった人向けのニワカ通になる指南書。じつはみんな見栄を張りたかったのだ(83年刊)。

映画『私をスキーに連れてって』が公開された1987年の冬、世間はスキーブームに沸いていた。運動音痴でスキー経験のないぼくにも友人・知人からスキーのお誘いがたびたびかかるようになった。

もちろんぼくはそのたびに断っていたが、あるとき小学館でぼくの担当編集をしているオノちゃん(仮名)から、

「黒沢さ〜ん、今どきスキーくらいできないと彼女ができてもデートもできませんよ。それでもいいんですか?」

と諭されて、ついにぼくも、

「じゃあ……やってみようかな……」

と答えてしまった。

するとオノちゃんはその足でぼくを小学館から歩いてすぐの靖国通り沿いにあるスキーショップへと連れて行った。神田の駿河台下交差点から小川町にかけての一帯には昔から老舗《しにせ》のスポーツ用品店があったが、80年代になってスキーブームが盛り上がるとそれらの老舗を押しのけるように大小のスキ

ー用品専門店が20軒以上も建ち並ぶようになっていたのだ。

その中の一軒で、ぼくはニッコニコの店員に薦められるままにウェア上下と板からブーツまでが揃った初心者用セットを購入させられた。

サエない青年がスキー場ではヒーロー

このころスキー人気が盛り上がったきっかけのひとつが東北・上越方面への交通インフラの整備だ。82年6月23日、東北新幹線が開業、その5か月後の11月15日には上越新幹線も開業した。また85年10月2日には関越自動車道の前橋IC＝湯沢IC間が開通し、こちらも全線開通となった。

そこに折からの好景気が重なり都会の若者が注目した冬のレジャーがスキーだったのだ。戦前の第一次、60年代の第二次に続く第三次スキーブームの始まりである。

このブームにいち早く乗ったのが第二次ブームのころからスキー場開発に積極的だった西武鉄道グループだった。すでに万座、苗場、妙高、軽井沢などにスキー場を持っていた西武は80年代に入ると開発を加速させ、89年の最盛期には全国で28ものスキー場を経営していた。

またそれまで仕事用の車という印象が強かった4WD（四輪駆動）の自動車がスキー場へ通うのに便利だとして若者に注目され始めた。82年に発売された三菱の4WD車「パジェロ」は通称〝スキーエクスプレス〟と呼ばれて大ヒットとなり、以後、乗用車にも4WD機構が続々と採用されるようになっていった。

そんなスキーブーム真っ盛りの87年11月に公開されたのが映画『私をスキーに連れてって』である。東京ではサエないサラリーマンの青年がスキー場ではヒーローになるという現代のおとぎ話、それを当時のスキーの流行やファッションを巧みに取り入れながら綴った明朗青春映画だ。

監督は若者の流行をネタにしたマンガやテレビの企画で人気のクリエイター集団「ホイチョイ・プロダクションズ」代表の馬場康夫。馬場は自主映画を撮った経験があるだけで商業映画監督は初めてだったにもかかわらず、軽やかにその役をこなし、この時代の若者の、ある意味理想の恋と青春を映像に収めた。

全編に流れる音楽はユーミンこと松任谷由実が80年代に発表したスキーソングとウィンターソングの数々で、これがまた映像とぴったり合っていた。『サーフ天国、スキー天国』、『恋人がサンタクロース』、『BLIZZARD』、『A HAPPY NEW YEAR』。あのころスキー場へ向かう4WD車のカーステレオからは必ずこれらの曲が流れていた。

この映画から流行した仕草やセリフもある。原田知世が人指し指をピストルに見立て、ゲレンデで三上博史を「バーン」と口で言って撃つ場面。沖田浩之がカメラのシャッターを切る前に言う「とりあえず」というセリフ。原田貴和子が車で雪道を走る前に路面の凍結状況を確かめて言う「凍ってるね」というセリフなど。また彼らがゲレンデで仲間と連絡を取るのに使っていたトランシーバーも、全盛期にはスキー場で電波が混信して使い物にならなくなるほどの人気となった。

ゲレンデの魔法がとけると

さて、オノちゃんから無理やりスキー用具一式を買わされたぼくのスキーデビュー場所は長野県の「白馬八方尾根スキー場」と決まった。日程は2泊3日。今回はぼくのスキー特訓が目的なので女性の参加はナシ。ぼくとオノちゃんのほかにデザイナーのキタニくん（仮名）が同行し、オノちゃんの車で一路、八方尾根を目指した。

宿泊したペンションの前の小道は、まるで原宿の竹下通りをそのまま雪景色の中へ移転させたかのように賑わっていた。イルミネーションがきらめく道の両側にカフェや土産物店が並び、夜遅くまで若い女性たちが行き交っている。それを見たぼくは絶対にスキーがうまくなろうと決意した。

彼らの2日間にわたる特訓と当日入会したスキースクールのコーチのおかげで、帰るころにはぼくもどうにか滑れるようになった。

滑れるようになればもはやスキーの誘いを断る理由はない。この日以後、ぼくは積極的にスキーの誘いに乗るようになった。自分の愛車のタイヤもスタッドレスに変え、スキーキャリアも取り付けた。当時よく行ったのは関越自動車道からアクセスの良い湯沢、石《いし》打《うち》、苗場などだ。またマンガ家の里見桂先生と仕事をするようになってからは里見先生とマンガ家仲間とのスキーツアーにも同行させてもらい、毎年尾瀬岩鞍《いわくら》に通うようになった。

そしてオノちゃんの予言通り、あのころのゲレンデでは多くの女性との出会いもあった。何しろブームだから「スキーに行こう」と誘えば、さほど親しくない女性もすぐに「行く」という返事をくれるのだ。スキー場で親しくなった女性と東京でデートをしたこともある。だけどこれが〝ゲレンデの魔法〟というものか、スキー場での出会いが恋愛に発展したことは一度もなかった。

またさらにブームが盛り上がると、女性が売り手市場となり参加率が急減した。あるときは約束していた女性全員にドタキャンされて気が付けば男8人でゲレンデに立っていたこともある。

それでもゲレンデにいる間はまだいい。滑って転んで競争をして、男同士でもそれなりに楽しいからだ。地獄なのは夜である。ロッジの大部屋で男8人、盛り上がる話題やゲームもなく、就寝時間までただひたすら重苦しい沈黙が続くのだ。

その後、この男たちとスキーに行ったことは一度もない。

1988年

宮崎駿『となりのトトロ』が公開、国民的アニメとなる

トトロのゼンマイ人形。高さ80mm。サツキからもらったコウモリ傘が愛らしい。ただしサツキは傘をあげたつもりはなく、バスを待つ間だけ貸したつもりだったのだが…。

『となりのトトロ』パンフ。この絵は企画段階に描かれたもので、主人公がサツキとメイのふたり姉妹になる前のもの。なのでこの子はふたりが合体したような少女になっている。

88年刊行の『となりのトトロ』フィルムコミック。本文で触れた、メイがひとり遊びをしている最中に不思議世界へと迷い込む場面は第２巻に収録。止め絵で見ても味わい深い。

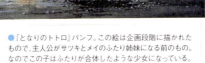

『トトロ』に続き89年に公開された宮崎の長編アニメ映画パンフ。角野栄子の同題の児童文学が原作。主題歌にはユーミンの荒井由実時代の曲『ルージュの伝言』と『やさしさに包まれたなら』が使われた。

86年公開の宮崎監督による長編アニメ映画パンフレット。スタジオジブリ設立後最初の長編作品。宮崎はこのパンフの巻頭で、夢や正義という言葉が色褪せた時代に「希望を語る物語」を子どもたちに贈りたいと語っている。

88年公開、宮崎監督の劇場アニメ第2作パンフ。「滅びゆく世界に若者は希望を見出せるか」という主題と世紀末的ビジュアルで宮崎信者を一気に倍増させた。配給収入7.4億円。

宮崎駿が初監督した79年公開の劇場アニメ『ルパン三世 カリオストロの城』特集ムック（81年、双葉社刊）。本作は公開当時の評価は低かったが後に再評価されるようになった。

宮崎駿の『風の谷のナウシカ』単行本（82～94年）。アニメ専門誌『アニメージュ』に連載された作品をまとめたもので、連載当初、宮崎はアニメ化するつもりはなかったという。

03年のDVD発売の際、初回限定特典として付いたナウシカの復刻版陶器製フィギュア。高さ16cm。オリジナルは映画公開当時、宮崎駿が監修して映画館で限定販売されたもの。

97年公開『もののけ姫』チラシ。『ナウシカ』と並んで宮崎ファンの多くが高く評価する作品。ぼくとしては何気ない日常を描いた小さな作品の方が好きなんですけどね。

92年公開『紅の豚』パンフ。人間社会が舞台なのに主人公だけなぜか豚。その豚がダンディな飛行艇乗りを演じる。そのギャップ萌えの成果か配給収入は『魔女宅』超えの28億円！

宮崎駿《はやお》監督のアニメーション映画『となりのトトロ』は1988年4月16日、高畑勲監督の『火《ほ》垂《た》るの墓』との2本立てで劇場公開された。

当初企画されたのは『トトロ』のみだったが、内容が地味なので長編化は難しいだろうということでもう1本中編を作ることになった。それが『火垂るの墓』で、その後『火垂るの墓』が長編化されることになり、だったら『トトロ』も長編に、ということでアニメ映画には珍しい長編2本立て公開となったのだ。

関係者が当初『トトロ』の長編化に難色を示した理由はよく分かる。森に棲《す》むオバケと少女の交流というだけでは、誰も90分は持たないと思うだろう。

ぼくも最初に劇場へ足を運んだ時には正直言ってあまり期待はしていなかった。72年公開の『パンダコパンダ』（高畑勲監督、上映時間34分。宮崎駿は原案・脚本・原画を担当）のような、掌編の佳作を予想していたのだ。ところが映画が始まってわずか数分でぼくはこの映画に引き込まれた。

物語は小学校4年生の少女サツキと4歳の妹メイが父親とともに田畑に囲まれた郊外のボロ家へ引っ越してくるところから始まる。母親が病気で入院しているため、病院に近く空気のきれいなこの村へ家族で転居してきたのだ。

活発な少女サツキと好奇心旺盛な妹メイ。ふたりはお化け屋敷のようなボロ家がたちまち気に入り、村の子どもたちともすぐに打ち解ける。そして間もなくふたりは巨大なクスノキに棲む森の主〝トトロ〟と出会うのだ。

トトロと出会うまで、至福の5分間

冒頭からこの映画にのめり込んだのは、その場の〝空気感〟の表現のリアリティが素晴らしかったからだ。全編にわたって空の色、土の色、季節の色をそのまま写し取ったかのような風景がとにかく美しい。その風景の中を5月の風がさわやかに吹き抜けてゆき、木々の緑がその風に揺れる。透き通った小川のせせらぎからは水の冷たさまで感じられる。むしろ実写映画では描けないような空気感がそこにあった。

演出面では子どもたちの何気ない仕草をこまやかに切り取った描写が随所に光る。実際の子どもってこうだよな〜、という言葉や行動がていねいに切り取られているのだ。

中でもその子どもらしい仕草を凝縮した名場面が、家の庭でひとり遊びをしていたメイが初めてトトロと出会うまでのおよそ5分間のシーンである。

姉が学校へ行ってしまい、ひとりぼっちになったメイは、姉の作ってくれたお弁当の入ったカバンを肩にかけ、庭の探索を始める。

まず水たまりでおたまじゃくしを発見したメイは、それを捕まえようと容れ物を探す。すると井戸の近くにバケツを発見。ところがバケツには穴が空いており、その穴から草むらを覗くとそこに光るものがあった。

こんどはそっちに興味が移ったメイはバケツを放り投げ、光るものに近づくとそれはドングリである。見ればほかにもドングリが点々と落ちている。今度はドングリ拾いに夢中になる。

と、そのとき眼の前を半透明の不思議な生き物が通り過ぎていく。じつはドングリはその生き物が落としたもので、今度はその謎の生き物との追いかけっこが始まる。やがて藪の中へと迷い込んだメイは、そこでトトロと出会うのである。

子どもの興味が転々と移っていきながら、日常世界から非日常の世界へと、少しずつ足を踏み込んでいくこの描写は見事としか言いようがない。

子どもの描写だけではなく、大人たちの言動もいい。子どもが不思議な体験を語るのを否定せず誰もがそれを温かい目で受け止める。

ボロ家の中でタドンのような生物と出会ったメイとサツキに隣家のばあちゃんはこのように言う。

「こりゃあススワタリが出たな」

「だぁれもいねえ古い家に湧いて、そこらじゅうススとホコリだらけにしちゃうのよぉ。ちいちぇえころにはワシにも見えたが、そうかぁ、あんたらにも見えたんけぇ」

そしてメイがトトロに会ったと父親と姉に伝える場面。口を尖《とが》らせて「ウソじゃないもん！」と言うメイに対し、父親はやさしい笑顔でこう答える。

「お父さんもサツキもメイがウソつきだなんて思っていないよ。メイはきっとこの森の主に会ったんだ。それはとても運がいいことなんだよ」

トトロは存在しているだけでいい

このようにあらゆる描写に隙のないこの映画でぼくが「なぜなのか」と疑問に思う点がひとつだけあった。それはサツキがトトロに「迷子になったメイを探して！」と頼み込む場面だ。トトロはここでネコバスを呼ぶが、トトロ自身はその場で見送り、ネコバスには乗らないのだ。それはなぜなのか。トトロは主人公なんだから物語的にはサツキと一緒に行くべきだろうと。

しかしこの問いについて宮崎は後年、インタビューでこう答えている。

「サツキが悲しんでいるからトトロが同情したという描写は、一切しないと決めていました。サツキがメイを捜しているところもとてもかわいい。メイなんかすぐそこにいるじゃないか。だから、それじゃサービスとしてネコバスで連れてってやった……ただそれだけですよ、あのシーンは。サービスしたって意識もないかもしれないですね」

「トトロが存在してることだけで、サツキとメイは救われてるんですよ。存在してるだけでです。迷子を見つけるときに手助けしてくれたけれども、でもあのときトトロが一緒に行っちゃだめだと思ったんです」

（『ロマンアルバムエクストラ となりのトトロ』所収、「宮崎駿監督インタビュー／トトロは懐かしさから作った作品じゃないんです」より）

そうなのだ、宮崎は人間に味方する異世界のヒーローを描きたかったわけではなかった。トトロもその仲間の〝もののけ〟たちも、彼らだけの世界で生きており、後からそこへやってきた人間たちと関わるつもりはまったくないのだ。それがたまたまメイと知り合い、サツキとも出会った。宮崎はそんなささやかな〝出会い〟をありのままに描きたかっただけなのだ。だからタイトルも『〝となりの〟トトロ』なのだ。

宮崎はこのインタビューをこう締めくくっている。

「（黒沢注：エンディングシーンの止め絵の場面では）トトロとサツキたちが一緒にいるという、そういう絵は意図的に外したんです。

そこにとどまっているとあの子たちは人間界に戻れなくなるからです。

（中略）

トトロたちとは一度会っただけでもう充分なんですよ」

1988年

空前絶後の発行部数！『ジャンプ』が500万部の大台に

●同誌より。連載作家陣総出による描き下ろしカレンダー。このほかにヒーローシールも付いていた。人気に奢らずサービス精神満載で読者を楽しませようという姿勢がうかがえる。

●発行部数500万部を達成した『少年ジャンプ』89年3.4合併号。発売は88年12月末。表紙にシリアルナンバーが入っていて、次の5.6合併号か7号も買うと何と全員に特製テレカがもらえた！

●こちらも同誌より。鳥山明の『ドラゴンボール』は巻頭15ページオールカラー掲載。この後には連載作家陣による2色カラーの短編マンガコーナー「ギャグスペシャル」が続く。

鳥山明が80年から84年に『ジャンプ』に連載した『Dr.スランプ』単行本。まるでイラストのような端正な描画に、後の大友克洋の『童夢』と同じような衝撃を受けたマンガ家が多数いた。

最高発行部数を更新し続けていた87～89年の『ジャンプ』。新刊が出ると好きな作品から読むかそうでないものから読むか迷うが、こう傑作揃いだと思考が止まりそうになる。

『ドラゴンボール』の最初の単行本全42巻のうち第1巻（85年）からピッコロ大魔王が初登場する12巻（88年）までを並べた。これ以後も物語は果てしなく拡大していく……！

『ファミコン神拳』単行本。『北斗の拳』の世界観をパロディ化して忖度なしの辛口ゲームレビューを行い『ジャンプ』の快進撃の一翼を担う。87年からはぼくもメンバー参戦！

ぼくが『週刊少年ジャンプ』でライターの仕事を始めたのは1987年の第20号からだ。これまたミステリクラブ同期でフリーライターの宮岡寛からの誘いだった。

ファミコンブームの始まりについては143ページで書いた通りだが、宮岡はその後、85年から『少年ジャンプ』で堀井雄二氏とゲームライターの木村初氏の3人でファミコン紹介記事の連載を始めていたのだ。

3人は当時『ジャンプ』で人気絶頂のマンガ『北斗の拳』（武論尊＋原哲夫）のパロディで、自らをファミコン神拳伝承者の「ゆう帝」「みや王」「キム皇」と名乗り、『ファミコン神拳』という月イチのゲームレビュー記事を立ち上げた。このコーナーは辛口のゲーム紹介と忖度《そんたく》なしの裏技紹介でたちまち評判となり、『少年ジャンプ』の目玉企画となる。ぼくはそこへ4人目の伝承者として加わることになったのだ。伝承者名は「てつ麿《まろ》」。

この当時の『少年ジャンプ』は発行部数300万部以上というお化け雑誌だった。主な連載作品の名前を挙げると鳥山明の『ドラゴンボール』(84年〜)、高橋陽一『キャプテン翼』(81年〜)、北条司『シティーハンター』(85年〜)、宮下あきら『魁《さきがけ》!!男塾』(85年〜)、車田正美『聖闘士星矢』(85年〜)など、誰もが知る超有名作品の名前が並ぶ。

さらに87年1・2合併号からは荒木飛呂彦の『ジョジョの奇妙な冒険』の連載も始まった。どれか1作品だけでも十分看板作品となるビッグタイトルなのに、それがひとつの雑誌に同時に連載されていたのだ。当時の『ジャンプ』が少年誌トップを独走していたのも十分にうなずけるだろう。

〝本誌独占〟へのこだわり

『ファミコン神拳』の初代編集担当者は鳥嶋和彦氏。鳥山明を発掘し『Dr.スランプ』を大ヒットさせた『少年ジャンプ』伝説の名編集者だ。後に『少年ジャンプ』編集長、集英社役員を経て最近まで白泉社の社長・会長を歴任していた。ぼくが会った当時は確かデスクという肩書だったと思う。

『少年ジャンプ』で仕事をするようになり、ぼくはその鳥嶋さんから他の少年誌とはまったく異なる『ジャンプ』独自の、あるいは鳥嶋流の編集哲学をいくつも学んだ。

そのひとつが「マンガの表現は理解度がもっとも低い読者に合わせるべし」というものだ。たとえばバトルマンガの見せ場で、敵が集団で対岸から橋を渡ってこちら側へやってくる場面があるとする。普通は絵を見ればその状況は分かるので、それをセリフで説明することはない。ところが『ジャンプ』の場合、その光景を見た主人公に「うおお〜〜〜っ! 敵が集団で橋を渡ってこっちへやってくるぜ〜〜〜っ!!」と〝あえて〟説明させるのだ。

他の少年誌だと、マンガ家がこんなセリフを描いてきたら蛇足だと言われて編集者からばっさりカットされてしまうだろう。しかし『ジャンプ』はあえてそうすることで、理解度の低い幼い読者も夢中で読むようになった。その結果があのころの『ジャンプ』の異様なほどの熱気と盛り上がりにつながっていたのだ。

また鳥嶋氏は〝本誌独占〟という謳《うた》い文句に徹底してこだわった。ぼくは『ファミ神』と並行して『ジャンプ』で映画紹介記事を何度か書かせてもらっていたのだが、ハリウッドから期待の新作映画が入ってくると鳥嶋氏は配給会社に『ジャンプ』独占でなければその作品の紹介を掲載しないという条件をよく出した。配給会社としては最大発行部数を誇る『ジャンプ』で紹介されないのは相当な痛手だ。そこで他誌を切ってでも『ジャンプ』掲載を選ぶ配給会社も多かったのだ。

『少年ジャンプ』は創刊当初、「○○先生の作品が読めるのはジャンプだけ!」

というコピーを使い、本誌独占を大々的に謳った。ただしそのころは後発の雑誌だったため他誌の人気作家を呼べず、やむなく無名の新人作家を育てるしかなかったからだった。つまり当時の〝独占〟はある意味、大物作家を呼べない負け惜しみの言葉だったのだ。

けれども今や人気でも発行部数でも少年誌トップとなった雑誌が、たかが映画紹介で独占にこだわらなくてもよさそうなものだ。それでも鳥嶋氏が〝本誌独占〟を譲らなかったのは、まさに獅子《しし》搏兎《はくと》（ライオンはウサギを捕らえるにも全力を尽くす）の故事に倣ったものだったのだろうか。

正真正銘の実数だった５００万部

また鳥嶋氏は、ある時ぼくが小説の文庫本を持っているのを見て急に不機嫌になり、「そんな本は読むな」と言ったことがある。その本の著者が嫌いなのかと思ったらそうではなかった。

「昼食を食べに街へ出て他社のマンガ雑誌の編集者と会うだろ。すると奴らはたいてい小難しい活字の本を読んでいるんだ。あれはマンガ編集者として失格だ。昼休みだから何を読んでもいいだろうというのは間違いだ。マンガの編集者ならば少なくとも仕事中は頭の中をマンガでいっぱいにしておかなければいけない。むしろマンガが好きで、どうしたら面白いマンガが作れるかとずっと考え続けていたら、自然とそうなるはずなんだ。それができないのは彼らが本当にマンガの編集が好きじゃないからなのさ」

この日以後、ぼくは少年誌の仕事に出かけるときには小説の文庫本を持ち歩くのをやめた。

こうしてぼくが『少年ジャンプ』で仕事を始めておよそ1年後、88年の年末に発売された89年3・4合併号で『少年ジャンプ』は発行部数５００万部という大記録を打ち立てた。

出版界の事情に詳しい人ならば、どうせこれは公称値だろうと思われるかもしれない。雑誌の発行部数はたいてい実際の部数よりも水増しして発表されることが往々にしてあるからだ。だが当時の鳥嶋氏の話では『少年ジャンプ』の場合、発行部数があまりにも多いため、部数でサバを読んでしまうと流通が大混乱となる。だからこの５００万部という数字も正真正銘の実数だと言い切っていた。

ぼくが『ジャンプ』で仕事をした期間はわずか3年ほどだが、その3年間は、たとえれば超音速ジェット機から見たマンガ界の最前線の風景であり、伝説の編集者からマンガ哲学を学んだ貴重な時間でもあった。

ちなみに鳥嶋さんを筆頭にあのころの『ジャンプ』編集部には、作家を大切にしろ、という教育が全員に徹底していた。その証《あかし》のひとつと言えるだろうか、我が家にはあれから40年近く経った今も、毎週一冊『週刊少年ジャンプ』の最新号が送られてきている。

1989年

ヒーローらしからぬヒーロー、『ダイ・ハード』が大ヒット！

●『ダイ・ハード』より。大ピンチのマクレーンは半泣きで「神様、もう二度と高いビルには登りませんから」とお祈りし、爆発炎上するビルの屋上から決死の大ジャンプ!!

●『ダイ・ハード』パンフレット。「クリスマスには心温まる映画を見る」という欧米人の昔ながらの習慣を逆手に取り、史上最悪なクリスマスの悲劇を描いて大ヒットした。

●『ダイ・ハード2』より。軍用輸送機に手榴弾が投げ込まれてピンチに陥ったマクレーンは射出座席で脱出！戦闘機じゃない輸送機に射出座席が？と突っ込んではいけない。

●90年公開の第2作パンフレット。前作から1年後のクリスマスにまた事件が！今回は雪の降るワシントン・ダレス空港が舞台。空港を支配するテロリストにマクレーンが挑む！

『ダイ・ハード3』より。第3作ではマクレーンにゼウス(右)という相棒がついた。ただしゼウスは刑事でも元軍人でもなく、ただの家電修理店を営む一般の人。大丈夫なのか!?

95年公開の第3作パンフ。今回はクリスマスではなく真夏のニューヨークが舞台。マクレーンは市内に爆弾を次々と仕掛けるテロリストと戦う。だが犯人にはじつは別の目的が!!

2007年に公開された第4作(左)と13年に公開された第5作(右)パンフ。第4作はサイバーテロを描き、第5作では、マクレーン刑事の息子ジャックが登場!

98年公開『アルマゲドン』チラシ。地球に迫る小惑星を核爆発させるトンデモSF映画。映画はヒットしたけどブルースはゴールデンラズベリー賞の「最低主演男優賞」を受賞。

クエンティン・タランティーノの監督第2作『パルプ・フィクション』(94年)チラシ。ブルースは八百長試合を拒んでギャングに追われるボクサーの役。ここでも彼は逃げる!

99年公開『シックス・センス』チラシ。ブルースは幽霊が見える少年を治療する精神科医の役。劇場公開時には「結末を人に話さないで」と語るブルースの前置きがあったらしい。

1980年代はコンピュータの進化によって映画の表現が大きく広がった時代である。その恩恵を受けたSF映画とアクション映画が数多く生まれ、それと同時に新しいヒーローも続々と生まれた。

考古学者かつ冒険家のインディ・ジョーンズ(81)、ベトナム戦争のトラウマを抱えた傷心のヒーロー、ランボー(82)、未来から来た刺客ロボット、ターミネーター(85)など。そして80年代のトリを飾ったのが89年公開の映画『ダイ・ハード』の主人公、ニューヨーク市警の刑事ジョン・マクレーンだった。

物語はクリスマスイブの夜、ロサンゼルスに落成した超高層ビルで日系企業「ナカトミ商事」のパーティが開かれるところから始まる。

ブルース・ウィリスが演じる刑事マクレーンの別居中の妻ホリー(ボニー・ベデリア)はこの会社で重役を務めており、彼は妻に会うために休暇を取ってやってきたのだった。

　ところがそこへ十数人の武装集団が乱入してビルを占拠。妻を含めたパーティの来場者たちは全員人質にされる。その時たまたまバスルームにいて捕縛を逃れたマクレーンだけが、たったひとりビルの中を逃げ回りながら武装集団と戦うことになる。手持ちの武器は拳銃一丁だけ。しかもバスルームから逃げたので彼は裸足のままだった。

巻き込まれ型のぼやきキャラ

　冒頭に挙げた80年代ヒーローの中でもマクレーンがユニークなのは、彼が肉体や精神の強靭《きょうじん》なタフ・ガイではなくヒーローらしからぬ弱気な性格で、しかも別居中の妻との不和に悩む、ありふれた小市民だったことだ。

　気弱な彼は自分だけが逃げたことを後悔してこうぼやく。

「なぜ（自分も人質として）出ていかなかったんだ？」「俺も殺されるぞ」

　また敵のひとりを倒して靴を奪おうとするも靴のサイズが合わないと、

「こういう時にかぎって足の小さいヤツに当たる」

　のっぴきならない状況に放り込まれた小市民の男のぼやきには何とも言えない親近感が湧いてくる。

　この映画の企画段階では、マクレーン役にはシルヴェスター・スタローンやアーノルド・シュワルツェネッガーの名前も挙がっていたという。しかしどちらからもオファーを断られ、最終的にテレビを中心に活動していたブルース・ウィリスに白羽の矢が立った。

　当初はあまり期待されていなかったというウィリスだが、結果的にはこの気弱なぼやきキャラが映画の作風にぴったりとハマった。

　日本では2010年代ごろから〝異世界転生もの〟と呼ばれるジャンルのライトノベル＝ラノベが流行している。現実世界でパッとしない青年がある日いきなり異世界へ転生し、そこで意外な才能が評価されてたちまちヒーローとなる。これが異世界転生ものの典型的な設定だ。ウェブ小説から始まりアニメやマンガにもなった『転生したらスライムだった件（略称＝転スラ）』などは、ラノベを知らない方でも題名くらいは聞いたことがあるだろう。

『ダイ・ハード』のマクレーンはそんな巻き込まれ型のぼやきキャラとして、日本の異世界転生ものを20年ほど先取りしたキャラクターだったと言えるかもしれない。

伏線の効いた脚本に、粋なセリフ

　またこの映画は脚本がじつによく練られており、伏線の張り方や小道具の使い方が巧みでサスペンス映画としての完成度も高い。

　空港でマクレーンを出迎えるリムジンの陽気なドライバー。マクレーンの妻ホリーが会社では結婚前の旧姓を名乗っているという設定。そのホリーが会社から賞与代わりにもらったロレックスの腕時計など。後から効いてくる伏線がテンコ盛りなのだ。

本来味方になるはずの警察や人質、そしてマスコミがマクレーンの行動をじゃまする状況もサスペンスを盛り上げる。現状を理解せず悪手を繰り返すロス市警の現場責任者とFBI。マクレーンを犠牲にして自分だけ助かろうとする人質の男ハリー。テレビでマクレーンの正体をバラして最悪な状況を招くテレビリポーター。

携帯電話がいまだ普及していなかった当時、マクレーンが武装集団や外部と通話する唯一の手段となっているトランシーバーの使い方も効果的だ。

武装集団のリーダー・ハンス（アラン・リックマン）はそのトランシーバーでマクレーンにこう問いかける。

「私の名前を知っているようだが君は誰だ？　西部劇を見すぎたアメリカ人か？　自分をジョン・ウェインと勘違いした男？　それともランボーか？」

それに対しマクレーンはこう答える。

「俺が好きだったのはロイ・ロジャースでね」

ロイ・ロジャースは40年代から50年代にかけてアメリカの西部劇映画で活躍した俳優で歌手である。そこでハンスはせせら笑いながらこう言う。

「我々に勝てるとでも？　ミスターカウボーイ」

そこでマクレーンが言い放ったひとことがこれだった。

「Yippee-ki-yay, motherfucker」

柴田麻衣子の日本語字幕ではこのセリフは「あったりめえだよ」と訳されているが、「Yippee-ki-yay」というのはカウボーイが牛を追う際のかけ声で、ロイ・ロジャースが西部劇映画の中でたびたび口にした言葉だった。

そしてこのセリフを吐いたのをきっかけに、マクレーンはまるでロイ・ロジャースが乗り移ったかのように覚醒《かくせい》し、猛烈な反撃を開始する。

最後の決戦に臨む決意をしたマクレーンは唯一、自分に味方するロス市警の警察官アル（レジナルド・ヴェルジョンソン）にトランシーバーで連絡し、妻にこう伝えてほしいと言う。

「自分がどれほど最低な男かやっと分かったと。今は…分かるんだ、女房の仕事がうまくいき始めた時――もっと支えてやればよかった。応援すべきだった」

「“愛してる”は何回も言ったが――“ごめん”は一度もない。だからあんたから伝えてくれ。俺が“ごめん”と言ってたと」

それに対してアルは答える。

「分かった」

「だが（それは）自分で言え！」

この戦いを生き抜いたマクレーンは妻ホリーと固く抱き合う。

これでハッピーエンドかと思いきや、何と翌年制作された続編『ダイ・ハード2』ではふたりはまた不仲になっていたようで、そこにまたも事件が……。

ヒーローではない小市民の男の苦悩はその後も続くのでアリマシタ。

1989年

マンガの神様・手塚治虫死去。享年60の早すぎる旅立ち

●『アサヒグラフ』89年2月24日号では20ページ以上にわたり手塚の追悼特集を組んだ。朝日新聞社はその後、97年に「手塚治虫文化賞」を創設し、24年には第28回を数えている。

●『ネオ・ファウスト』最後の連載となった『朝日ジャーナル』88年12月16日号トビラ（左）と、89年4月刊行の単行本。ペンタッチからは気力の衰えは微塵も感じられない。

●『グリンゴ』最後の連載となった『ビッグコミック』89年1月25日号トビラ（左）と、単行本（第3巻は89年5月刊）。物語はまだ序章に過ぎず、続きが読めないのは残念極まる。

●『ルードウィヒ・B』最後の連載となった『月刊コミックトム』89年2月号トビラ（左）と、89年8月刊の単行本。1月14日発売の本誌が実質的な世に出た最後の手塚マンガだ。

●『火の鳥』（54〜88年）。手塚が「自分が死ぬ時に完結させる」と言っていた本作だが完結することはついになかった。写真は68年から72年にかけて刊行された最初の単行本。

●『鉄腕アトム』（51〜68年）。ぼくにとって永遠の手塚ヒーローはやっぱりアトム。手塚プロ本社のある山手線高田馬場駅で発車メロディのアトムの曲が流れるたびにジンとくる。

●『ブッダ』（72〜83年）は手塚が独自の解釈で描いたブッダ伝。人間の生きる意味を問うた本作のテーマは『火の鳥』にも通じる。個性的キャラを配し娯楽作としても一級品だ。

●『リボンの騎士』（53〜66年）。手塚が少年時代に憧れた宝塚歌劇のイメージをマンガ化した少女マンガの草分け的作品。写真は63年から『なかよし』に連載されたものを単行本化。

●『三つ目がとおる』（74〜78年）。主人公の写楽保介は伝奇ブームとオカルトブームの中で生み出された手塚マンガのニューヒーロー。特に女性ファンの人気を多く得て大ヒット！

●70年代の手塚マンガを代表する名作『ブラック・ジャック』（73〜83年）。人気低迷していた当時の手塚に『少年チャンピオン』編集長が活躍の舞台を与えたという話は有名だ。

マンガの神様・手塚治虫が亡くなったのは1989年2月9日のことだ。その日、ぼくは午後から小学館で『少年サンデー』の打ち合わせがあったため、自宅を出る準備をしていた。するとそこへ担当編集者から電話があった。

「手塚先生が亡くなった。いま編集部で対応を検討しているところだから、ひとまず今日の打ち合わせは延期して」

編集者はそれだけ言うとすぐに電話を切った。

「とうとうこのときが来たか……」

ぼくは首筋が冷たくなり、体から血の気が引いていくのが分かった。

テレビをつけてもまだなにも報道は始まっていない。打ち合わせはなくなったけど情報が欲しかったので、小学館へ行ってみることにした。

『少年サンデー』や『ビッグコミック』などマンガ誌の編集部が集まる小学館ビルの6階へ行くと、いつもなら閑散としている時間なのに、その日は多くの編集者が出社していた。そして誰かに電話をかけたりファックスを送ったりしてフロア全体が騒然としている。手塚担当の編集者や元担当編集者、手塚と親交のあった役員は葬儀を手伝うため東久留米の手塚邸に行っていた。

　やがて編集部のテレビでも速報が流れた。手塚治虫が東京都千代田区の半蔵門病院で亡くなったのは午前10時50分。死因は胃がんだった。1月20日ごろから状態が悪化し、2月に入ってからは昏睡《こんすい》状態が続いていたという。

　この訃報《ふほう》は一般の人にはかなり突然と受け止められたが、実際は手塚は1年以上前から入退院を繰り返していた。だから近しい出版関係者の間では「手塚先生、大丈夫かな」と心配する声がかなり前から上がっていたのである。

　連載中の3作品は絶筆となった。ゲーテの戯曲『ファウスト』を70年代日本を舞台に翻案した『ネオ・ファウスト』、日本人商社マンを主人公にして日本人とは何かを問いかけた野心作『グリンゴ』、作曲家ベートーベンの生涯とその天才性を描いた『ルードウィヒ・B』の3作品である。

　手塚が50年代から最晩年まで描き続けたライフワーク『火の鳥』も未完となった。『火の鳥』は未来と過去のドラマが交互に描かれていき、最後に「現代編」を描いて完結するとされていた。だがその現代編を読むことは永遠にできなくなってしまったのだ。

最後に見た手塚治虫の姿

　ぼくが手塚治虫の姿を最後に見たのは亡くなる4か月前の88年10月14日のことだ。この日、映画『ロジャー・ラビット』の公開に合わせてアメリカからロバート・ゼメキス監督が来日していた。当時『週刊少年ジャンプ』で映画の紹介記事を書いていたぼくは、ゼメキス監督にインタビューをするため、編集者とともに帝国ホテルへ赴《おもむ》いた。

　ゼメキス監督は通訳の戸田奈津子とともにスイートルームに待機しており、そこへ各メディアが時間差で取材に行く段取りになっていた。そこでぼくの直前にゼメキス監督と対談していたのが手塚治虫だったのだ。

　スイートルームを出てきた手塚と廊下ですれちがった。「手塚先生」と声をかけたがぼくだと気づかなかったようで、手塚は軽く会釈をするとそのまま歩き去った。体格のよかった手塚がげっそりと痩《や》せていたことに驚いたが、せかせかと歩く足取りはいつも通りしっかりとしていた。

　ぼくが手塚マンガについてコラムや解説記事を書いたり、手塚マンガの単行本を編集するようになったのは手塚治虫が亡くなって以後のことだ。

　２００９年からは手塚治虫公式サイトで手塚治虫と手塚マンガのゆかりの地をめぐるコラム『虫さんぽ』の連載を始めた。この連載ではかつて手塚と交流のあった人々に多く会うことができた。手塚と苦楽を共にした編集者、小・中学校時代の同級生、手塚がひいきにしていた喫茶店のマスター、中華料理店のご主人などなど。

そしてこれらの人々に会うたびにいつも思うのは、生前の手塚がじつに誠実な人物だったということだ。

手塚治虫の人柄が生んだ奇跡の出会い

2017年5月、ぼくは『虫さんぽ』の取材で北海道の旭川を訪れた。ここに住む3人の手塚ファンに会うためだ。氏家正実さん（70歳）、阿部俊行さん（68歳）、稲垣陽一さん（64歳）の3人である。※年齢はいずれも当時

およそ40年前の77年、冨貴堂《ふうきどう》という地元の大型書店に務めていた氏家さんは、ある日手塚にこんな手紙を書いた。

「旭川の手塚ファンのためにぜひ一度旭川へ来てください」

氏家さんはマンガ界には何のコネも人脈もなかったが、どうしても手塚に旭川へ来てもらいたいという思いから出た行動だった。もちろん結果には期待していなかった。ところが後日、手塚本人から氏家さんに直接電話があり、何と翌年1月に旭川へ来てくれるということになったのだった。

喜んだ氏家さんたちは看板やポスターを作るなどの準備を大急ぎで進めた。そして当日、手塚は約束通り旭川へやってきて書店でサイン会を行い、市の公会堂で講演会を開いた。どちらも通路にまで人があふれる大盛況だった。

一面識もないファンからの手紙を大切に思い、その約束を果たした手塚に氏家さんたちは深い感謝の気持ちを持った。そして地元の同好の士を集めて「アトムの会」を結成。翌年からは手塚プロの協力を仰ぎ、毎年旭川で手塚アニメの上映会を開くようになった。

この上映会は08年のパート18まで続いたが、ぼくが訪れたころはメンバーが高齢化したために休止中だった。

ところが、ぼくが東京へ帰ってしばらくすると氏家さんから電話があった。

「黒沢さんが帰ってから仲間内でまた話が盛り上がりましてね、もう一度何かイベントをやろうという話になったんです。そのときには黒沢さんに講演をお願いしたいんですが、引き受けてもらえますか？」

もちろん、ぼくはふたつ返事で快諾した。そして18年10月から約1か月半、氏家さんたちの企画したイベントが旭川中央図書館で開かれた。ロビーにはアトムの会の活動記録やポスターなどの資料、貴重な手塚マンガの単行本やおもちゃが展示された。11月11日にはぼくも登壇し、北海道が舞台の手塚マンガについて語らせてもらった。その氏家さんたちとの交流は今も続いている。思えば手塚が亡くなってからもう30年以上になる。だけどその30年以上前の手塚との関係が縁となり、ぼくには今もこうして日本全国に素晴らしい友人たちが増え続けている。

そんなことを思うと手塚治虫は、もしかしたらマンガの神様だっただけではなく、本当の〝神様〟だったのではないかとさえ思えてくるのである。

1989年

〝おたくの犯罪〟とバッシングされた宮崎勤事件発生

●現場検証に向かう宮崎勤。メディアでその一挙手一投足が報じられたが、終始無表情で淡々とした態度からは、彼の事件に対する当事者意識などがまるで読み取れず不気味だった(写真/産経新聞社)。

●逮捕直後の宮崎の部屋。世間のオタクに対する認知度が低かった当時、異様な部屋として報じられた。ニュースでたびたびアップになった漫画雑誌『若奥様のナマ下着』が右下にある(写真/産経新聞社)。

『夢のなか、いまも』より。宮崎は「イラストは下手になった」と言いながらも飽かずに描いていた。特にこうした幾何学的図形には強いこだわりがあったようだ。

『夢のなか』から8年後の06年に出版された2冊目のインタビュー本。まえがきの文章などから、こうして自分が注目されることに快感を覚えていた様子がうかがえる。

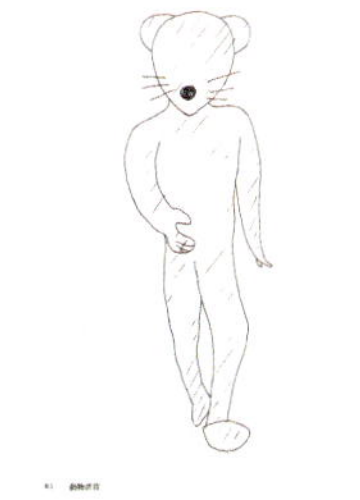

『夢のなか』より。宮崎が描いた「ネズミ人間」のイラスト。幻覚か妄想か、あるいは虚言か、宮崎は法定で「幼女殺害の現場にこのネズミ人間が現れた」などと証言していた。

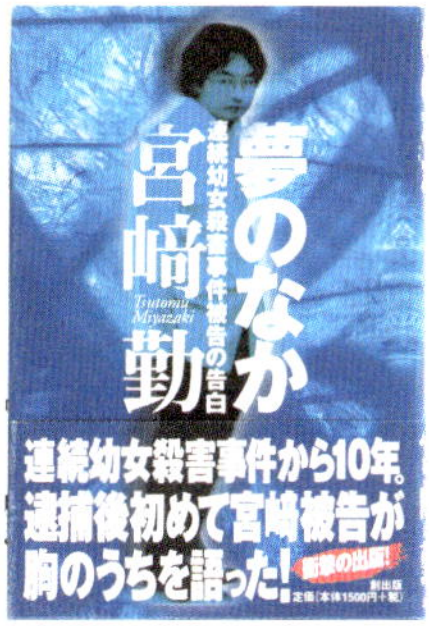

98年に出版された宮崎勤の著書。編集者が獄中の宮崎と文書を介してインタビューした内容を収録。宮崎は饒舌に答えるが、事件の動機や経緯についてはほとんど語られていない。

フリージャーナリストの一橋文哉が『新潮45』に連載した記事をまとめたもの。01年刊。こちらは宮崎の支離滅裂な言動はすべて演技という立場から徹底した検証を行っている。

事件から7年後の97年に出版された毎日新聞記者の本。精神鑑定書を読み解いて宮崎の犯罪心理に迫ろうという1冊であるが、結局は宮崎の“夢のなか”に迷い込まされた印象。

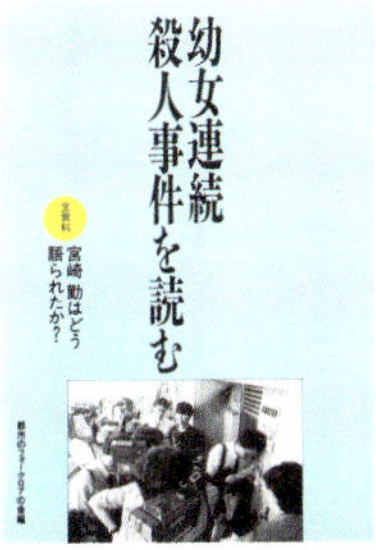

宮崎の逮捕から間もない89年11月に出版されたブックレット。事件経過とそれまでの報道記事をまとめた80ページの小冊子だが、これを読むだけでも宮崎の異常さが際立つ。

宮崎と同世代の映画監督や文化人が宮崎について語った本(89年刊)。凶悪犯の彼を“君”付けで呼ぶのはなぜなのか。獄中の宮崎に差し入れられた本のリストにも本書が……。

1988年8月22日、埼玉県入間市で「友だちの家へ遊びに行く」といって家を出た4歳の女児Aちゃんが行方不明になる。これが後に東京・埼玉連続幼女誘拐殺人事件として世間を震撼《しんかん》させるおぞましい事件の始まりだった。埼玉県警入間署は誘拐事件を視野に入れ、300人体制で捜査をするも手がかりはなく、犯人からの連絡もなかった。

　そんな中、10月3日に今度はそこから入間川を12キロ上流へさかのぼった埼玉県飯能市で小学1年生の女児Bちゃんが行方不明となる。さらに12月9日、川越市の自宅団地内で遊んでいた4歳の女児Cちゃんの行方が分からなくなった。翌日、埼玉県警は同一犯人による犯行の可能性が高いとして幼児連続行方不明対策総合本部を設置した。それから5日後、Cちゃんの遺体が自宅から25キロ離れた埼玉県入間郡名栗村の林道脇で発見される。

　事件が動いたのは年が明けた89年2

月のことだ。2月6日深夜、Aちゃん宅に人骨片とワープロで打たれた手紙の入った段ボール箱が置かれた。さらに10日には朝日新聞社に「今田勇子」と名乗る人物からの犯行声明文が届いた。そこにはインスタントカメラで撮影されたAちゃんの写真が添えられており、Aちゃん宅に置かれた遺骨はその後Aちゃん本人のものと断定された。

一方、後に逮捕される犯人の宮崎勤（当時27歳）はこの騒ぎの最中にも犯行を重ねていた。6月6日、東京都江東区で幼稚園から帰る途中の女児Dちゃん（5歳）を誘拐して殺害、埼玉県飯能市の霊園駐車場に遺棄した。

だが宮崎の命運もついに尽きる。7月23日、東京都八王子市の神社境内で9歳と6歳の姉妹に声をかけ、妹を裸にして写真を撮っていたところを、姉の知らせで駆けつけた父親に取り押さえられ、警察に逮捕されたのだ。後日、宮崎はDちゃんの殺害を自供し、証言どおり奥多摩の山中でDちゃんの頭骨が見つかった。

その後のメディア報道の過熱ぶりは異常だった。宮崎の自宅に報道陣が押しかけ、起訴前であるにもかかわらず宮崎の部屋へ入り込み、室内を撮影しまくった。報道されたビデオとマンガで埋め尽くされた彼の部屋を見た世間の人々はその異様な光景に驚愕《きょうがく》した。

特定の趣味に没頭する愛好家を「おたく」と呼んだのはコラムニストの中森明夫だ。マンガやアニメなど共通の趣味だけでつながっているマニアコミュニティの中で名前をよく知らない相手同士が「おたく」と呼び合う様子を揶揄《やゆ》的に切り取ったものだ。この絶妙な呼称はおたく界隈で自虐的に使われてたちまち広まっていった。

そこに現れた凶悪犯罪者・宮崎がまさにおたくだったことから、宮崎のニュースは〝おたくの犯罪〟として大々的に報道された。そしてここから数年にわたるおたくバッシングが始まる。

そもそも宮崎はロリコン趣味ではなく大人の女性に対するコンプレックスの代償として幼女を狙ったとされているが、世間では美少女アニメの〝おたく〟に猛烈な批判の目が向けられた。

また宮崎のコレクションの中にホラービデオがあったことからこれもバッシングの対象となり、名指しされたビデオシリーズは販売中止となった。

本当に〝おたく〟だったのか

こうして過熱する報道の中、ぼくを含めたおたく界隈の人間はみな大きな違和感を感じていた。そもそも宮崎はおたくではない、おたくだとしてもかなり〝ヌルい〟おたくだというのがぼくらの一致した見解だったからだ。

たとえば当時泉麻人は、宮崎がかつてビデオサークルの会報に投稿した「マイビデオベスト10」のリストを見て、「じっくりと読み直してみると、けっこうアラが目立つ」として、宮崎が本当のマニアならば絶対に間違えないような誤解や記述の誤りが多々あることをこう指摘している。

「まず『少年ジェット』の解説として書かれている〝ジェット役が土屋健、この人は、ついこの間、フジテレビのCMで「ウーヤーター」をした本人〟とあるが、このCMでウーヤーターをしたのは劇作家の鴻上尚史である。さらに『大鉄人17』のところで、〝佐原ルミ役は島田歌穂（現在のかいちえみ）〟としているが、島田と甲斐智枝美は別人である。またこういう初歩的な誤りをするようでは、上級のマニアとは言えない。また、この手の吹っかけ、あるいは知ったかぶりをする癖があるとしたら、やはり、宮崎の供述内容には細心の注意を払う必要があると言えよう」（『週刊文春』89年9月7日号）

泉の書く文章は、いつもはおたく的な話題を一歩引いたところから自虐的に語るところが面白いのだが、ここでは宮崎が〝非おたく〟であることを論証するために、あえて自分がおたくだと強調しているのが興味深い。

なぜ〝くん付け〟されたのか

ところで本項の打ち合わせの際に担当編集者から「宮崎勤を語るときに同世代の人たちはなぜ〝くん〟付けで呼ぶんでしょう」と言われてハッとした。

たしかにその日の打ち合わせでもぼくは彼を〝Mくん〟とか〝宮崎くん〟と呼んでいた。今回参考にした当時の文献でも、同世代のライターや文化人が彼をくん付けして呼んでいる記事がいくつもあった。

普通、犯罪者をくん付けで呼ぶことはまずない。なぜMくんだけ例外なのか。調べても答えは出なかったが、唯一考えられるとすれば、彼が凶悪犯罪者であることを別にして、ぼくらはやはり彼に対して何らかの〝共感〟めいたものを感じているのではないか、ということだ。

と同時に彼は泉麻人が指摘しているようにマニアとしては未熟で中途半端な存在だったから、自分を彼と同類に見てもらいたくないという気持ちもある。つまりある種の共感と彼を見下す気持ちが混在した心境からの〝くん付け〟なのではないかということだ。

そのMくんは2006年に刑が確定し08年6月17日、東京拘置所で死刑が執行された。彼が犯行に及んだ動機は不明のままであり、被害者に対する謝罪の言葉もひとこともなかった。

それから真偽は不明だけど、Mくんは死刑が執行される間際にこうつぶやいたと言い伝えられている。

「あのビデオ、まだ途中だったのに」

彼は拘置所の監房でアニメビデオを見ることを許されており、それがまだ途中だったというのだ。

刑務官でもない限り知り得ない情報だから嘘情報だとは思うけど、これを聞いた時、ぼくはいかにもMくんが言いそうな言葉だと思った。

なのでこの言葉も、ぼくらと同じようにMくんと同類に見られたくない無名のおたくが、彼への皮肉を込めて作った創作だったのかもしれない。

1989年

●中尊寺ゆつこの、このマンガから生まれた「オヤジギャル」という言葉は90年の流行語大賞銅賞を受賞。オヤジギャルとは社会的地位が上がり、自信過剰となってオヤジ化した女性のこと。

●バブルの残照の中で最後の光芒を放ったディスコ「ジュリアナ東京」。総面積1200㎡、収容人数1500人以上の巨大ディスコは94年8月、わずか3年3か月で幕を閉じた（写真 日刊スポーツ）。

花金にディスコ。誰もが浮かれまくったバブルの日々

●バブル時代は夜こそ遊べ！ ということで深夜営業のお店や深夜のデートスポットなどを紹介した本。コラムでは職質警官からオミズのお姉さんまでを大図解（88年、らぽーと刊）。

●当時イケてるスポットだったカフェバーのデザインで名を上げた空間プロデューサー松井雅美の著書（87年刊）。上は同書より松井がプロデュースした「レストラン・タンゴ」店内。

●バブリー生活のカリスマ女性・斎藤澪奈子の著書。欧州生活10年、5か国語を操る超セレブな彼女の自慢話を読んでいると、自分もいつかセレブになれそうな気になった（あのころは）。